Stutz

Rudolf Klaffenböck

GRENZgehen

Eine Wanderung
entlang der österreichischen Staatsgrenze
zu Tschechien, der Slowakei, Ungarn und Slowenien

Mit 32 Fotos des Autors

Verlag Karl Stutz

Das Projekt GRENZ*gehen* wurde gefördert von:

Dr. Hans-Kapfinger-Stiftung, Passau (3. Etappe)

.KUNST bundeskanzleramt

Bundeskanzleramt der Republik Österreich,
Kunstsektion (2. und 3. Etappe)

Die Deutsche Bibliothek - CIP-Einheitsaufnahme

Klaffenböck, Rudolf:
GRENZgehen : eine Wanderung entlang der österreichischen Staatgrenze zu Tschechien, der Slowakei, Ungarn und Slowenien / Rudolf Klaffenböck. - 2. Aufl. - Passau : Stutz, 1999
ISBN 3-88849-019-7

Zweite Auflage 1999

Umschlag- und Buchgestaltung: Rudolf Klaffenböck, Passau
Umschlagfoto (R.K.) „Landstraße, Pohoři na Šumavě", Südböhmen 1994
Satz (Texterfassung): Susanne Auberger, Passau
Satz und Druckvorbereitung: Lambert Kinateder, Helga Dienelt, Passau
Duotone-Lithos: Repro Kieweg, Passau
Druck: Ostler, Passau
Bindung: Tiskárny Vimperk (CZ)
Printed in Germany

ISBN 3-88849-019-7

Vorbemerkung

Nach dem Wegfall des „Eisernen Vorhangs" faßte ich den Entschluß, der österreichischen Staatsgrenze entlangzuwandern, um dem zeitgeschichtlichen Umbruch diesseits und jenseits der Grenze nachzuspüren.

Von Passau aus ging ich 1994, '95 und '96 in drei Monatsetappen der österreichischen Grenze entlang und berührte dabei auch zum Teil vergessene Landstriche der ehemals kommunistischen Nachbarländer Tschechien, Slowakei, Ungarn und Slowenien.

Unterwegs im dokumentarischen Sinne, als Fotograf und „Spurensammler", gab es für mich kein festgestecktes Ziel beim Gehen, sondern nur die Richtung: der Grenze entlang.

R. K. *Passau, im Oktober 1997*

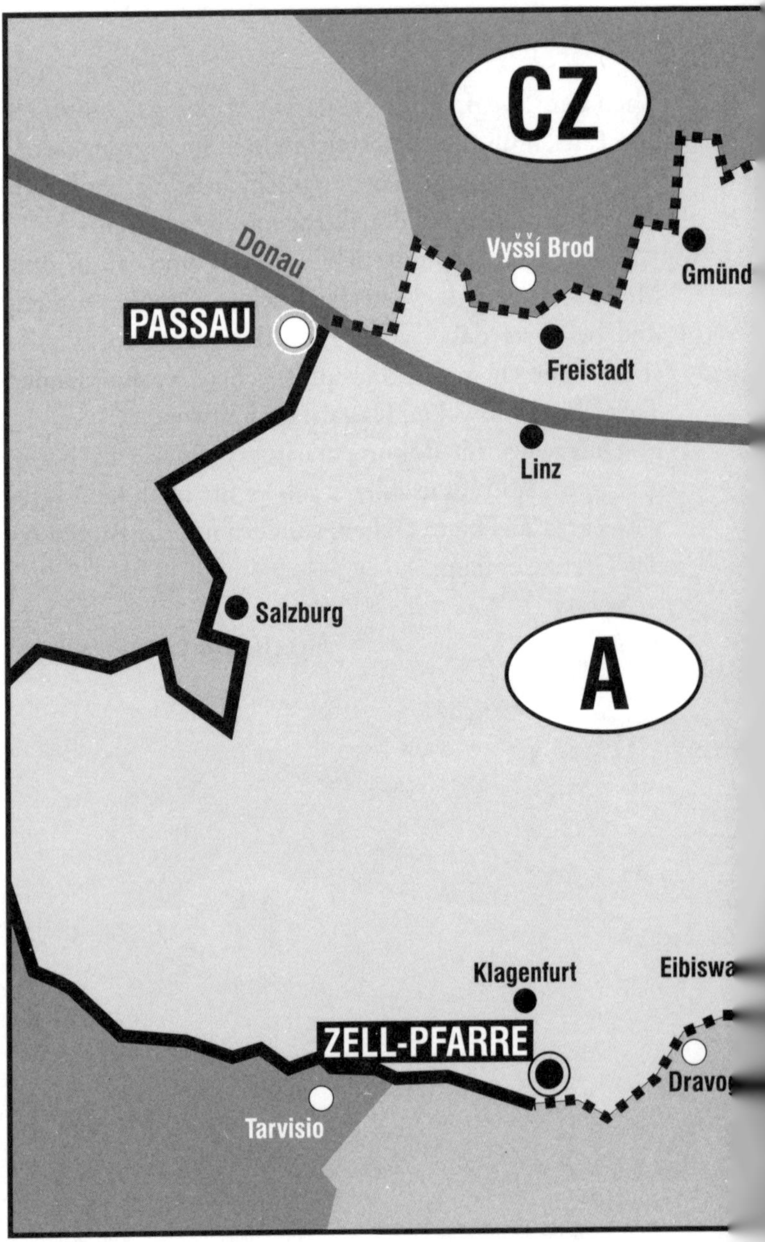
CZ
Donau
Vyšší Brod
Gmünd
PASSAU
Freistadt
Linz
Salzburg
A
Klagenfurt
Eibiswa
ZELL-PFARRE
Dravo
Tarvisio

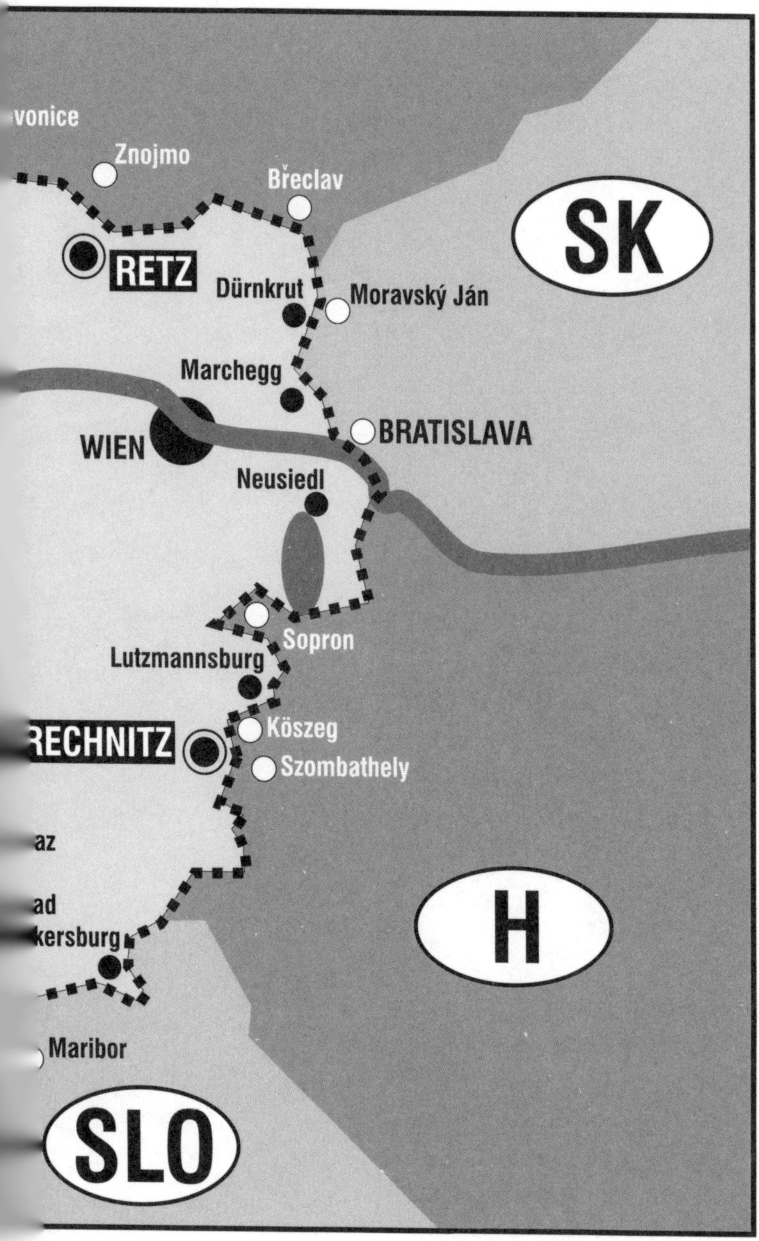

vonice
Znojmo
Břeclav
SK
RETZ
Dürnkrut
Moravský Ján
Marchegg
WIEN
BRATISLAVA
Neusiedl
Sopron
Lutzmannsburg
RECHNITZ
Köszeg
Szombathely
az
ad
kersburg
H
Maribor
SLO

1

6. September - 11. Oktober 1994

Passau - Unterretzbach

Dienstag, 6. September

Donauufer, Liegestelle beim Römerplatz. Das ungarische Fahrgastschiff „Rákóczi" legt am frühen Vormittag in Passau ab. Die Türme der Altstadt verschwinden im regenverhangenen Himmel. Aufgeregt stehe ich hinten am Heck und starre in die von den Schiffsschrauben aufgepeitschten Wellen.

Abschied nehmen ist mit Wehmut verbunden. Traurig wackeln im Oberdeck auf den weiß gedeckten Tischen die Trockengestecke im Rhythmus des Schiffsmotors.

Das Schiff treibt donauabwärts in der Flußmitte, also genau entlang der deutsch-österreichischen Grenze. Neun Fahrgäste sind an Bord: zwei Radler-Paare, zwei Ehepaare und ich. Das schiffseigene Musik-Trio nähert sich mit übernächtigen Bewegungen und spielt mir auf zwei Geigen und einem Kontrabaß einen ausrangierten Csárdás vor. Selbst mit fast geschlossenen Augen kann ich die Geldscheine sehen, die zwischen Steg und Saiten stecken. Also spende ich auch.

Anlegestelle Engelhartszell, Oberösterreich. Am linken Donauufer beginnt meine Fußwanderung. Mit dem schweren Rucksack steige ich den Frauensteig hinauf und bin vor Schweiß so naß wie die glitschigen Steine, auf denen ich fast ausrutsche. Aus dem Donautal stöhnen die Last- und Schubschiffe zu mir herauf.

Vorbei an Vogelscheuchen mit scheppernden Konservendosen gehe ich den Güterweg Forstedt und raste am Waldrand. Leichter Wind kräuselt die Wiesen, die ersten Berge des Mühlviertels tauchen vor mir auf, Krähen, Hühner und eine Kreissäge kreischen lautstark um die Wette.

In Neustift im Mühlkreis springt mich die Straßenreklame der Heimatwerbung an. „Internorm-Fenster" wirbt mit dem Slogan: „Wir öffnen Dir / Fenster, Tor und Tür". Auf dem Bild ein Handwerker in Latzhose, hinter einem geöffneten Fenster eine junge, sehnsüchtig blickende Frau, mit erigierten Brustwarzen unter dünner Seidenbluse. Auf der Rückseite der Werbetafel preist sich die Volkspartei als Kraft der Mitte an. Ein davor stehendes Straßenverkehrszeichen weist auf 11 % Gefälle hin. Wohl eher eine unabsichtliche Wahlprognose.

Am Rannastausee empfängt mich blauer Himmel. Die Septembersonne trocknet mir Anorak und Rükken. Ein kleiner hellblauer Schmetterling landet immer wieder auf meinem Kopf, während ich in der Wiese liege und mein Wandervorhaben entlang der Staatsgrenze durch das Mühl-, Wald- und Weinviertel überdenke. Seit fünf Jahren trage ich diese Idee in meinem Kopf. Es ist mir ein inneres Bedürfnis zu gehen, den Boden zu berühren und mich zu erden. Gehen bedeutet für mich die intensivste Form der Wahrnehmung und die unabhängigste Art der Fortbewegung. Beim Gehen sehen. Gehen hebt die Zeit auf.

Grenzort Oberkappel. Ein überaus hilfsbereiter Postbeamter erkundigt sich telefonisch für mich in der näheren Umgebung nach einer Übernachtungsmöglichkeit. Leider Fehlanzeige. Im Café nebenan trinke ich einen Großen Braunen. Auf einem Bierdeckel steht: „Ich will in die EG, weil ich nicht alleine am Tisch sitzen will". Etwas kleiner geschrieben: „Wir Österreicher haben es nicht notwendig, uns am Rande von Europa zu verstecken".

Im österreichischen Zollhaus lasse ich mir noch nachträglich den Einreisestempel in meinen Reisepaß drükken. Auf Empfehlung des Zöllners gehe ich ein Teilstück des Weges nach Kollerschlag auf deutscher Seite. Ein Traumpfad, diese Strecke entlang des Osterbachs!

Beim Bachwirt, einem teilweise besetzten Grenzübergang mit verwaister Hundehütte, wechsle ich wieder zurück nach Österreich. Während meiner Brotzeit erzählt mir ein ehemaliger Zöllner aus Kollerschlag – wohl angeregt durch mein Wandern – wie er vor Kriegsende zu Fuß nach Hause gegangen ist: „Über den deutschen Barras kann man sagen was man will", klärt er mich auf, „aber – er hat uns belastbar gemacht", steht auf und fährt mit seinem Auto fort.

Mistelberg. Amerikanische Country-Music schallt ungeheuer laut irgendwo aus dem Wald und legt sich sehnsuchtsvoll über das weite Tal. Neben der Teerstraße bewachen Vogelscheuchen ein Krautfeld. Umgestülpte leere Plastiksäcke, Aufschrift „50 kg Weide-Nitramonca", rascheln im Abendwind. Ein Traktorfahrer wirft mir von seinem Sitz aus einen skeptischen Blick zu. Wanderer sind hier wohl selten. Über einer Hauskapelle rankt der Spruch: „Ehre sei Gott in der Höhe". Ich schätze die Höhe der Kapelle auf circa sechs Meter. „Haider kommt!" steht in großen Lettern am Ortsausgang auf Wahlplakaten. Dahinter Vranitzkys Aussage: „Der Aufschwung muß allen Österreichern zugute kommen".

Bei Sonnenuntergang erreiche ich Kollerschlag. Zimmer mit Dusche im „Gasthaus Wurm". Mein nächtlicher Dorfrundgang nach dem Essen ist kurz. Außer dem klaren Sternenhimmel leuchten hier nur die

Reklame der Raiffeisenbank und die Eduscho-Werbung einer Bäckerei. Die Telefonzelle ist auch noch beleuchtet, ansonsten liegt dieser Grenzort in stiller Dunkelheit ...

Mittwoch, 7. September

Es regnet die Nacht hindurch. Unruhiger Schlaf, unterbrochen von Moskitojagd.

Mit leichtem Gepäck begebe ich mich auf den sogenannten „Stoanaweg", der zu Findlingsblöcken aus der Eiszeit führt, denen große Kraft nachgesagt wird. Unterwegs zum Kühstein begegne ich einem Bauern aus Schröck, der seinen Traktor mit Brennholz belädt. Für das Erinnerungsfoto stellt er sich wie ein Zinnsoldat neben sein orangefarbenes Gefährt. Diese Zufallsbekanntschaften und Gespräche lassen mich das Menschsein wieder intensiv spüren. Die Stadt ist im wesentlichen anonym, das Land kann sehr herzlich sein. Der Bauer lädt mich zu sich auf seinen Hof ein, ich lehne aber ab, weil ich morgen Richtung Norden weiterziehen will.

Ich gehe auf dem wunderbarsten Boden dieser Erde, auf weichem Waldboden. An alten Buchenstämmen läuft das Regenwasser herunter und speist die Wurzeln. Alle paar hundert Meter informell-ähnliche Malerei auf Bäumen: verblichene Wegmarkierungen in Rot und Weiß auf den Baumrinden. Und immer wieder weiß gestrichene Grenzsteine mit rot markierten Vermessungskreuzen. Fast scheint es so, als hätte hier das Rote Kreuz eine moderne Kreuzweg-Ausstellung installiert.

Nachmittags erreiche ich den 700 Meter hoch gelegenen Kühstein, ein kleines Felsmassiv, das einen Panoramablick ins Tal der Kleinen Mühl freigibt. Oben, am höchsten Punkt, liegt in einer sogenannten Opferschale frisch verkohltes Holz. Die Sage erzählt, so verkündet eine Hinweistafel, daß auf der Höhe des Kühsteins die Urbewohner ihre Opfer darbrachten. Als dann das Mühlviertel missioniert wurde, habe man die Opferstätte in eine Kirche verwandelt, die heute aber längst verfallen ist. Circa eine Stunde verweile ich hier oben und komme dann unten im Wald mit zwei Holzfällern ins Gespräch, die vom Borkenkäfer befallene Bäume umschneiden. „Durch den trockenen Sommer", sagen sie, „gibt's mittlerweile schon die dritte Brut."

Zurück nach Kollerschlag gehe ich über Wiesenwege. In den ausgefahrenen Traktorspuren steht das Regenwasser der letzten Nacht. Ich wandere durch den Rhythmus einer weich geschwungenen Landschaft.

Zwischen einem Kartoffel- und Zuckerrübenfeld ein Bauer, der sinnierend einer Radiosendung lauscht, die aus dem Gerät auf seinem Traktor schallt.

Wolken treiben übers Land. Einsam rostet ein weißer VW-Käfer neben der Straße. Einen älteren Mann, der gerade an einer neugebauten Garage herumschreinert, frage ich, ob dieser Käfer noch fahre. „Den haben s' früher zum Milch-Führen braucht", schreit er von seinem Baugerüst herunter, „den kannst sicher billig haben."

Ich besichtige noch den Druckerfranzl-Stoa, eine alte Räuberbehausung, komme an der Wolfsgrube vorbei, in der die Bauern früher angeblich ein Kitz aussetzten, um damit den Wolf anzulocken und ihn dann – wenn er in die drei Meter tiefe Grube gefallen war – zu erschießen. Den letzten Wolf erlegte man hier im Mühlviertel vor dem Ersten Weltkrieg.

Im Dorf angekommen, kurzer Besuch in der „Werkstatt Kollerschlag", die von den Gebrüdern Baumüller als Manufaktur betrieben wird und im Auftrag der Künstler Aufträge an Tischler, Steinmetze und Schmiede vergibt. Frau Baumüller führt mich durch die Galerie und zeigt mir draußen im Obstgarten die wuchtigen Steinplastiken des englischen Bildhauers Tony Cragg.

Im „Gasthaus Wurm" gibt's heute Zwiebel-Rostbraten, ich bestelle mir ein dunkles Bier dazu. Am Stammtisch lenke ich das Gespräch auf die Zeit unmittelbar nach dem Kriegsende. Der Wirt: „Zuerst waren die Amerikaner da, von August '45 bis '55 die Russen. Wenn wir gewußt hätten, daß die so lange bleiben, wären wir garantiert abgehauen." Zwei ehemalige VOEST-Arbeiter unterhalten sich über ihre unterschiedlichen Erfahrungen mit ihren Kollegen aus Serbien und Kroatien. „Gut, daß der Papst nicht nach Sarajevo fährt", sagt der Jüngere, „denn sonst hätten s' ihn samt seinem Papa-Mobil umgeblasen."

Donnerstag, 8. September

Gestern, so höre ich beim Frühstück, gewann die österreichische Fußball-Nationalmannschaft 4:0 gegen Liechtenstein. Laut Presse trotzdem kein Grund zum Jubeln. Bei meinem Abschied begrüßt der Wirt seinen Weinlieferanten aus dem oberen Weinviertel. „So wie's ausschaut", ruft er mir noch hinterher, „werden wir heute nachmittag abheuen."

Wind bläst mir ins Gesicht, ich gehe vorbei an Hinter-Nebelberg, überall steht noch der Mais. Auf der Wäscheleine eines Bauernhofs hängen drei grellfarbige, tropfnasse Plastik-Schulranzen zum Trocknen. Dahinter liegen zwei gepflegte Rasenfußballplätze der „Union Nebelberg". Wieder taucht eines der unzähligen Wegkreuze auf. Hier in Stift am Grenzbach stiftete ein Franz Brandl ein gußeisernes Kreuz mit der Inschrift: „Zur Erinerung an den Welt-Krig 1914/16". Kühe glotzen mir beim Fotografieren neugierig ins Objektiv.

Mittag im „Gasthaus Greiner", Kohlstatt. Gegenüber der Wirtschaft ein teilweise besetzter Grenzübergang mit offenem Schlagbaum. Im österreichischen Zollhäuschen ein grüner Drehstuhl, ein Telefon und als Wanddekor ein Terroristen-Fahndungsplakat. Frau Greiner serviert mir Blutwurst mit Hascheeknödel und Sauerkraut. Auch hier beschäftigt der deutsche 42-Millionen-Lotto-Jackpot die Gemüter. „I möcht's net", sagt die Wirtin, „i gab's der Mutter Teresa." Seit zwei Jahren beschäftigen die Wirtsleute einen bosnischen Flüchtling, der einmal monatlich nach Kroatien zu seiner dorthin vertriebenen Familie fährt. Des öfteren wiederholt Frau Greiner folgenden Satz: „Wir leben hier wirklich im Paradies."

Schifflerkapelle. Pernstock. Obstbäume schützen die in den Hang hineingebauten Höfe. Vereinzelt Frauen mit weißen Kopftüchern und Kittelschürzen in gebückter Haltung bei der Feldarbeit. Heute ist mein Querfeldein-Tag über die grünen Wiesen.

Kleinsagberg. Jäh endet meine Waldwanderung an einem Schild: „Sie betreten den Golfpark Böhmerwald. Bitte Wege nicht verlassen!“ Ich fotografiere meinen auf den Golfrasen fallenden Körperschatten als Selbstportrait. Ein golfspielendes Ehepaar lichte ich vor der Vereinsgaststätte beim Einlochen ab.

Seitelschlag. Apfelsaft mit Leitungswasser im „Gasthaus Gabriel“. Mein Tischnachbar verzehrt auf einen Schlag sechs Roßwürste. Ich erkläre ihm, daß ich bis in den Oktober hinein die Grenze abwandern werde. Entsetzt stellt er fest: „Da geht ja dein ganzer Urlaub drauf!“ Am Nachbartisch trinken zwei ältere Frauen Bier. Eine erzählt, daß ihr der Arzt nach dem Tod ihres Mannes das Fernsehen verordnet hätte. „Aber ich hab's nicht zusammengebracht“, sagt sie mit tränenerfüllter Stimme. „Jetzt ist er ein Jahr tot, jetzt erst kann ich wieder schauen.“

Warmes Abendlicht liegt über dem Mühlviertel, dunkel am Horizont der Böhmerwald. Ich setze mich in die Wiese und höre in die Landschaft hinein. Das Abendgeläut der Kirche von Klaffer dringt über die Große Mühl, in die hier der Klafferbach mündet. Ich denke über unseren Familiennamen nach. Klaffer kommt von chlaffon und bedeutet tönen, schallen. Unweit die Ortschaft Ulrichsberg, deren spitzer Kirchturm wie eine Antenne ins Himmelreich zeigt.

Im Gegensatz zu Kollerschlag ermöglicht hier die vorhandene Straßenbeleuchtung einen kleinen Nachtspaziergang.

Im Vorgarten des Gasthauses „Passauer Richter“ genieße ich alleine ein paar Achtel Veltliner und lausche dem Wind. Hin und wieder erhasche ich in den Böen eine Nase voll Kuhdung, den von mir verehrtesten Landgeruch. Der Duft in unserem ehemaligen Milchladen und der Geruch des Lederleims vom Schuster Haloch am Anger steigen in Gedanken in mir auf. Mein After-Shave „Equipage“ wird es wohl nie wieder geben.

Freitag, 9. September

Über meinem Bett schmerzte heute nacht nicht der Gekreuzigte, sondern lächelte die tausendfach reproduzierte Mona Lisa. Trotz ihres Lächelns ist's draußen stark bewölkt, das Thermometer fiel von gestern 26 auf heute 12 Grad.

Bergauf Richtung tschechische Grenze über Freundorf und Pfaffetschlag. Oben in Pfaffetschlag-Häuseln bedroht mich eine stämmige schwarze Dogge. „Butscho, Butscho!“ schreit ihr die Besitzerin nach und droht ihr mit „Ein Auto kommt!“ Erst nach dieser Auto-Drohung läßt der Hund unwillig von mir ab.

Nichts ist hier beschildert oder markiert. Auf Umwegen finde ich schließlich einen Weg, der richtig sein könnte, aber auch noch etwas anderes. In einem Jahrhunderte alten Buchenhain mache ich auf einer Bergkuppe einen Kultplatz aus, der sich nach Süden hin ins freie Land öffnet. Dutzende von großen Findlingen liegen hier, ich besteige einige und scharre mit den Schuhen den alten Waldhumus weg. Beim dritten Stein, er ist etwa einen Meter hoch, zwei Meter breit und sieht einem vergrößerten Faustkeil gleich, habe ich Glück. Ich entdecke eine kreisrund ausgeschlagene Opferschalenvertiefung (Durchmesser 30 cm, Tiefe 10 cm) mit Abflußrichtung Süd-Westen. Ich freue mich wie ein Kind, denn als Bub hatte ich immer den Wunsch, Archäologe zu werden und habe, wenn ich bei meinen Großeltern auf dem Bauernhof die Ferien verbrachte, immer in der Wiese hinter dem Stadel gegraben. Die Leidenschaft des „Grabens" und Spurensammelns ist mir bis heute geblieben. Zwei Stunden lang zieht mich dieser Waldplatz in seinen Bann. Hier ist Erde. Eine Buche von einem Meter Durchmesser versuche ich zu umspannen; der Stamm fühlt sich an wie ein zu Stein gewordener Elefantenfuß. Das Wort Urgroßvater fällt mir dazu ein. Aufgeregt fotografiere ich den Platz, die Opferschale und die Buchen, die hier wegen der starken Erdstrahlung zu dritt und zu viert in sich verkrüppelt in den Himmel wachsen. Irgendwann werde ich wieder hierher zurückkommen.

Der Weg nach Schöneben läßt sich nicht finden. Viele Seitenwege, aber wo führen sie hin? Eine neu angelegte Sandstraße durch den Wald endet an einer Kreuzung mit drei weiteren Waldwegen. Ich fluche, schaue auf die Wanderkarte, sehe aber keine Eintragungen, die Straßen sind ganz neu. Ich versuche Wind- und Autogeräusche voneinander zu unterscheiden und bestimme die Richtung irgendwie nach Gefühl. Und sie stimmt! Ich stoße auf die Hauptstraße und biege links ab, den Berg hinauf.

Plötzlich höre ich von irgendwo her so etwas wie Stimmen, ohne aber jemanden zu sehen. Ich versuche die Laute zu lokalisieren und entdecke am Straßenrand den geöffneten Deckel einer Quellfassung, aus deren Tiefe zwei dumpfe Männerstimmen dringen. Die Unterirdischen unterhalten sich darüber, wie schlecht

Beton trocknet. Neugierig lausche ich. „Bei 55 Grad habe ich sieben Stunden mit dem Gasstrahler die Betonwand abgeflammt. Na, Hawedere!“ Zwei Männer in Arbeitskluft entsteigen dem Schacht und nehmen mich auf ihrem Traktoranhänger mit hinauf nach Schöneben, dem neuen Grenzübergang für Fußgänger und Kleinmotorräder. Nahe dem Wirtshaus ein Vertriebenen-Denkmal: Ein gespaltener Granitblock, den ein Eisenkreuz verbindet. Wie auf einem Grabmal verkünden darauf Metallbuchstaben die Worte: „Verlorene Heimat“.

Beim Gehen Richtung Moldaublick läßt mich die Frage „Was ist Kunst?“ nicht mehr los. Ich definiere sie für mich als die reduzierte Umsetzung der Realität, die Assoziationen freisetzen soll. Materialbilder von Tàpies fallen mir ein und Übermalungen von Arnulf Rainer.

Hinter einem großen geteerten Parkplatz taucht der Aussichtsturm auf, der 1967 aus einem alten Ölbohrturm errichtet wurde und seit dieser Zeit für viele Vertriebene den Blick in die ehemalige Heimat ermöglicht. Hoch oben auf der wackeligen Plattform suchen einige ältere Herrschaften mit Ferngläsern das Grenzgebiet ab. Ich fotografiere sie von der Seite, wie sie ins Böhmische hineinschauen.

Waldweg zur tschechischen Grenze, zum Weiler Sonnenwald. Eine österreichische Nationalflagge windet sich wie eine Wendeltreppe in Form einer hohen Draht-Plastik in einem Vorgarten. Ansonsten verlassene Häuser, das Wirtshaus seit langem geschlossen, ein Gebotsschild an einem windschiefen Holzschuppen: „Ausfahrt Tag und Nacht freihalten!“

Ab hier ändert sich jetzt meine Gehrichtung für die

nächsten Wochen von Norden nach Osten. Zwei Stunden gehe ich bei gutem Tempo die Forststraße entlang des „Schwarzenberger Schwemmkanals“, der hier die Wasserscheide Elbe/Donau überwindet. Über 200 Jahre ist dieser Triftkanal alt, der bis Anfang unseres Jahrhunderts auf einer künstlichen Wasserstraße Holz über 50 Kilometer in die Große Mühl leitete. Auf Pletten wurde das Bau- und Brennholz dann auf der Donau nach Linz, Wien und sogar bis Budapest gebracht. Heute ist der circa ein Meter breite Kanal meist mit Farn, Brennnesseln und Schilf zugewachsen. Mit Hochachtung wandere ich dieses Baudenkmal ab. Ich höre meinen Schritten zu und spiele in Gedanken auf dem Klavier Blues. Mein Tritt ist süchtig beschwingt im 4/4-Takt. Mit dem Tonband nehme ich meine Gehgeräusche auf.

Schnurgerade Teerstraße Richtung Aigen. Ein Ehepaar auf Fahrrädern überholt mich. Dreimal fällt das Wort „Grüß Gott“. Außerhalb eines Wildschweingeheges nähert sich ein Dutzend gestreifter Frischlinge unbesorgt der Straße und schnuppert an meinem 35mm Objektiv.

Im „Haager Hof“ übernachte ich, wasche wieder einmal meine verschwitzten Sachen und schaue auf der Zimmer-Veranda bei Grünem Veltliner in die sternenklare Nacht. Das Land schweigt. Eine Sternschnuppe verglüht, ich wünsche mir was.

Samstag, 10. September

Ich frage die Wirtin, wo man auf meiner heutigen Route einkehren könne. Antwort: „Weiß ich nicht so genau. Ich kenn' mich nimmer so aus in der Gegend. Wahrscheinlich habe ich zu schnell hierher geheiratet und dann vor lauter Arbeit nichts mehr g'sehn."

Die weiß-blaue, gesichtsähnliche Markierung des Nordwaldkammweges erinnert mich an die Puppenköpfe von Paul Klee. Kurios ist am Wegrand eine Buche mit einer über 100-jährigen Fichte zusammengewachsen. Eine ungewöhnliche Lebensverbindung.

Wurmbrand. Günterreith. Hier Monoblocksessel in Rot. Holzspeichenräder hängen wie Fetische mittelachsig über den Garagentoren. In den Sandkästen der Kinder dominieren die Spielzeugtraktoren. Auf einem steilen Hang ernten zwei parallel zueinander fahrende Trecker Futtermais.

St. Oswald bei Haslach. Unmittelbar vor den beiden Wirtshäusern liegt hier der Friedhof. Im „Gasthaus Ilg" kaufe ich mir Wasser und Semmeln. Draußen läuten die Kirchenglocken, in der Gaststube läuft im Radio „Autofahrer unterwegs". Neben dem warmen Holzofen kauert die alte Wirtin und füllt hellgelbe Klaräpfel in ein Plastiksackerl. Die Enkelkinder bedienen die Theke. Auf meine Frage, ob sich durch die Grenzöffnung viel geändert habe, antwortet die Oma sparsam: „Bestimmt" – und schweigt.

Draußen hinter der verglasten Gemeindetafel hängen Fundmeldungen aus, Kundmachungen zur Nationalratswahl und Sprechtagstermine für Alkoholkranke in der Sanitätsabteilung Rohrbach. Am Ortsausgang reparieren Jugendliche in den elterlichen Garagen Mopeds.

Teerstraße nach Damreith, über die Felder und Wiesen hinauf nach Oedt. Unterwegs unterhalte ich mich mit einem Bauern, der sein Kartoffelfeld bestellt. Bauer ist sein Beruf und sein Familienname. Ein Plakatanschlag der Freiwilligen Feuerwehr in Hörleinsödt macht auf den sonntäglichen Frühschoppen mit Feldmesse aufmerksam. Auf dem Güterweg nach Leithenmühle hole ich, umgeben von neugierigen Kühen, meinen ersten Apfel dieses Jahres vom Baum. Sonne, Wind und Wolken unterstützen den Föhn, der einen Panoramablick bis zum Dachstein freigibt. Hier oben, unweit von Innenschlag, bin ich allein auf weiter Flur. Einen Kilometer weiter verläuft die tschechische Grenze. Wer hier wohnt, muß wissen, warum. Der Wind bläst so heftig über die Anhöhen, daß selbst die Sonnenblumen nach Nord-Osten wachsen.

Einkehr in Dambergschlag im „Gasthaus Lindorfer". Ein Schäferhund treibt mich mit seinem Gebell in die spartanisch eingerichtete Gaststube. Auf dem grauen Pegulanfußboden mitten im Raum knotzt der Holzofen. Die vielleicht 70-jährige rüstige Wirtin hat sich ein rotes Kopftuch über die Haare gebunden und bügelt Wäsche. „Ich besitze weder Radio noch Fernseher", erklärt sie mir. Ihre 17-jährige Tochter sei in den 60er Jahren bei einem Traktorunfall ums Leben gekommen, kurz danach sei ihr Mann gestorben. Drei Gäste treten ein, sie unterbricht das Bügeln und serviert Getränke. Ich möchte ein Foto von ihr machen, aber sie lehnt ab: „Den da kannst fotografieren," und deutet auf Willi, den Holzhauer. „Ich habe mich noch nie fotografieren lassen, nicht einmal fürs Paßbild, denn ich hab' keinen Ausweis. Ich besuche die Nachbarn, und wenn ich einmal nach Linz muß, brauche ich keinen Ausweis." Ich habe verstanden.

Nach längerem Gespräch über die Nachkriegszeit sagt einer der Männer fest ausschnaufend: „Fürchterlich, wie sie uns als Jugendliche damals den Kopf verdreht haben. Heute noch, wenn ich einen Pfefferminztee rieche, muß ich an die HJ-Lager denken."

Aufbruch zu meinem Tagesziel, St. Stephan am Walde. Im „Gasthof Mayer" gibt's leider keine Übernachtungsmöglichkeit mehr. Die Juniorwirtin fragt, ob's auch privat sein könne und telefoniert: „Du Gertie, da ist ein Herr da, der will bei dir schlafen." Ich lande im Gästehaus Pürmayr, eine glückliche Wahl; hier werde ich zwei Tage bleiben. Die aufmerksame Hauswirtin kühlt mir für später Wein ein. Zu Abend esse ich oben im „Gasthof Mayer", wo morgen, Sonntag, gleichzeitig vier Tauffeiern stattfinden werden. Bedruckte rosafarbene Tisch-Servietten warten, in Sektgläser gesteckt, auf 100 Gäste. Die Mädchen heißen Michaela, Nicole, Iris und Yasmin.

Sonntag, 11. September

9.30 Uhr. Nach langen Jahren wieder einmal ein Meßbesuch. Die aus dem 12. Jahrhundert stammende Kirche zeigt zum größten Teil spätgotische Baumerkmale und ist voll besetzt bis in die letzte Bank. Nach 50 Minuten ist alles litaneimäßig abgespult: Der Pfarrer predigt in aneinandergereihten Hauptsätzen über Gott, die Orgel spielt zu schnell, die Kollekte scheppert durch die Reihen. Kaum ein Moment der Andacht und Besinnung. Zur Kommunion gehen ausschließlich nur Frauen, reine Männersache hingegen ist der anschließende Frühschoppen im Wirtshaus gegenüber.

Nachmittags Rundgang, der wiederum im gestern besuchten „Gasthaus Lindorfer“ in Dambergschlag endet. Außer mir noch drei Gäste: Ein etwa 50-jähriger Junggeselle, eine gleichaltrige, verwitwete Frau mit ihrer unverheirateten Tochter, die in einer Krankenhausküche arbeitet. Das Gespräch dreht sich um die ungestillte Sehnsucht nach Liebe. X., der Junggeselle, wird von den beiden Frauen wegen seines Nicht-Verheiratet-Seins des öfteren aufgezwickt. Er wiederum will der jungen, schwarzäugigen Landschönheit einen gewissen Peppi verkuppeln. Die Zwanzigjährige zeigt sich sehr interessiert daran, kokettiert und macht ihn an. X. wehrt ab und erklärt: „Weißt, ich hab’ viele Frauen g’habt, aber jetzt leb’ ich von der Luft und von der Liebe.“–„Weil dir keine guat gnua war“, fährt ihm die Witwe ins Wort. Er grinst und bestellt sich eine weitere Halbe. „Du weißt ja“, sagt er schelmisch zu ihr, „ich wohne am Hang. Wenn mich eine heiraten hätt’ mögen, dann hätt’ die einen kürzeren Fuß braucht.“ Alle drei lachen. Für Braut- und Bräutigamschau ist dieser karg besiedelte Flecken Erde denkbar ungeeignet. Das Gespräch zieht sich spielerisch dahin, trotzdem ist die Not des Mädchens unüberhörbar. Ich möchte sie fotografieren, aber leider wehrt sie verschüchtert ab. – Sehnsucht ist grenzenlos.

Montag, 12. September

Schulanfang in St. Stephan am Walde. Die ABC-Schützen stapfen nach der Kirche hinauf zur Volksschule. Einen der Schulanfänger mit kleiner Tüte fotografiere ich, seine Mutter will mich später hinauf zum Zollamt Guglwald fahren. Vorher besuche ich noch das „Kaufhaus Kiesl“, das seit Kriegsende von Frau Kiesl unverändert betrieben wird. Ich bin selbst in einem Lebensmittelgeschäft aufgewachsen, vermutlich zieht's mich deshalb so magisch dorthin. Im Schaufenster ein von der Sonne ausgebleichtes „Mensch-ärgere-Dich-nicht-Spiel“ und verblaßte, farblose Grog-Tassen; drinnen Kittelschürzen im Sonderangebot, neben der Waage frische Bananen. Der Rest des Lebensmittelbestandes scheint unbeschränkt haltbar und wird erst am Spätnachmittag durch das Einschalten einer Neonröhre sichtbar. Ich bewundere diese Rentnerin ob ihrer Ausdauer. „Ich kann halt“, so sagt sie, „nicht aufhören.“ Beliefert wird sie nicht mehr, manches kauft sie im Großmarkt oder beim Bäcker nebenan.

In der Vertriebenen-Kapelle Guglwald sind in Stahlkästen Namen Gefallener archiviert, die aus einst hier umliegenden Dörfern stammten. Ich lese einen langen, handgeschriebenen Brief eines Zweiundzwanzigährigen, der seinen Eltern zu Weihnachten 1942 aus dem Kessel von Stalingrad geschrieben hat. Gebürtig war er aus der ehemaligen Pfarrei Hohenfurt, heute Vyšší Brod. Seine letzten Zeilen lauten: „Wenn es wieder einen Urlaub gibt und ich bei Euch sein kann, dann wird Weihnachten nachgeholt. Bin noch gesund. Das ist bei uns der einzige große Wunsch.“ Im März '43 starb er in der Gefangenschaft an Typhus.

Ich passiere die österreichisch-tschechische Staatsgrenze. Ein seltsames Gefühl, auf einem Waldweg zu wandern, der vor fünf Jahren noch durch strengstes militärisches Sperrgebiet führte. Ich fühle mich heimlich beobachtet. Am Kamm entlang eine Straße, die früher als Grenzpatrouillenstraße einzelne Ortschaften miteinander verband. Die letzten Dörfer wurden hier Ende der 50er Jahre gesprengt. Auf einem Steinmarterl mit Gnadenbild lese ich: „Hier befand sich bis zum Jahre 1946 die Ortschaft Stift". Davor ein Gitter mit der Jahreszahl 1991, gesichert durch ein Vorhängeschloß deutscher Fabrikation.

Brennesseln wachsen auf den braunen, ungemähten Wiesen, verstreut einige junge Birken und Fichten. Hagebutten und einzeln stehende Obstbäume lassen mich den einstigen Standort der Bauernhäuser erahnen. Im Schatten einer uralten Linde mit weit ausgreifenden Ästen gedeiht das wenige grüne Gras der näheren Umgebung. Ihr Stamm hat einen Durchmesser von mindestens 1,30 Meter. Ich suche Schutz vor der gnadenlos sengenden Sonne und lehne mich an dieses monumentale Naturdenkmal.

Auf der Anhöhe der eingeebneten Ortschaft Kapellen trutzt dominant und unübersehbar der mächtige Grenzwachturm. Versorgt von Starkstromleitungen und von Stacheldraht umfriedet schaut er grau übers Land. Auf dem leeren Dorfwassergrand von 1913 steht mit Großbuchstaben hingepinselt: NĚMECKO JE VAŠE, ČECHY ALE NAŠE! (Deutschland gehört Euch, aber Böhmen gehört uns!) In einem zugewachsenen Hohlweg in der Nähe eines abgerissenen Wachhäuschens stochere ich in einem Abfallhaufen: Ausgediente Spezialbatterien, Kabelreste, Glassplitter, Mükkensprayflaschen, Teereimer. Nach der Zahl der angerosteten Konservendosen muß Fleischpastete mit Ei für 5 Kronen 50 die Hauptnahrung der Grenzsoldaten gewesen sein.

Meine Mittagsrast verbringe ich auf herumliegenden Granitsäulen der ehemaligen Pfarrkirche und esse einen Apfel aus dem Paradies. Neben mir ragt aus dem Boden ein Stück Schmiedeeisen heraus, das an Stierhörner erinnert. Ein Traum von archaischer Plastik.

Riesige Vogelbeerbäume und immer wieder Hagebutten, deshalb nenne ich meinen Weg „Hagebuttenstraße". Bergab, bei Krásná Pole, liegen in den von der Hitze ausgetrockneten Reifenspuren Unmengen von leergeschossenen Schrothülsen. Ich will eine verwaiste Grenzbaracken-Siedlung aufsuchen, aber ein kläffender Hund treibt mich wieder hinter die Einfahrtsschranke zurück. Bin heute seit dem Grenzübertritt noch keinem Menschen begegnet. Talwärts den Bach entlang nach Vyšší Brod. Endlich Schatten. Dort im Wald das erste „Dobrý den!" (Guten Tag!) Durch die Bäume spitzen die Dächer des Zisterzienser-Klosters.

Im „Hotel Vzlet", das übersetzt „Hotel Aufbruch" heißt, suche ich die alte Frau Neufusová auf, die ich mit meinem Freund und „böhmischen" Weggefährten Karl Stutz bei unserer Wanderung im Mai kennengelernt habe. Sie ist Pensionistin und verdient sich als Toilettenfrau noch einige Kronen dazu. Frau Neufusová stammt aus Wien, flüchtete wegen der Bombenangriffe ins Mühlviertel und heiratete Anfang der 50er Jahre hier einen Bäckermeister.

Beim Studium der Hotel-Speisekarte wünscht mir auf der letzten Seite die Verbrauchergenossenschaft einen „angenehmen und ungestörten Aufenthalt mit zugänglichen Preisen". Ich bestelle mir Rindsuppe, Rinderbraten mit Reis, Marillenpalatschinken, ein Budweiser, einen Weißwein und einen türkischen Kaffee.

Neben mir, am runden Mitteltisch, zehn grünuniformierte Jäger, fünf davon aus Österreich. Großblättriges Grünzeug kümmert in der Ecke an der Speisesaalwand empor. Ein hinter mir stehendes, mit Coca-Cola Flaschen und Coke-Werbung überladenes Tischchen wirkt wegen seines mittelachsigen Aufbaus wie ein profaner Hausaltar, vor dem man aus lauter Ehrfurcht aber durchaus geneigt ist, sein Knie gen Westen zu beugen.

Im Nebenzimmer hält abends ein tschechisches Ehepaar vor einem sozialistischen Wandrelief (Marke: säen, bauen, ernten, Friedenstaube) eine Werbeverkaufsschau ab. Schafwolldecken, Messer aus Solingen und Geschirr aus Stahl werden angeboten. Dreißig Frauen und zehn Männer lauschen der Anpreisung des importierten Wirtschaftswunders. Als Geschenk fürs Kommen erhalten die Damen einen farbigen Regenschirm und einen Plastik-Schmetterling, die Herren einen Flaschenöffner mit Korkenzieher. Der Verkäufer vergleicht die Qualität des Kochgeschirrs mit einem Mercedes, ansonsten kann ich von dem Vortrag nichts verstehen. In meinem karg eingerichteten Zimmer trinke ich noch ein Budweiser, das ich mit dem neuen Flaschenöffner aufmache. Mein Schreibtischchen trägt die Inventarnummer DKP 288/710.

Da mich beim Gehen nichts drängt, merke ich jetzt, nach einer Woche, daß meine Sinne wieder intensiver wahrnehmen: ich höre, rieche und schaue bewußter und genieße unterwegs das Alleinsein. Alle Wege stehen einem offen. Ich fühle mich glücklich beim Gehen.

Dienstag, 13. September
Geruch von Kohlenbrand dringt in mein Zimmer. Unten an der Kreuzung brummen LKW mit Abblendlicht durch den nieseligen, grauen Morgen.

Der Speisesaal, in dem ich frühstücken wollte, wird heute vom kompletten männlichen Personal des Hotels getüncht. Sie scheuern dazu die braune Resopalverkleidung, und der Oberkellner persönlich reinigt mit einer Teppichschaum-Maschine die Läufer. So nehme ich mein Frühstück im Nebenzimmer vor dem sozialistischen Wandrelief ein. Ich bin ganz alleine und fühle mich wie in einem Ein-Personen-Stück aus einer vergangenen Epoche. Mein Traum dauert so lange, bis der einzige nicht zur Renovierung abgestellte Kellner an meinen Tisch kommt und das Stück mit der Frage beendet: „Bittä der Herr, noch Winsche?" Ich verneine und bedanke mich, denn ich habe alles gehabt.

Nachmittags Besuch des Post-Museums und Klosterführung. Während des Zweiten Weltkrieges versteckten die Nazis hier Kunstschätze und bestrichen zum Schutz vor Fliegerangriffen die Türme und Gebäude mit grüner Farbe. Gegenüber der Klosterkasse dringt aus einer zum Café umgestalteten Garage Gesang von Johny Cash.

Am Ortsausgang beherrschen täglich die Vietnamesen mit ihren fliegenden Ständen das Stadtbild. Zigaretten, Becherovka, Sekt und Billig-Jeans werden hier an die durchfahrenden Touristen verkauft. Kontrolliert wird dieses Geschäft von der vietnamesischen Mafia. Laut Einheimischen soll sie heuer für den Tod von drei Händlern verantwortlich gewesen sein, deren abgetrennte Köpfe im Wald gefunden wurden.

Um 10 Uhr abends gehen hier in Vyšší Brod die Lichter aus. Das böhmische Leben hat mich angesteckt. „Dobrou noc!“ (Gute Nacht!)

Mittwoch, 14. September

Frühstück im Freien auf der Laderampe des neuen „R+R Market“ gegenüber dem „Hotel Šumava“. Ein Vietnamese schlichtet dekorativ Zigarettenstangen in seinem Stand auf. Ein österreichischer BMW-Fahrer will von ihm zehn Stangen, die Stange zu 120 Schilling. Der Vietnamese aber will 125 Schilling. Der Österreicher kauft nicht und fährt schimpfend weg. Ein älterer Tscheche startet neben mir sein Moped, im Gepäckträger eingespannt ein Kopf Weißkraut.

Ich lasse mich von einem Langholz-LKW die steile Straße zum Zollamt Weigetschlag hinauffahren. Auf Höhe Studánky deutet der Fahrer nach links: „Da drinnen gibt's ein Puff, die Preise sind etwas niedriger als bei uns in Österreich.“

Ich gehe die verkehrsreiche Bundesstraße hinauf und biege links ab nach Rading, Richtung Schwedenschanze. Ein langer Holzpalisadenzaun, ein Denkmal, eine alte Eisenkanone und ein Hinweisschild: Schutzwall gegen die Schweden, die 1638 nach Böhmen eindrangen. Hundert Meter von hier entfernt verläuft die tschechische Grenze. „POZOR státní hranice!“ (ACHTUNG Staatsgrenze!) warnt ein Schild.

Wanderweg 57 nach Böhmdorf. Waldlichtungen, von weitem Traktorgeräusch. Ein Bauer schaut einem Eichkätzchen nach. „Die holt sich alle der Steinmarder“, sagt er zu mir. Auf seinem Kapperl steht „Shell“.

Böhmdorf, 15 Häuser. Außer zwei Arbeitern, die in ihrem Lieferwagen sitzen und Mittagspause machen, sehe ich niemanden.

In Graslmühle, einer renovierten Mühle direkt an der Grenze, kehre ich ein. Die Besitzerin, eine gebürtige Slowakin, schwärmt für Opern und Musicals und spricht neben Russisch und Deutsch auch Griechisch, weil sie begeisterte Sporttaucherin ist. „Einmal im Monat fahre ich mit dem Auto nach Passau zum Einkaufen", sagt sie, „außerdem – die Stadt gefällt mir", und legt eine CD mit Liedern aus den 60er Jahren auf.

Schmale Teerstraße nach Allhut. Landregen setzt ein. Ein Habicht stößt im Gleitflug seine Schreie aus. Ich atme das frische Grün der Wiesen.

Im Schleichtempo nähert sich mir ein weißes Auto der patrouillierenden Gendarmerie. Vorsichtig fragen sie mich nach meinem Ziel. Trotz meines unübersehbaren Rucksacks stellt schließlich einer der Beamten fest: „Ja so, a Wanderer san' Sie?" Sollte irgendwann mal ein Uniformierter meinen Ausweis kontrollieren, werde ich sagen: „Ja so, a Gendarm san' Sie?" Sie wünschen mir gute Reise und biegen langsam ab in einen Feldweg.

Oft drehe ich mich um und schaue über die leicht wellige Landschaft. Die Erde trägt mich. Das Sehen geht in Schauen über. Das Schauen läßt mich entrücken.

Stiftung. Wieder eine Gendarmerie-Kontrolle. Ich gebe mich auskunftsfreudig und erkläre, daß ich die Staatsgrenze abwandere. „Na ja", sagt der beifahrende ältere Gendarm, „hoffentlich regnet's net." Ich versuche, ihm verständlich zu machen, daß Gehen bei Regen Spaß machen könne und frage nach seiner Arbeit. Er leitet den Satz wieder mit „Na ja" ein und fährt fort: „Na ja, wissen's, zur Zeit des ‚Eisernen Vorhangs' ham die da drüben kontrolliert, na ja, jetzt ham mir die Arbeit."

Das Gasthaus in Zulissen hat geschlossen. „Faßbier, Limo, Wein fürs Fest daheim", steht auf der Werbetafel. Schade, also kein Verlängerter oder Großer Brauner. Auch das ist ein Grund für mich, hier zu wandern: In fast jedem Wirtshaus in Österreich gibt es eine Espresso-Maschine und im Normalfall akzeptablen Wein. Nichts ist mir unerklärlicher als dieses deutsche Filter-Kaffee-Maschinen-Gesöff. Über den Genuß von Weißwein im Bayerischen Wald schweige ich. Dumpfer Donner grollt über mir.

Ich überquere die Bahnstrecke Linz-Summerau-Budweis. Die Eisenbahn hat unser Leben beschleunigt und verändert. Jedes Andreas-Kreuz sollte uns eine Mahnung sein, die Zeit zu entschleunigen.

Der Regen nimmt zu, es gießt in Strömen. Dampfend vor Schweiß sitze ich bei einem Seidel Bier am Stammtisch in Deutsch Hörschlag. Eine Fotokopie liegt dort auf: „Wir gehen wandern. Start: Sonntag, 12.30 Uhr, ‚Gasthaus Moser'. Ziel: ‚Gasthaus Haunschmied', Summerau. Gezeichnet, die Sparrunde. Entfernung ca. 3,5 km". Es regnet immer noch, wolkenbruchartig stürzt das Wasser vom Himmel, um so unverständlicher für die Wirtin, daß ich trotzdem aufbreche. An den Elektrodrahtzäunen der Kuhweiden perlen Wassertropfen, aufgeweichter Kuhmist schiebt sich intervallmäßig langsam den Güterweg herunter. Ich lasse mich vom Regen taufen.

Ortschaft Kerschbaum, ein Dorf voller Apfelbäume. Am Straßenrand ein Steinmarterl von 1827, dahinter steinbloß gemauerte Häuser. „Tigerputz“ sagt man hier auch zu diesen weiß-grau gescheckten Hausmauern. Irgendwo muß der ehemalige Bahnhof der Pferde-Eisenbahn sein. Der örtliche Landmaschinen-Verkäufer bietet fünf Liter Bio-Öl für 120 Schilling an. Über matschigen Feldweg gelange ich zu einem Bus-Wartehäuschen, Haltestelle Edlbach. Ich schnalle meinen Rucksack ab, drehe mir eine Zigarette und mache eine Tonband-Aufnahme der vorbeifahrenden Autos. Von hier sind's auf der Bundesstraße 201 Kilometer nach Prag.

Erste Nebel steigen auf, warmes Licht dringt aus den Wohnstuben einzeln stehender Höfe. Zu meiner Sicherheit schalte ich die Taschenlampe ein, 50 Meter vor mir blenden die Autos ab. Gott sei Dank geht's eben dahin. Es blitzt und donnert. Wie ein Eroberer fühle ich mich, als ich Leopoldschlag Markt erreiche. Hinter der beleuchteten Avia-Tankstelle beziehe ich Quartier in der „Hackermühle“. Es ist herrlich, anzukommen. Warm fließt das Wasser über meinen verschwitzten Körper.

Donnerstag, 15. September

Ortsbesichtigung des Dorfes Leopoldschlag Markt. Der Fußballplatz liegt direkt an der Staatsgrenze. Bis 1975 – als die Maltsch reguliert wurde – mußte der Fußballverein zu Saisonanfang sämtliche Heimspiele bei den Tschechen anmelden, damit ins kommunistische Nachbarland geschossene Bälle von drei namentlich erfaßten Leopoldschlagern wieder zurückgeholt werden konnten. Dies hatte zur Folge, daß bei schlecht besuchten Fußballspielen – wenn auch von weiter Ferne – wenigstens zwei tschechische Grenzsoldaten zuschauten.

Ich streife durch den Friedhof und besuche die Kirche. Im Vorraum hängen bereits 25 Sterbebilder, allesamt vom Jahr 1994: Buchgeher, Putschlögl, Gusenbauer, Affenzeller, Hinum, Preinfalk ... Auf der Mittelsäule vor dem Hochaltar mit Brettelgotik die eingemauerte Grabtafel einer Siebzehnjährigen, die 1738 verstarb: „Ich war ein blum in bester blich, der Todt schneid ab mich gar zu früch".

Oben beim alten Zollhaus schaue ich Richtung Böhmen. Der Grün-Braun-Kontrast der Wiesen zeigt deutlich den Grenzverlauf. Im „Gasthaus Preinfalk" meint die Wirtin, daß „der Tschech' gleich da ist", wobei sie aber den Radioempfang meint. Mit einem geliehenen Fahrrad gondle ich über Feldwege Richtung Hammern. Ein Herrenmantel, ein Nachthemd und ein weißes Kittelkleid bewachen als Vogelscheuchen vor einem Steinbruch ein Kartoffel-Feld.

Abends treffe ich im Ort Wolfgang Steininger von der „Local-Bühne" Freistadt, um ein Projekt zu besprechen. Es gefällt mir hier in Leopoldschlag und bei meinen Quartiergebern, der Familie Schöllhammer so gut, daß ich beschließe, für einige Tage zu bleiben.

Freitag, 16. Semptember

Den ganzen Vormittag fotografiere ich die Arbeiter hinten im Steinbruch. Nur fünf davon sind Einheimische, die anderen kommen alle aus der Türkei. Alle arbeiten im Akkord, die Jüngeren von ihnen schlafen direkt über der Schmiede. Wir kommen gut miteinander ins Gespräch, und ich fotografiere sie. Zwei Kurden sind gerade dabei, einen Granitblock zu spalten. Einer bohrt der Maserung entlang mit dem Preßlufthammer Löcher, der zweite setzt einen Eisenkeil hinein, und abwechselnd schlagen sie dann gefühlvoll mit dem Vorschlaghammer drauf, bis der graue Stein sich zu spalten beginnt. Ein gelber Transportbulldozer stapelt ihn zur Seite. Abfallsteine werden zu Schotter verarbeitet, die gut auseinandergebrochenen zu Randsteinen und Pflaster.

Der Vorarbeiter Schatzl erklärt mir die Laufrichtung des Granits, aber ich sehe keinen Unterschied. Er befühlt den Stein von allen Seiten und sagt: „Schau, da ist er rauher, da ist er feiner. Von der Seite läßt er sich gut spalten." Ich kann nur staunen und habe Respekt vor diesen Männern, die hier in der Fremde bei Staub und Lärm schwerste körperliche Arbeit vollbringen. Mir fällt der Türke ein, der mich bei einer Wanderung im fernen Taurus-Gebirge zu sich ins Haus einlud. „In welcher Stadt in Deutschland haben Sie denn gearbeitet?" fragte ich ihn. Seine Antwort: „15 Jahre Schaub-Lorenz."

In Windhaag erlebe ich eine heftige gemeindepolitische Auseinandersetzung am Stammtisch, die mit den Worten endet: „Schleich dich und komm bald wieder!" Der politische Gegner wird als praxisfremder „grüner Dodl" bezeichnet.

Zurück per Fahrrad über Paßberg und Kerschbaum nach Leopoldschlag. In der „Hackermühle" gibt's Schnitzel und phantastische Zwetschgenknödel. Ich fühle mich zu Hause.

Samstag, 17. September

Mit Wellblech abgedeckte Schneestangen liegen am Straßenrand und warten auf den Winter. Am Grenzland-Radweg, auf der Fahrt in das verlassene Dorf Zettwing, inspiziere ich eines der vielen Grenzwachhäuschen. Außen dunkles Holz, Teerpappe am Dach, ein Ofenrohr als Außenkamin, grün gestrichene Fensterrahmen, innen ein Tisch, ein Stuhl, ein Reisstrohbesen, am Fenstersims eine vom Regen aufgeweichte Klopapier-Rolle. Und wie immer, nah an der Hütte, ein Stoß Brennholz.

Lange Autoschlangen vor dem Zollamt Wullowitz. Vor der tschechischen Abfertigung, für die nach Österreich einreisenden Tschechen, "Test the West!"-Reklame. In Dolní Dvořiště (Unterhaid) riesige Erdbewegungen für eine Großtankstelle. Durch die Ortsumfahrung wirkt das Dorf wie ausgestorben. An einem Haus unterhalb der Kirche Werbung für einen Nachtclub, daneben zwei Restaurants, die in Lauerstellung auf Gäste warten.

Feldweg rechts, Richtung Maria Schnee. Ich überquere den ehemaligen Todesstreifen, der sich seit '89 im Unterschied zur angrenzenden beweideten Wiese noch nicht erholt hat. Fahlbraun schlängelt sich dieser breite Streifen über die Hügel. Ein roter Acryl-Kinderpullover, voll von schwarzer Motorschmiere, liegt verloren im Kleefeld. Auf der schnurgeraden Grenzstraße begegnen mir zwei junge Tschechen im Auto. Im Schritttempo „gehen“ sie mit ihrem Škoda auf Schwammerljagd. Der Kopf des Beifahrers hängt waghalsig aus dem Seitenfenster und sucht mit stierem Blick den Straßenrand ab.

Leopoldschlag sehe ich heute von der anderen Seite aus. Wer hätte sich noch vor fünf Jahren vorstellen können, daß auf dieser Militärstraße jemals Zivilisten fahren dürfen. Trotzdem, diese Teerstraße strahlt eine unheilvolle, mich beängstigende Aura aus. Straßen müssen nicht immer verbindend sein.

Hinter alten Telefonmasten ragt endlich der verfallene Kirchturm der 1955 gesprengten Ortschaft Zettwing hervor. Von einem alten Obstbaum reiße ich ein paar kleine Klaräpfel herunter. Säuerlich und erfrischend schmecken sie. Von den ehemals 104 Häusern stehen noch fünf. Die aus dem 14. Jahrhundert stammende Kirche fault vor sich hin, die Eingänge sind zugemauert oder mit Brettern vernagelt. Ich ziehe mich mit äußerster Kraft zu einem der Seitenfenster hoch und springe ins Innere. Moder verschiedenster Epochen umgibt mich, das Dachgebälk liegt wie in einem Abbruchhaus durcheinander vor den zerstörten Grundfesten des Altartisches. Links davon eine muschelförmige Mauernische. Spärlich erhellt die späte Nachmittagssonne den Chorraum, der jeden Augenblick einzustürzen droht. Reste von dunkelroter Wandbemalung zeugen von glücklicheren Tagen. Dennoch erfüllt mich der verwüstete Raum mit stiller Ehrfurcht. Durch die hohen Fenster hindurch verfolge ich das Blätterspiel des Windes draußen. Das Gebäude zwingt mich, zur Natur aufzuschauen.

Schräg gegenüber der Kirche halten verlassene Kasernengebäude mit Funkantennen auf dem Dach die Stellung. Zur Zeit des „Eisernen Vorhangs“ war hier eine Schäferhundestaffel zur Grenzsicherung untergebracht. Neben der Fahnenstange ragt ein blau-weiß-rot gestrichener Stein mit Schäferhundportrait aus dem Immergrün des Appellplatzes. Ich heble ein Zaungatter aus und gehe vorsichtig über die Wiese hinauf zu den abseits gelegenen Hundezwingern. Hinter einer Mauer reihen sich wie Raubtierkäfige zwölf rot gestrichene, vergitterte Boxen aneinander, Größe circa 1,5 auf 2 Meter. Vereinzelt liegt noch Stroh herum, manchmal auch noch das grau gestrichene Holz-Liegebrett, als Schutz vor dem kalten Betonboden. An einer der Wände klebt ein verblichenes Illustrierten-Foto von zwei niedlichen Terriern. Ich stelle mir immer wieder das nächtliche Gebelle vor, das von diesen scharfgemachten Tieren ausgegangen sein muß.

Über den Abrichteplatz schleiche ich heimlich in ein ehemaliges Bauernhaus, in dem ich der früheren Realität gegenüberstehe. Völlig durchlöchert lagern dort in einer Ecke des Hofes über ein Dutzend Mann-Zielscheiben aus Blech wie olivfarbene Menschensiebe. Einzelfeuer, Dauerfeuer, kniend, stehend, liegend, Hundegebell – dies alles geht mir durch den Kopf. Des öfteren schaue ich hinüber zur Kirche, denn Streife gefahren wird hier immer noch. Beim Durchqueren eines Hinterhofes finde ich farbige Glasscherben, in Form von Hammer und Sichel in Beton eingepreßt. Rechts der Treppe, in gleicher sozialistischer Intarsienarbeit, stilisiert das Portrait eines Schäferhundes. Auf diesen Treppen standen wohl die dressurbesten Abrichter bei den Siegesfeiern.

Kaum habe ich das Einstiegsgatter wieder in die alte Stellung gebracht, fährt ein Auto heran und hält vor dem Gitterzaun. Mein Herz schlägt. Zwei Schäferhunde springen heraus, gefolgt von einem Mann. Ich gehe auf ihn zu und stelle mich so, als hätte ich von der Bedeutung dieser Gebäude keine Ahnung. Er spricht nur Tschechisch und erklärt mir, daß dies hier eine „Kasárna" sei und „Hunde nix Polizei." Er postiert seine Hunde neben dem Schäferhunde-Gedenkstein am Appellplatz, ich drücke auf meinen Auslöser.

Ich setze mich aufs Rad. Nach etwa fünf Kilometern merke ich, daß ich in die falsche Richtung fahre. Bei diesem Umweg entdecke ich den alten Friedhof und das Kriegerdenkmal des ehemaligen Dorfes Zettwing. Ich radle das Flüßchen Maltsch entlang und gehe bei Maierspindt das erste Mal über die Grüne Grenze von Tschechien nach Österreich. In Anbetracht von 40 Jahren Stacheldraht hat diese Aktion durchaus ihren Kitzel.

Hier in Maierspindt wird heute und morgen im „38er Saloon" ein Motorrad-Treffen veranstaltet. Camping, Lagerfeuer, Country-Music und Pokal-Prämierungen sind angesagt. Der 56-jährige Benno S. aus Dresden ist 450 km mit seiner Java plus Anhänger angereist. Benno war zu DDR-Zeiten Betriebsschlosser und bis zuletzt Betreuer für Behinderte und besucht fast jedes Biker-Treffen. Der gleichaltrige Rolf aus Altötting läßt sich enttäuscht über das Fest aus, „weil sich nix tut." Der ebenfalls enttäuschte Freistädter Motorrad-Club zieht bei Sonnenuntergang in geschlossener Fahrt ab.

Im Inneren der großen Scheunenhalle riecht es nach Friteuse, Rauch und Leder. „Roháči", eine siebenköpfige Bluegrass-Band aus Budweis, spielt in einer wenig beleuchteten Ecke. Ein Artgenosse der „Motorratten Schönau" tanzt mit einem Mädchen, das über seinen

Jeans eine lederne Chaps trägt. Zwei von "Devil's army Austria" tragen ihr Bier nach oben in die Galerie. Insgesamt um die sechzig Leute, spärlicher Tanz, nur die Theke ist dicht belagert. Der Wirt versucht das mangelnde Interesse am diesjährigen Treffen mit dem Wetter zu entschuldigen und kündigt für Mitternacht originellerweise ein Seilziehen an. Die Siegermannschaft, so verspricht er, erhalte einen Pokal.

Apropos Veranstaltungen. Auf meiner bisherigen Wanderung notierte ich mir unter anderem folgende Höhepunkte: Hüttenfest mit Naß-Lösch-Wettbewerb, Sommerfest mit Bullriding-Wettbewerb und Heimbringer-Dienst, 100-jähriges Bestandsjubiläum eines Kameradschaftsbundes mit Militärmusik unter dem Titel „Traum eines österreichischen Reservisten“ und „Erste Oktoberrevolution“ – der revolutionäre Ball – mit Karaoke, der „Über-drüber-Spaß“.

Sonntag, 18. September

Die Musikkapelle Leopoldschlag spielt am Marktplatz zu Ehren des Innenministers Dr. Franz Löschnak. Sich aus dem Wiener Mercedes schwingend, schlüpft er, der hiesigen Landschaft verbunden, in einen dargereichten grünen Lodenmantel. Im Freien soll es einen Frühschoppen geben, aber es ist zu kalt, der Minister noch dazu vom steirischen Wahlkampf sehr erkältet. Daher läßt der örtliche SPÖ-Nationalrat Autogrammkarten des Ministers verteilen, damit Dr. Löschnak weiß, wem er SPÖ-Hände schütteln kann. Ein Kind fragt: „Löschnak, ist der von der Feuerwehr?“ Dr. Löschnak lächelt. Das Kind möchte mit ihm aufs Foto, das heißt eigentlich auf Wunsch der Mutter. Der Vater fotografiert lächelnd den sich zum Lächeln zwingenden Dr. Löschnak mit lächelndem Kind. Die Mutter ist von Stolz erfüllt.

Gendarmerie und Bodyguards sichern den Marktplatz. Ein paar Interessierte stehen erwartungsvoll und zugleich verloren vor den Häusern aufgereiht. Mangels Zuschauermasse fragt der Nationalrat den Ortsvorsitzenden: „Wann ist denn die Kirch'n aus?" Vermutlich predigt heute der Pfarrer absichtlich etwas länger, denn der Löschnak ist ein Roter, zumindest heißt es so auf dem Ankündigungsplakat, das die Bürger von Leopoldschlag wahrscheinlich kaum beachtet haben. Die Kirche ist aus, doch die meisten fahren gleich mit dem Auto weg oder gehen in die warmen Wirtsstuben, weil ihnen der Innenminister im landschaftsverbundenen Lodenmantel gar nicht auffällt. Dieser schaut auf seine Armbanduhr: 10.30 Uhr. Er zieht den Lodenmantel aus, schwingt sich in den wartenden Mercedes und läßt das örtliche Gendarmerie-Auto vorausfahren, weil sich die Wiener Sicherheitsbeamten hier im oberen Mühlviertel nicht so gut auskennen.

Da heute in der Freiwald-Halle der benachbarten Ortschaft Mardetschlag zufällig ein Bezirks-Pensionistentreffen stattfindet, bittet dort der erkältete Innenminister im geheizten Saal um die Stimmen der 250 Rentner. Obwohl er nur gefahren oder geflogen wird, spricht der Minister viel vom Gehen. „Wenn Sie mit offenen Augen durch die Gemeinden gehen, durch die Regionen, durch das Land gehen, werden Sie sehen, welche Weichen die Sozialdemokraten in den letzten 24 Jahren gestellt haben."

Nach der Rede des Bürgermeisters *geht* der Minister zu seinem Auto und läßt sich nach Grünbach fahren, der dritten von vier zu absolvierenden Veranstaltungen. In der Freiwald-Halle spielen die „Original Böhmerwald Spitzbuam“ das Lied: „Wenn die Schwalben heimwärts ziehen“.

Im Heimatbuch lese ich, daß 1954 hier in Mardetschlag ein Schüler den ersten Kartoffelkäfer in der Gemeinde fand.

Montag, 19. September

Im Wirtshaus lernte ich gestern spätabends den 70-jährigen Hans Hoffelner kennen. Mit 18 kam er in den Krieg, wurde verwundet, baute nach Kriegsende ein Pferdefuhrunternehmen auf, fuhr später LKW und chauffiert jetzt als Rentner gelegentlich Touristen mit seinem Haflinger-Gespann durch die Gegend. Heute kutschieren wir beide mit seinem alten Mercedes Diesel ins Böhmische.

Ortskundig und geruhsam lenkt er seinen Wagen wie ein alter Taxler über die unbeschilderten Straßen entlang der Grenze. Er schaltet das Autoradio ein und erzählt, wie er hier früher mit seinem Pferdefuhrwerk Holz transportiert habe. Er zeigt mir eine ehemalige Holztrift, das übriggebliebene Kriegerdenkmal eines nicht mehr existierenden Ortes und hinter Zettwing einen ehemaligen Schießplatz der Grenztruppen. Er wartet geduldig im Auto und zeigt Verständnis dafür, wenn ich für meine Fotos länger brauche als geplant. „Ich versteh’ schon, wenn man was G’scheit’s machen will, braucht man Zeit.“ Hier, beim Schießstand der

Grenzkaserne, brauche ich viel Zeit und nehme als Andenken eine zerfetzte Pappkarton-Zielscheibe mit aufgemalten menschlichen Umrissen mit.

Hans hält am aufgeforsteten Grenzstreifen des ehemaligen „Eisernen Vorhangs“. In einer Breite von zehn Metern wachsen hier in der Schneise jetzt junge Kiefern. „Vor einem Jahr durfte man hier noch nicht herfahren“, sagt er und fügt hinzu, „Rudi, jetzt zeig’ ich dir was!“ Es ist das Restdorf von Buchers (Pohoři na Šumavě) mit seiner leeren Wallfahrtskirche. Im Kircheninneren staubiger Lehmboden, an Stelle des Altars ein Holzschemel mit vier brennenden Öllichtern. Ich fühle mich wie in Tarkowskijs Film „Nostalghia“. „Da war ich als Bub schon herüben beim Kirta“, sagt Hans, „und da war’s Wirtshaus.“ Er deutet auf eine planierte Rasenfläche. Rechts neben der Kirche ein Haus, dessen Dachstuhl eingestürzt ist; Gras wächst aus den kaputten Fenstern. Davor im ehemaligen Garten, umwuchert von Brennesseln, die unleserliche Marmortafel des Kriegerdenkmals von 1914/18. Nur der Satz „Nie wieder Krieg“ ist deutlich schwarz auf weiß zu lesen. Ein mahnenderes Denkmal als hier habe ich noch nie gesehen. Der abseits gelegene, zerstörte und verwilderte Friedhof ergänzt diesen Eindruck. Am Ende der langen, geraden Kastanien-Allee treffen wir vor einem Container einen Polizisten, dessen Schäferhund einen Beißkorb trägt.

Ab hier herrscht Fahrverbot, deshalb drehen wir um, essen in Malonty zu Mittag und halten wieder in Kaplice. „Geh’ eine halbe Stunde ’rum, ich warte im ‚Slovanský dům‘“, sagt Hans und läßt mich aussteigen. Viele österreichische Grenzbewohner kaufen hier ein.

Die Vietnamesen bieten auf ihrem eigenen Marktplatz Zigaretten, Jeans, Alkoholika und Gartenzwerge an. Meine Spiegelreflex-Kamera erweckt ihre Neugier. „Zwanzig Schilling für Kamera“, sagt ein Vietnamese. „Neunzehn“, erwidere ich. Er schaut für einen Moment verdutzt und muß lachen.

Finstere Regenwolken treiben über die Berge, Nebel dampft in weiter Entfernung aus den Wäldern, als wir Leopoldschlag erreichen. Hans holt seine zwei Haflinger von der Weide, bevor wir zu einem Abschlußwein ins Wirtshaus fahren. „Bei jeder Staud'n ist er stehengeblieben“, sagt er zur Wirtin, „jetzt weiß ich nicht, hab' ich ihn rumgefahren, oder er mich.“ Wir stoßen an auf unsere gemeinsame böhmische Taxifahrt. Hans Hoffelner war mir ein väterlicher Freund.

Dienstag, 20. September

Herr Schöllhammer sitzt im Stall vor einer Kuh und reibt deren Warze am Euter mit Warzenkraut ein. „Bei abnehmendem Mond wird's weg sein“, erklärt er mir. „Leider hamma diese Naturheilmittel alle verlernt.“ Zwei Tage wollte ich hier bleiben, fünf sind daraus geworden. Ich verabschiede mich von meinen Vermietern, es waren wundervolle Tage.

Im Postamt lasse ich meinen Rucksack wiegen, der Zeiger bleibt bei 18 Kilo stehen. Meine vollen Filme schicke ich postlagernd nach Österreichisch Haibach bei Passau. Ich schaue noch kurz bei Hans vorbei und ziehe dann los.

Auf den Wiesen ein noch nie gesehenes Spektakel: Hunderte von Staren sammeln sich, kreischen über die

Felder und ziehen Richtung Weinviertel zu den reifen Weintrauben.

Auf dem Betonfußboden eines Bus-Wartehäuschens an der Kreuzung sehnsuchtsvolles Kreidegekritzel: „Love! Forever! Hansi und Susi!"

In Mardetschlag kündigt sich auf Plakaten ein „Circus Adriano" in Freistadt an. Eine vorbeitrabende Reitergruppe fragt mich – wahrscheinlich wegen meines Rucksacks –, ob ich bergsteige. Wo, bitte, soll ich das hier tun? Unter Hecken versteckt lächeln mir tschechische Riesengartenzwerge zu.

Sandstraße durch eine Apfelbaumallee. Ich genieße den mostigen Geschmack der heruntergefallenen Äpfel und fühle mich kurzzeitig wie der Geschmacks-Prüfer eines Obstbau-Vereins. Ein Bauer fragt mich, als ich ein im Wald abgestelltes, verrostetes PKW-Führerhaus fotografiere: „San Sie von den Grünen?" Ich mache ihm klar, daß ich weder Grüner noch Umweltschutz-Beauftragter sei, sondern ein ganz normaler Wanderer. „Wissen S'", sagt er sichtlich erleichtert, „das ist der Rest von meinem ersten Auto, ein Borgward Diesel, Baujahr '52." Am Fischteich erzählt er mir voller Stolz, daß er im letzten Herbst eine im Frühjahr eingesetzte Forelle mit fast einem Kilo herausgefischt habe. Ich fotografiere ihn, und er schreibt mir seine Adresse auf, an die ich später das Foto hinschicken werde. Michael Fleischanderl heißt er.

Pieberschlag. Windhaag. Wäscheleinen mit Kinderkleidung und weißen Männerhemden säumen meinen Weg. Bewölkung, Wind und Sonne wechseln sich heute im Turnus ab. Hin und wieder rede ich mit den Kühen und Pferden hinter den Elektrozäunen.

„Glück und Segen“ lese ich auf einem mit Tannenzweigen geschmückten Schild über einer Hofeinfahrt. Heiratsanzeigen hiesiger lokaler Wochenblätter fallen mir ein, Eheangebote heißen sie hier. „Angestellter, 26/ 1,70, blond, landw. Kenntnisse, Haus, Auto vorhanden, sucht nettes Mädchen, bei Verstehen Ehemöglichkeit“.

Im Wirtshaus in Predetschlag stehen drei Tische im Raum, ich bin der einzige Gast. Im Herrgottswinkel tickt der Regulator. Dieses einschläfernde Geräusch erinnert mich an das Wohnzimmer meiner Großmutter. Mit Regulator-Ticken assoziiere ich dunkelbraunes Mobiliar mit Wachsdecken auf Wohnzimmer-Tischen. Und ähnlich rhythmisch wie die Bewegungen des Regulator-Pendels erscheint mir das Grasen der Kühe, wenn sie mit ihren rauhen Zungen das Gras rupfen. 21, 22, 23 ... Man könnte ein Metronom danach einstellen.

Der Weg nach Sandl hinauf läßt mich schwitzen. Die aus den Feldern zusammengetragenen Steine türmen sich in regelmäßigen Abständen zu großen Haufen.

Dem Schild „Lucka-Wirt“ gehe ich nach. Ich zögere erst, weil es seitlich der Wegstrecke bergab geht. Der Wirt treibt gerade die Schafe nach Hause, darunter ein junges, das erst eine Stunde alt ist. Ein Stück der blutigen Nabelschnur baumelt noch an seinem Bauch. Im Traktorschuppen schneidet die Wirtin einer ausgenommenen Damhirschkuh das Fett von den Rippen. „Wir ham s' derschiaßen müssen, weil der Hinterlauf gebrochen war. Leider hat s' zwei Junge im Bauch g'habt.“ Sie zeigt in eine Schachtel. „Da liegen s' jetzt drinnen. Schad'!“–„Habicht, Bussard und Falken gibt's hier“, erzählt mir der Wirt. Seiner rechten Hand fehlen drei Finger. „D'Reisig-Häckselmaschine“, sagt er.

927 Meter über dem Meeresspiegel: Sandl. Beim „Wirtbauern" treffe ich in der gemütlichen Gaststube Einheimische, die sich aufs Kartenspielen einrichten: der ehemalige Vizebürgermeister, ein auf Harmonie bedachter dichtender Spaßvogel, ein jüngerer Gemeinde-Angestellter, der nebenberuflich musiziert, der Wirt und drei weitere Stammtischgäste. An der Wand hängt ein Schild: „Stammtisch der Bettschoner". Sie überreichen mir einen „Bierpaß", der dem österreichischen Reisepaß sehr ähnlich ist. Bei zehn Stempeln verschiedener Wirtshäuser der Freistädter Brauerei nimmt man an einer Verlosung teil. Dritter Preis: „Pubwochenende in London für eine Person".

Um Mitternacht wechseln wir gemeinsam weiter in die „Schihaserl-Bar". Dort lädt mich Gerhard P., der hier mit anderen noch die Restminuten seines Geburtstages feiert, für den nächsten Tag zu sich ins Atelier ein. Aus seinen Erzählungen sickern die Verletzungen und Demütigungen durch, die kreative Tätigkeiten abseits der tradierten Form hier heraufbeschwören. Das Gespräch berührt mich. Ein Blick hinter die Kulissen läßt das nach außen hin so schöne Landschaftsdekor leicht zusammenbrechen – und läßt im Wirtshaus Männer weinen.

Mittwoch, 21. September

Frühstück im Wohnzimmer der „Privatübernachtung Breitschopf". Der Hausherr zeigt mir eine alte Leica, die er einmal einem amerikanischen Besatzungssoldaten abgekauft hat. Das Außenthermometer steht auf 7 Grad, Sandl liegt in einer Nebelsuppe. Kurzer Rundgang am Friedhof, vorbei an zwei Tankstellen, hin zur Wohnung von Gerhard P., dem Maler und leidenschaftlichen Sportschützen. Seit vor einem Jahr sein Atelier in Linz abgebrannt ist, wohnt er hier in Sandl. Er malt Bilder auf Alu-Platten, unter anderem. „In ganz Europa gibt's fünf Maler, die in dieser Technik arbeiten", verrät er mir. Ich blättere seine Aquarelle durch, es sind Landschafts- und Blumenmotive, und lasse mir seine Tierfotografien zeigen, die er hier in der Gegend bei langer Ansitzzeit mit dem Tele schießt. Höhepunkt seiner Sammlung ist ein Albino-Reh. „Mein Künstlerstatus stößt hier vielen auf", sagt er, „aber man muß seinen Weg gehen."

Am Imbißstand an der B 38, bei Schloß Rosenhof, fragt mich die Verkäuferin, ob's denn nicht fad sei, alleine zu gehen. Ein kaffeetrinkender LKW-Fahrer beantwortet für mich die Frage: „Der eine sieht halt was, und der andere nicht." Außen über der Coca-Cola-Werbung thront ein verblichener Kuhschädel.

Verwaiste Umkleidekabinen am Badesee des kleinen Schloßteiches. Ich gehe durch einen Dom von Wald. Den feuchten Sand der Forststraße empfinde ich bei jedem Schritt als weichen, dämmenden Teppich. Das Wort „Waldfrieden" begleitet mich ein Stück des Weges. Ich verschränke meine Hände hinten, um dem Rucksack etwas Gewicht zu nehmen.

Eine Abzweigung des Wanderweges 14 ist so schlecht ausgeschildert, daß ich drei Kilometer in die verkehrte Richtung laufe. Volle Heidelbeersträucher säumen den Weg hinauf zur Staatsgrenze. Hier ist auch die Grenze vom Mühl- zum Waldviertel. „Gelobt sei Jesus Christus", heißt es hier heroben auf einem Eisen-

Marterl. Das sage ich mir jetzt auch. Am Nordwaldkammweg meine mir wieder bestens vertrauten Schilder: POZOR státní hranice! Mein linker Fuß geht auf tschechischem Gebiet, der rechte auf österreichischem.

Stadlberg. Am unbesetzten Übergang Richtung Buchers mahnen Grenzpfosten, Grenztafeln und ein Schlagbaum. Jeweils am zweiten Wochenende im September versammeln sich hier die ehemaligen Bewohner von Buchers, um „drüben" ihre alte Wallfahrtskirche zu besuchen. Eine Wolldecke im österreichischen Grenzhäuschen trägt die aufgedruckte Inschrift: „Zollwache". Pensionisten aus Wiener Neustadt bauen sich vor dem rot-weiß-rot gestrichenen Schlagbaum auf und schauen „hinüber". Auf Wunsch des Reiseleiters mache ich mit dessen Kamera eine Gruppenaufnahme der Bustouristen. Ein vorübergehender Bauer rät mir, in Karlstift im „Gasthaus Zeiler" zu essen. „Der hat a guate Kuchl."

Vor dem Dorffriedhof parkt ein weißer Mercedes. Kennzeichen: L-ENGEL 1. Die Turmuhr schlägt sechs Uhr. Beim „Zeiler" beziehe ich Zimmer Nr. 6: ein schmaler, tapezierter Raum, das rot-weiß-karierte Muster des Vorhangs setzt sich unübersehbar auf Kopfkissen und Bettbezug fort, was mich kurzzeitig zu der Annahme hinreißt, daß die Bettwäsche schon einmal an der Vorhangschiene Dienst tat. Das kleine Fernsehgerät neben der einzigen Steckdose heißt "Watson". Ich sehe fünf Minuten „Gaudimax". Meine Wertung: 0,0 Punkte. Begründung: Nationenübergreifende Entblödung in rotem Witz-Sakko.

Eine 100-Watt Glühbirne überträfe meine Zimmerbeleuchtung um das Zweieinhalbfache.

Donnerstag, 22. September
Das Postamt Karlstift ist vormittags von 8.00 bis 10.30 Uhr geöffnet. S., die Freundin eines ehemaligen Passauers, den ich gestern abend zufällig beim „Zeiler" getroffen habe, händigt mir mein postlagerndes Paket aus. „Wir ham uns schon gedacht, was da wohl drinnen ist, weil's so scheppert." Es sind meine Schwarzweiß-Kleinbild-Filme.

Langes, aber angenehmes Gehen auf lehmiger Forststraße Richtung Joachimstal. Am Einsiedelbach entlang stehen alte Fuhrwerk-Kilometersteine. Nach 16 Tagen treffe ich die ersten Wanderer, ein Wiener Ehepaar. Meine Gedanken schweifen Richtung Passau: Wie wird's Christel, meinen Freunden, meinen Brüdern, meiner Mutter gehen? Ich weiß, daß meine Wanderung ein großes Stück Selbstverwirklichung ist.

Den mir befreundeten Maler Wolfgang Böhm will ich in Joachimstal aufsuchen, doch leider ist sein Atelier verschlossen. Als ich im „Gasthaus Höher" in Fischbach einen Verlängerten mit Marillenschnaps bestelle, grinst die Wirtin: „Sie trinken das gleiche wie der Böhm." Die alte Mutter der Wirtin genießt ihr Nachmittags-Achtel und bemerkt nebenbei, daß am Montag wieder die Grenzvermesser zum Mittagessen kämen.

Auf dem Weg nach Harmanschlag fallen mir die schwarz-weiß gestrichenen Straßenbegrenzungspfosten auf, weil sie nicht aus Plastik, sondern noch aus Holz sind. Seitlich der Straße, vom Gebüsch überwuchert, ein Wegkreuz mit Inschrift und Aufforderung: „Franz Göll, verunglückt am 10. März 1952 im 67. Lebensjahr. Steh' still Wand'rer und bete!" Ich stehe still, denn vier Tage nach diesem Tag datiert mein eigener Geburtstag.

Hinter der Bergkuppe kommt das Dorf Harmanschlag in Sicht. Im „Arra-Hof“ beziehe ich Quartier. Von der Stammtisch-Runde unten im Lokal erfahre ich, daß während der Besatzungszeit südlich Wultschau 30.000 russische Soldaten stationiert gewesen seien. „Drüben in Mlýnský Vrch, da wo der Teich ist“, erzählt jemand, „haben die Prager Kommunisten ihre abgeschottete Sommerresidenz g'habt. Nackert san s' dort mit den Huren ins Wasser g'sprunga.“ Im gleichen Atemzug fährt er fort, ein rumänischer Bauarbeiter in seiner Firma habe ihm berichtet, wie sie auf das Grab von Ceauşescu zwei LKW-Ladungen Beton gekippt hätten.

Die Tür geht auf, und eine fremde, gutaussehende, städtisch-leger gekleidete Mittdreißigerin betritt das Lokal und erkundigt sich an der Theke nach einer Adresse. In die drei-Männer-starke Runde um den Bierfaß-Stehtisch am Ausgang kommt Bewegung, und wie aus der Pistole geschossen balzen alle drei gleichzeitig in Richtung Theke: „Ich fahr' Sie hin!“ Turtelnd geleiten sie die Fremde gemeinsam nach draußen zum Parkplatz. Doch nach kaum einer Minute stehen alle drei wieder um das Bierfaß versammelt. Leicht geknickt geben sie dem neugierigen Stammtisch Auskunft: „Die hat selber a Auto g'habt – inclusive Hawerer.“

Freitag, 23. September

Besuch des Papiermühlenbetriebs bei der Familie Mörzinger nahe Bad Großpertholz. Der Senior führt mich durch den antiquiert anmutenden Betrieb, in dem handgeschöpftes Hadernpapier bis zur Größe DIN A 2 hergestellt wird. Er setzt sich neben den „Holländer“, einen Granitbottich, in dem die zerfaserten und vorgefaulten Hadern zu Brei zermahlen werden. Die Räume ähneln einer verlassenen Weißwäscherei des vorigen Jahrhunderts. Eine freiberufliche Grafikerin aus Weitra fertigt gerade Weihnachtspostkarten. Sonnenlicht fällt durch die Ritzen des Dachbodens und taucht die fast 200 Jahre alte hölzerne Papiermaschine in geheimnisvolles weiches Licht. Weiße Baumwollstoffe warten in einer Ecke zusammengeworfen auf ihre Verarbeitung. Der menschenleere Raum scheint sich dem Zeitstillstand ergeben zu haben. Papier ist eben geduldig.

Über eine lange Holzleiter klettere ich neben dem kaputten Aufzug in den Dachboden hinauf. Unzählige Bogen kleinformatigen Hadernpapiers hängen hier wohlgeordnet von den Leinen, versandfertige Großformate ruhen schwergewichtig auf Paletten. Zwischen den gehorteten Rohmaterialien fällt mein Blick auf verschrumpelte, grau gebundene Hefte, die verstreut am Boden herumliegen. Es sind Wehrstammbücher eines Wehr-Bezirks-Kommandos Nieder-Donau. Sie enthalten polizeiliche Führungsberichte, Gesundheitsblätter, unterschriebene Erklärungen, daß der Besitzer des Wehrstammbuches kein Jude sei, teilweise Soldbücher und vereinzelt zivile Paßbilder. Allen Karteien fehlen die Wehrpässe. Wehrstammbücher gefallener oder vermißter Soldaten tragen am Deckblatt einen roten Stempel: „Durch Zählkarte stat. ausgewertet“.

Herr Mörzinger erzählt mir später, daß diese Unterlagen bei Kriegsende von den Nazis in der Zwischendecke eines nahen jüdischen Tempels aus Angst vor den russischen Besatzungssoldaten versteckt wurden. Die Russen hätten jedoch das Versteck entdeckt. 1947 wurde dann der ausgeschlachtete Restbestand dieser Kartei angeliefert, um ihn zu Papier zu verarbeiten. „Wir ham's aber net g'macht, wegen der vielen Eisenteile, Ösen und Klammern", fährt Herr Mörzinger fort, „wir ham's einfach in der Scheune aufgehoben. Im Winter '87 hat uns dann der Schnee das Dach eingedrückt, darum sind diese wenigen Überbleibsel in einem so hinigen Zustand."

Ich lese den Beurteilungsbogen über einen Obergefreiten vom März 1943: „Durchschnittliche militärische Kenntnisse und Leistungen. Kommandosprache und Auftreten vor der Front unsicher und ungeübt; muß noch härter und bestimmter werden. Gezeichnet: Kühn, Oberleutnant".

Samstag, 24. September

Morgenwanderung mit einem Jäger entlang der Grenze. Übernächtig und unvorsichtig öffne ich dummerweise meinen Fotoapparat, in dem der belichtete Film mit den gestrigen Aufnahmen liegt. Ich bin wütend, und es dauert eine Zeitlang, bis ich mich wieder beruhige.

Zwischen Joachimstal und Buona Ventura führt eine kleine Brücke über die Lainsitz in die Tschechische Republik. „1938 erfolgte hier unter anderem mit Pferdegeschützen der deutsche Einmarsch nach Böhmen", sagt der Jäger und deutet auf das Wasser. „Im Bach san kane Fisch mehr, man sagt, er ist mit Caesium verseucht. Woaßt, dös Kernkraftwerk Temelin is ned weit!"

Auf einer Waldlichtung hinter Schwarzau zeigt mein Begleiter auf einen Hochstand. „Da ist einmal der Landeshauptmann von Niederösterreich auf d'Wildschweinjagd ganga, hat aber nix troffen. Dann ham s' ihm über d'Nacht an neichen Jagersitz hing'stellt, mitten in die Wiesen – da hat er aber wieder danebeng'schossen. Seitdem hama jetzt zwa Jagersitz."

Ein graugekleideter Zollwachbeamter begegnet uns, aus seinem Sprechfunkgerät tönt eine Warnmeldung: „Soeben sind bei Gmünd zwei illegal eingereiste Polen von der Gendarmerie gestellt worden. Ein dritter ist noch flüchtig!" Wir gehen gemeinsam zu einem unbesetzten Grenzübergang. Hier wurde auf tschechischer Seite ein ehemaliger Wachturmaufsatz zum ebenerdigen Grenzhäuschen umfunktioniert. „Früher", sagt der Beamte der Zollwache, „hama oft mit dem Fernglas rüberg'schaut, aber es hat sich nichts getan, kein Gruß, gar nichts. Heute passiert an den Grenzübergängen der Menschenschmuggel, aber hauptsächlich in den Gefrier- oder Blumencontainern der LKW. Aber man kann ja nicht jedes Mal die Container ausräumen lassen." Wir gehen am Waldwohnsitz derer von Fürstenberg vorbei. Prinz-Vinzenz-Allee heißt hier ein Waldweg. Nächste Woche, wird mir erzählt, findet hier eine Jagd statt, zu der sich auch der Bordell-König von Wien angesagt hat.

Nachmittags Radausflug Richtung Wultschau, zum ehemaligen Areal der russischen Besatzungssoldaten. Das Gelände ist heute großteils aufgeforstet, nur eine rechtwinkelige Waldlichtung läßt einen Teil des 30.000 Mann starken Lagers erahnen. Abseits der Straße, Richtung Bad Harbach, steht eine zwei Meter hohe

Granitstele in Form einer ägyptischen Mumie. Nach neuester Forschung soll dieses „Steinerne Weib“ ein Grenzstein der Awaren gewesen sein.

Im „Gasthof Arra-Hof“ findet abends im Nebengebäude ein Ritteressen statt, das Personal arbeitet unter Hochdruck. Abwechselnd belagern Frauen- und Männerrunden die Theke, um einen Verdauungsschnaps zu „kippen“. Einer der Schnapsler trägt ein farbig bedrucktes T-Shirt: „Wettkampftruppe der Freiwilligen Feuerwehr Harmanschlag“. Claudia, die Bedienung, umschwirrt aufmerksam die vollbesetzten Tische. Neben der Wanduhr hängt ein Christus an zwei zur Kreuzform zusammengebundenen Hirschgeweihen. An der Theke werde ich von Ortsansässigen zu mehreren Achteln eingeladen. Ich erfahre, daß während der Fernseh-Ausstrahlung der „Alpensaga“ der ORF-Sender Wachtberg vom Bundesheer geschützt werden mußte, weil erzürnte Waldviertler die Anlage stürmen wollten.

Auf meinem Zimmer höre ich einen tschechischen Radiosender, der nachholbedarfsartig Hits der Beatles und Rolling Stones spielt. ”Run for your life“, heißt ein Titel. Jetzt um zwei Uhr früh drehe ich meine Uhr um eine Stunde zurück. Drunten in der Gaststube singen sie noch Lieder.

Sonntag, 25. September

„Heimat ist Geborgenheit. Geborgenheit ist Sicherheit. Wir sind Europäer. Österreicher bleiben wir“. Schlagworte des Wahlprospekts, den ÖVP-Kandidaten nach der Messe vor der Kirche in Harmanschlag an die

Gläubigen verteilen. Hier im „Arra-Hof" spendieren sie gratis zum Frühschoppen gespritzten Weißwein, was manchen Gästen sauer aufstößt: „Mei Stimm laß' ich mir net kauf'n, mein weißen Spritzer zahl' i mir selber!" Von einer Bergwanderung zurück, erscheinen mittags Wolfgang Böhm und seine Freundin Ina Schnabl. Wir verabreden uns für abends.

Ich leihe mir ein Rad aus und fahre in die frühere Glasmacher-Siedlung Althütten hinauf, zu den Bauersleuten P. Ich klopfe ans Fenster, der Bauer deutet mir zur Türe, und ich erkläre ihm mein Ansinnen, hier von den Ortsansässigen etwas über die Russenzeit erfahren zu wollen. Er bittet mich in die Wohnstube, ich stelle mich bei seiner Frau vor und bin nach kurzer Zeit ein geladener Gast. Die Offenheit, die ich bisher auf meiner Wanderung angetroffen habe, ist uns Städtern leider größtenteils abhanden gekommen. Als Unbekannter unangemeldet anzuklopfen und aufgenommen zu werden, empfinde ich als großes Geschenk.

Über die russische Besatzungszeit berichten die beiden leider wenig, Herr P. findet jedoch in seinem Wehrmachts-Soldbuch noch seinen Passierschein von 1946, der auf deutsch, englisch, französisch und russisch ausgestellt ist. P., 1920 geboren, hatte das große Glück, seine allererste Urlaubsbewilligung genau dann zu erhalten, als seine Einheit im Spätherbst 1942 vor Stalingrad stationiert war. Als er zurückkam, war die 6. Armee bereits eingekesselt, so daß er zu einer anderen Einheit versetzt wurde. „Woaßt", sagt er, „einen ganzen Wäschebeutel voll Post hab' ich in Wien für die Kameraden aufgegeben, weil ja bei Feldpostbriefen die Zensur war. Als die g'hört g'habt ham, daß ich

Fronturlaub hab', hat jeder an Brief g'schrieb'n und Reichsmark ham s' ma mitgeb'n, daß ich s' dahoam aufgib. Als Verpflegung hab' ich das ‚Führerpaket' mitkriagt. Das hat jeder Stalingradkämpfer erhalten, als Fressage. Schokolade, Juno-Zigaretten und sowas war da drinnen.

Ich war ausgebildeter Funker, später bei der 8,8 PAK und bei Kriegsende in Albanien. Aber erst am 15. Mai '45 ham wir erfahren, daß am 8. die Kapitulation war, weil sich nämlich unser Oberstleutnant vorher abgesetzt hat und wir zehn Mann abgeschnitten waren. Über Klagenfurt 'rauf bin ich dann heimgekommen, nach St.Martin, ins Waldviertel. Meine Eltern ham glaubt, ich bin tot, weil ihnen früher einer erzählt hat, ich wär' g'falln." Ich frage ihn, ob er sich noch an die ersten Worte erinnern könne, die seine Mutter bei der Heimkehr gesagt habe. Tränen in seinen Augen geben mir die Antwort. Schweigen erfüllt den Raum, immer deutlicher höre ich das Ticken der Wanduhr.

Im Soldbuch zeigt er mir die mit Divisionsstempel versehene Eintragung: „Stalingrad-Urlaub". Rot darübergestempelt: „Führerpaket". Meine liebenswerten Gastgeber kredenzen mir noch selbstgebrannten Korn und zeigen mir anschließend ihr Anwesen. „Komm gut heim!" rufen sie mir nach. Mein Fahrrad fährt ohne Bodenberührung den steilen Berg hinunter.

Montag, 26. September

Vormittags ziehe ich in Wolfgangs Atelierwohnung hinunter nach Joachimstal. Nahe Schwarzau besuchen wir nachmittags den Vermessungstrupp an der Staatsgrenze. 1923 wurde hier die Grenze zum letzten Mal vermessen und mit Grenzsteinen markiert. Die alten Steine werden für die Neuvermessung ausgegraben, um nachzuprüfen, ob sich die in etwa 70 cm Tiefe vergrabene und markierte Grenz-Steinplatte auch tatsächlich an dieser Stelle befindet. Wenn ja, wird der Grenzstein wieder eingesetzt, seitlich weiß, oben, am eingemeißelten Kreuz, rot gestrichen und mit Schablonen schwarz beschriftet. „C“ steht für Tschechische Republik, der Hatschek über dem „C“ fehlt neuerdings.

2.704 Kilometer, so erfahre ich vom Vermessungsbeamten Meier, sei die gesamte österreichische Grenze lang. Je nach Geländebeschaffenheit wechseln wir vom tschechischen auf österreichisches Staatsgebiet und umgekehrt. Auf der tschechischen Seite überwacht ein freundlicher Beamter im grauen Anzug die Vermessungsarbeiten. Eine im Unterholz dahinrostende Stacheldrahtrolle erinnert an frühere Zeiten.

Wolfgang sitzt etwas müde auf einem Baumstumpf und betrachtet den Mikrokosmos des Waldbodens. „Manchmal trete ich weg“, sinniert er, erzählt mir von seinen Ateliervergrößerungsplänen und von der Zahlungsmoral eines oberösterreichischen Kunstsammlers. Wir wandern weiter zum „Gasthaus Stegmühle“ und anschließend zu Wolfgang, weil er noch sein Atelier aufräumen möchte, aber daraus wird nichts. Donnerstag bin ich angekommen, und jeden Tag tun sich neue Kontakte und Geschichten auf. Ob ich hier noch einmal wegkomme? Mir fällt der abgewandelte Satz eines Vorworts zu einem Fotoband Cartier-Bressons ein: „Heimat kann man verlassen, aber Heimat verläßt einen nie“.

Gegenüber dem „Gasthof Arra-Hof“ lehnt vor dem Friedhofseingang ein Schild: „Montags Ruhetag“.

Dienstag, 27. September
Fototermin im Lebensmittelgeschäft. Exakte Bezeichnung laut Firmenstempel: „Kaufhaus-Trafik Höher, Harmanschlag“. Der Inhaber, Herr Höher, der zweimal wöchentlich mit seinem VW-Bus auswärtige Kundschaften beliefert und auch vom Auto aus verkauft, führt mich durch sein Geschäft, das sein Großvater 1910 aufgebaut hat. Seine Eltern erweiterten die Räume, betrieben dazu eine Landwirtschaft und gaben alles an ihn weiter. Über der neuerdings eingerichteten Post-Hilfsstelle kann ich auf einem Schild noch das Wort „Magazin“ erkennen.

Höhers Mutter bedient gerade ältere Kundschaften, seine Tochter bearbeitet im Nebenzimmer einen Postauftrag. Über die Ladentheke werden Lebensmittel gereicht, man plaudert und tauscht Neuigkeiten aus. Der Laden führt alles, selbst Schrauben, Rattenfallen und handgemachte Holzschuhe finden sich noch in den alten Ladenregalen. „Mir macht der Laden Spaß“, sagt der Lebensmittelhändler, „wir sperren auch am Sonntag auf. Abends werde ich auch oft herausgeläutet. Da waren einmal Burschen da, so kurz vor Mitternacht. ‚Was wollts denn?‘ hab’ ich s’ g’fragt – sie waren schon a bißerl antschechert. ‚An Rollmops‘, ham s’ g’sagt. ‚Könnts ham‘, hab’ ich g’sagt, ‚aber essen müßts’n draußen.“ Herr Höher lacht. „Und wenn ma a neue Ware kriag’n, laß’ ma d’Leut probieren, denn was s’ net kennan, kaufen’s a net.“

Im Geschäft verkauft Höher auch Honig aus eigener Imkerei. Wir fahren anschließend noch zu seinen Bienenstöcken, die auf einer Waldlichtung circa 40.000 Bienen beherbergen. „Mit de Bäa" – er spricht das sehr nasal aus – „mußt du gut umgehen, dann kriegst du auch was zurück." Das Wort Bäa übersetzt er mir, weil er meinen verständnislosen Gesichtsausdruck sieht: „Bäa san Bienen." Er nimmt sich Zeit und referiert über seine Imker-Leidenschaft. In respektvollem Abstand vor den Bienenkästen stehend, frage ich ihn nach der Bewandtnis der immer wieder vorkommenden Farben Gelb, Blau, Purpur, Weiß und Schwarz. „Das sind genau die Farben, die auch bei den Blumenblüten vorkommen", klärt er mich auf. Der Lebensmittelhändler und Bienenzüchter kommt ins Schwärmen. „Diese Farben sehen die Bäa farbig. Grün sehen s' als Grau."

Mittwoch, 28. September

Das Atelier ist aufgeräumt, bedeckter Morgenhimmel über Joachimstal, Wolfgang Böhm malt. Mit länglich wuchtiger Gestalt beugt er sich über eine großformatige Leinwand, legt Stoffreste über einen Riß, kleistert darüber, bearbeitet das Bild mit Farbkreide. Ich fotografiere ihn; er ist geduldig dabei. Der Atelierboden wirkt durch den unbewußten Farbauftrag der letzten zehn Jahre mit seinen Tropfen, Wischern und Kratzern wie ein graugrundiertes Großgemälde des Informel.

Auf diesem Boden steht er, aus diesem Boden heraus wachsen seine organisch-dschungelheiteren Aquarelle und Ölbilder. Böhmischer Wind bläst aus seinen Zeichnungen, Schlingpflanzen ziehen sich ekstatisch über das Hadernpapier. Er ist einer, der nicht krampfhaft nach einem malerischen, von weitem erkennbaren Firmenzeichen sucht. Das läßt ihn laufen, und trotzdem findet man ihn mühelos in diesem Dickicht. „Im Wald“, sagt Wolfgang, „ist mir nie langweilig.“ Die fertigen Bilder lachen zustimmend von der Wand.

Die Besitzer der „Stegmühle“ machen mich bekannt mit einer seit 17 Jahren allein lebenden Bäuerin. Die 56-jährige Frau wohnt neben einer alten Hammerschmiede, wo sie – umgeben von Schafen, Katzen, Hühnern und Hasen – eine kleine Landwirtschaft betreibt. Neben den Kühen im Stall steht ein alter Widder mit imposanten Hörnern. Franziska von Assisi könnte man die Bäuerin nennen.

Die Hammerschmiede ist vollgestellt mit Wohnmobiliar, das im letzten Jahr vom Blitzschlag beschädigt wurde. „Wenn mich mein Schäferhund um ein Uhr nachts nicht geweckt hätte“, sagt sie, „wäre ich mitverbrannt.“ Die Schmiede wirkt auf mich, als wäre sie erst kürzlich aufgegeben worden. Alles liegt zur Arbeit bereit. Die Lederschürzen hängen neben der Esse, das Werkzeug liegt griffbereit am Fensterbrett. Ein Steckkalender in dem knapp zwei Quadratmeter großen „Büro“ zeigt den 6. Juni. Es muß irgendein Jahr Anfang der 50er gewesen sein. Auf der Innenseite der roten Holztüre entdecke ich eingebrannte Brandeisenzeichen, eines davon zeigt eine Krone über dem Monogramm „FJ I“.

Die Bauernstube im Wohngebäude ist Allzweckraum: Ofen, Bett, Fernseher, Telefon und Tisch rücken hier eng zusammen. Neben dem Doppelbett vor dem Fenster schläft der Schäferhund. Im Treppenhaus zum ersten Stock blickt mich ein gerahmter Kaiser Franz Josef an.

Anfangs begegnet mir die Bäuerin sehr mißtrauisch, am Ende meines Besuches aber bietet sie mir eine Flasche Bier an und erzählt mir Geschichten aus ihrem Leben. „Ich weiß so viel, daß ich ein Buch schreiben könnte, und das würde 298 Schilling kosten“, sagt sie lächelnd und bläst den Zigarettenrauch ihrer „Falk“ zu den Wandengeln hinauf, die den Brand unbeschadet überstanden haben.

Beim Nachhauseweg über die Felder gehe ich an verkohlten Balken vorbei. Einsamkeit und vitale Energie liegen bei dieser Frau eng zusammen. Ihr vorgeschütztes herrisches Gebaren gibt ihr wenig Platz in der Dorfgemeinschaft, obwohl sie auf mich sehr herzlich wirkt. Die Art und Weise ihres Lebens läßt mich benommen und nachdenklich in die Dämmerung hineingehen.

Bis vier Uhr früh sitzen Wolfgang und ich zusammen in seiner Küche. Es tut mir gut nach diesem kontrastreichen Tag.

·

Donnerstag, 29. September

Aufbruchstag nach einer Woche. Ina und Wolfgang fahren mich zum jüdischen Tempel bei Bad Großpertholz. Hoch oben am Berg, umgeben von Kiefernwald, steht dieser Pavillon mit fünf Metern Durchmesser. Auf seinen sieben Granitsäulen ruht ein Kuppeldach, in dessen Höhlung die Nazis nach Kriegsende die in der Papiermühle gesehenen Wehrstammbücher eines Wehrbereichs-Kommandos versteckten. Beinahe hätten wir diesen verborgenen Platz nicht gefunden, da nur zwei kleine Wegweiser, mit „Tempel“ beschriftet, entlang einer Apfelbaumallee dorthin führen. Eine Rastbank an diesem Weg ziert ein kleines Aluminiumschild: „Erholsame Ruhe“ wünscht der Fremdenverkehrs- und Verschönerungsverein Bad Großpertholz. Im Ortsfriedhof finde ich an der westlichen Außenmauer ein anonymes Kriegsgrab von 39/45. Hinweise auf einst jüdisches Leben hier suche ich vergebens.

Ich verabschiede mich von Ina, Wolfgang bringt mich nach Langschlag, von dort fahre ich mit der Waldviertler Schmalspurbahn an Weitra vorbei nach Gmünd, eine Stadt, die 1919 durch die Grenze geteilt wurde. Im „Sporthotel Botzi“ am Bahnhof nehme ich ein Zimmer.

Ich bestelle mir abends sehnsuchtsvoll Makkaroni mit Käse, da fleischlose Speisen auf meiner Tour bisher die Ausnahme waren. Zwischen roten Clubsesseln, farbig kariertem Pegulan-Fußboden und deckenumrankendem Dauergrün erzählt mir Herr Botzi, daß es hier bei der Lokaleröffnung am 1. Januar 1946 Sauerkraut, Kartoffeln und Soda gegeben habe. „Außerdem“, fährt er fort, „war hier in unserem Haus die russische Bahnhofskommandantur untergebracht. Die haben am Anfang noch auf die Wecker geschossen, wenn s’ geläutet haben, weil die Russen Angst hatten, da wär’ eine Sprengladung drinnen versteckt.“

Er hat noch viel zu berichten, unter anderem folgende Geschichte, interessant besonders für Lottospieler. „Ich habe jahrelang immer die gleichen Lottozahlen gespielt, Zahlen, basierend auf den Lebensdaten von meinem geliebten Onkel Leopold. Dieser wurde am 16. August 1923 geboren. Also habe ich 16, 19 und 23 hergenommen, weiters 39, 42 und 43. '39 hat Onkel Leopold einrücken müssen, '42 ist er in Stalingrad verwundet worden und '43 war's ja aus mit Stalingrad. Meine Zusatzzahl ist 7, weil ich am 7. Jänner geboren wurde. Jahrelang hab' ich nur diese Zahlen getippt, und stellen Sie sich vor, vor ein paar Wochen werden genau diese Zahlen gezogen. Können Sie sich das vorstellen? 7,5 Millionen Schilling hat's dafür gegeben. Ist das nicht ein Wahnsinn?" Herr Botzi hatte an diesem Wochenende leider nicht gespielt.

Freitag, 30. September

Von Gmünd aus sind es nach Linz 101 Kilometer, nach Wien 140 und nach Prag 180. Kurze Visite im städtischen Informationsbüro.

Hier in Gmünd I besuche ich den Friedhof, der wie kaum anderswo von Granitgrabsteinen beherrscht wird. Selbst im russischen Friedhof ruhen Hammer und Sichel für die Ewigkeit auf einem granitenen Obelisk. Rot eingraviert steht darauf zu lesen: „Errichtet von der dankbaren Bevölkerung der Stadt und des Bezirks Gmünd. Im Juli 1946".

Nachmittags gehe ich hinaus nach Gmünd II, das nach Ausbruch des 1. Weltkrieges als Barackenlager für Flüchtlinge der Donaumonarchie entstand. Während der Kriegszeit starben hier über 30.000 Menschen an Seuchen, Krankheiten und Hunger. Der frühere Massenfriedhof ist heute ein mit Birken bepflanzter Stadtpark.

Gleich am Anfang der ehemaligen Lagerstraße gemahnt ein Denkmal an die 485 politisch und rassisch Verfolgten, die hier vom 22.12.44 bis 16.02.45 umkamen.

In Granit gehauen steht der Satz: „Ewig mahnen die Opfer". Gegenüber eine große Werbetafel mit Bundeskanzler Vranitzkys Aufforderung: „Sichern wir den Aufschwung. Für alle".

Schnurgerade führt die lange Lagerstraße in den heutigen Stadtteil. Dort, in der Schubertstraße, verschenken im Rahmen des Wahlkampfes Frauen der SPÖ Luftballons und verteilen Fähnchen mit der Aufschrift: „Es geht um viel. Es geht um Österreich".

Ich gehe zum Fußgängerübergang nach Gmünd III, auf die tschechische Seite, zum Friedhof bei Wielands. Die Friedhofsmauer bildet hier die Staatsgrenze. Am Friedhofsvorplatz liegen ausgediente Grabsteine neben pyramidenförmigen Panzersperren aus Beton. Weit und breit kein Mensch zu sehen. Ich bin allein mit den Toten in der beginnenden Dämmerung. Die drüben im Getreidelager umgekommenen ungarischen Juden liegen hier im Schatten hoher Thujen, 100 Meter neben der Grenze, in einem Massengrab. Der Krieg, so scheint es, wird mir auf meinem Weg ein ständiger Begleiter bleiben.

Der gelbe Schein der Straßenlampen überzieht die heruntergekommenen Fassaden der Häuser mit diffusem Einheitslicht. Die leeren Straßen verbreiten eine trübe und freudlose Stimmung. In der Bahnhofsgaststätte kaufe ich mir ein Bier. Hier ist endlich ein wenig von tschechischer Lebenslust zu spüren, auch wenn sie ausschließlich von Männern geteilt wird. In Bezug auf die Frauenquote in den Gasthäusern des Waldviertels meinte vor Tagen Wolfgang zu mir: „Das ist ein Leben hier, wie in Marokko." Hier in České Velenice ist es nicht anders.

Samstag, 1. Oktober

Wieder drüben im Bahnhof České Velenice; heute wird dort im Ausbesserungswerk ein „Tag der offenen Tür" veranstaltet. Zur Blütezeit des Franz-Josefs-Bahnverkehrs Wien-Prag, so erfahre ich, verfügte dieser damals modernste Bahnhof Mitteleuropas über 86 Gleise. Heute verläuft der Großteil dieser Gleise grasüberwuchert durch Jungwaldbestand. Drei alte Dampfloks schnauben vor ihren Lokschuppen, darunter, wie mir ein Eisenbahnkenner mitteilt, ein Juwel der K.k. Österr. Staatsbahnen von 1911: „Eine Lok mit Tender der Baureihe 310." Auf dem Gleis daneben steht ein zur Draisine umgebautes, schwarz gespritztes Auto aus den 30er Jahren, an den Kotflügeln jeweils mit der tschechischen und österreichischen Staatsflagge geschmückt. „Die wurde einst für Inspektionsfahrten des Oberbaurates und der Streckenleitung verwendet", erklärt mir fachkundig der Hobby-Eisenbahner.

Mittlerweile tauchen die auf hohen Masten gebündelten Flutlicht-Scheinwerfer das Bahngelände in weißes kaltes Licht. Die Weichen werden noch per Hand umgelegt, die Weichenbeleuchtung besteht aus Petroleum-Lampen. Immer wieder sehe ich Tarkowskijs Landschaften vor mir: Ausrangierte, verrostete Personenzug-Waggons, dahinsiechende Kohleförderbänder, reifenlose LKW, schrottreife Rangierloks, kohleverschmierte Wege entlang der Gleise und in weiter Entfernung Bahnarbeiter im Gegenlicht. Es ist eine Reise in ein anderes Land. Seit Mai bin ich süchtig nach Böhmen, denn hier spüre ich Wurzeln.

Es ist dunkel geworden. Am Ortsausgang Richtung Zollamt, neben einem kleinen unbeleuchteten Park, bemerke ich den Straßenstrich. Die Prostituierten fahren noch mit dem Fahrrad zur Arbeit. Verdammt jung erscheinen mir die Mädchen. „Einmal spritzen im Auto 300 Schilling, einmal spritzen im Zimmer 400 Schilling“, verrät mir ein Tscheche. Auch manche Ehemänner, so ist zu erfahren, schicken ihre Frauen auf den Strich, weil diese dann an einem Wochenende mehr verdienen, als sie selbst in einem Monat. Beim Abendessen im „Hotel Konsul“ nimmt ein circa 50-jähriger Österreicher mit einem Mädchen von der Straße am Nachbartisch Platz. Sie trinkt eine Cola, der Freier bestellt sich ein Budweiser und erzählt ihr, daß er verheiratet sei. Als er darauf drängt, sie mit über die Grenze zu nehmen, höre ich sie sagen: „Ich nix 18 Jahre.“

Gegen 21 Uhr stehen keine Mädchen mehr am Rande des Parks. Nur der Zuhälter gegenüber schaut immer noch kontrollierend aus seinem unbeleuchteten Fenster im ersten Stock. Manchmal fahren Autos in suchendem Tempo die Straße entlang, ansonsten herrscht am Samstagabend in České Velenice gespenstische Stille. Nebelschwaden steigen aus dem Grenzflüßchen Lainsitz. Unter meinen Schritten rascheln die von den Alleebäumen abgeworfenen Pappelblätter.

Sonntag, 2. Oktober

Beim Zollamt Gmünd ermahnt mich ein österreichischer Zollbeamter, den Weg nicht zu verlassen, denn „da reagieren die Tschechen noch wie früher.“ Die Grenzstraße mündet in einen Industrievorort. „Gmünd wählt rot“, schreit ein Plakat. Die Sonne brennt, vor mir liegt unbebaute, ebene Landschaft. Leider habe ich beim Weggehen vergessen, meine Wasserflasche zu füllen, so esse ich Fallobst gegen den Durst.

Breitensee. Strohballen, zu circa acht Meter hohen Pyramiden geschlichtet, stehen als agrar-architektonisches Kunstwerk in einem Acker. Ein Schäferhund pinkelt an die Strohballen und zieht wieder ab. Die Straße nach Nagelberg verläuft genau entlang der Grenze, wohl deshalb wird hier eine riesengroße Mülldeponie gebaut. Unzählige, mit Sand gefüllte, weiße Eimer beschweren fußballfeldgroß ausgelegte schwarze Dichtungsmatten aus Gummi. Oben am Rand der Baugrube stehen schwergewichtige Baumaschinen in Wartestellung.

20 Meter lang durchstreife ich den linken Straßengraben vor Neu-Nagelberg und notiere folgendes:

HB
Zipfer
Sparta
Cartier
Milde Sorte
Memphis
Ottakringer
Coca-Cola
Rachenputzer
Schwechater
Wrigley's
L & M
Sparta
Vollmilch
feh
Milchschnitte

St. Moritz
Mint Crisp
Brief-Los
Ricola
Nussini
Eukanuba
Bensdorp
Vivimed
Ritter-Sport
Rothmans
Smart
Hobby
Eskimo
Marlboro
Bond
Seven up
ERNTE

In 20 Jahren sollte man diesen Straßengraben wieder konsumgeschichtlich analysieren.

Leider erweist sich das „Grenzstüberl“ am Zollamt Neu-Nagelberg als geschlossen. Durstig stapfe ich die Teerstraße neben der Schmalspurbahn entlang. In Alt-Nagelberg fällt mir ein Plakat auf: „Auf geht's mit den Etz'n Buam am 8. Oktober hier im Ort“. Emmerich, den ich in Sandl beim „Wirtbauer“ kennengelernt hatte, ist einer der Musiker. Ich steuere auf Brand zu, wo ich heute bei Wolfgangs Freundin Ina übernachten werde.

Ich folge lautem Geschrei und Pfiffen und lande am Sportplatz beim Fußballspiel Brand gegen Großdietmanns. Die grün-weiß-bedresste Heimmannschaft gewinnt 4:3. Milan, dem tschechischen Mittelstürmer des SV Brand, werden die Zurufe des Trainers durch einen tschechischen Übersetzer wild gestikulierend ins Spielfeld geschrien. Die heimischen Fußball-Fans, zwischen Vereinslokal und gegnerischem Tor skandierend, ersetzen jeden Fernseh-Kommentator. Der Schiedsrichter verdaut selbst nach einem annullierten Tor der Heimmannschaft die härtesten „analen" Titulierungen.

Abends erweist sich Brand als totes Dorf. Das von Flutlichtstrahlern beleuchtete Kriegerdenkmal verstärkt diesen Eindruck noch. Ina bereitet für Wolfgang und mich Lasagne und Apfelstrudel. Ursprünglich kam sie in die Gemeinde, um an einem inzwischen aufgelassenen Frauenprojekt mitzuwirken, jetzt ist sie als gelernte Gärtnerin auf Arbeitssuche.

Ich telefoniere nach Passau und „verdichte" anschließend aus dem Telefonbuch das alphabetische Ortsverzeichnis des Verwaltungsbezirks Gmünd:

Aalfang, Abschlag,
Böhmzeil, Eisgarn,
Froschau, Guggus,
Hirschenschlag.

Motten, Reinpolz,
Schagges, Schroffen,
Thaures, Wetzles,
Zwiemannsbusch.

Pengers, Reingers,
Roßbruck, Rothfarn,
Seyfrieds, Wultschau,
Zehenthöf.

Montag, 3. Oktober

Ina fährt mich mit ihrem Auto an die tschechische Grenze zum Schwarzen Moos, einem Moor, das ein heimischer Kleinbetrieb abbaut. Vorbei an Kiefern- und Birkenwaldungen gehen wir zum Torfstich, der von vielen kleinen, schwarzen Moorseen umgeben ist. Nach Tod und Verwesung riecht diese verlassene Waldgegend, Dauerregen unterstreicht die morbide Stimmung. Nirgends eine Menschenseele; einsam lehnt ein Spaten in einem hölzernen Unterstand.

Ina sucht für das Aquarium ihres Sohnes ausgegrabenes Holz; das Millionen Jahre alte Wurzelstück faßt sich feucht und schwer an. Wie soll man sich die Zeit von Millionen Jahren vorstellen? Ich kann das dunkle Holz nur mit Achtung befühlen.

Gopprechts. Im „Gasthaus Trisko", einem Café-Restaurant aus den 60er Jahren, trocknen wir bei einem Verlängerten unser Gewand. Nach langen Jahren kaufe ich mir wieder einmal eine Schachtel Tschick, weil mein Zigarettenpapier zum Auswinden taugt.

Galthof. An der alten Holzhauersiedlung setzt mich Ina ab. Trotz Regens packe ich meine Kamera aus dem Rucksack. Ich muß diese zweiseitig genuteten Gattersteine aus Granit fotografieren. Jeder Stein ein Kunstwerk!

Schönau. Am Ortsrand zwei typische Zollhäuser aus den 30er Jahren mit germanischer Dachgiebelneigung. Die steil himmelwärts strebende Dachform verrät den Drang des Tausendjährigen Reiches zu Höherem.

Litschau. Vor dem Schloß parkt der Bus einer tschechischen Reisegruppe. Ich entscheide mich für ein

Privatquartier am Stadtplatz mit Blick in den Garten. Die Unterkunft ist klein, aber für 160 Schilling mit Frühstück durchaus akzeptabel.

Heute nachmittag verspürte ich zum erstenmal das absonderliche Gefühl, als Fremder durch diese Gegend zu wandern. Wahrscheinlich lag's daran, daß es mir bis zum Abend nicht gelang, Kontakte herzustellen. Ein Besuch im „Gasthaus Birke" verändert schlagartig meine regennasse Stimmung. Wenn ich all die hier erhaltenen Adressen auf meinem Weg Richtung Weinviertel aufsuche, erreiche ich die Donau erst zu Weihnachten.

In Zukunft werde ich in der Rubrik des Unterkunftsformulars als Beruf „Wanderfotograf" eintragen. Das Ergebnis dieser Wanderung wird entscheiden, ob ich diese Berufsbezeichnung werde führen dürfen. Für heute zumindest, bzw. für jetzt: Blende 16, 1/1000.

Dienstag, 4. Oktober

„Trüb, regnerisch und kühl" prognostiziert der Teletext meines Schwarz-Weiß-Zimmerfernsehers das Wetter. „Schneefall allmählich auf 1200 Meter sinkend". Das Thermometer der Litschauer Apotheke zeigt plus acht Grad an.

Beim Packen meines Rucksacks höre ich die akustische Untermalung des ORF-Testbildes: Frédéric Chopin, neun Walzer.

In Nähe des Schlosses wird gerade der Rechen des Herrenteiches repariert. In circa drei Wochen soll der See vollständig abgelassen werden, was dann ein Volksfest mit Würstelbuden und Musik beim Abfischen nach sich ziehen wird.

Wegen der Kälte kaufe ich mir am Stadtplatz im „Kaufhaus Kössner“ Wollhandschuhe und erlebe auf diese Weise ein Geschäft, das Textillagerbestände noch aus den 60er Jahren anbietet. Durchsichtige Plastikfolien hängen wie alte Häute über den Kostümen, in den PVC-Falten sammeln sich zarte Staubschichten. „Alle Jahre müssen wir etwas dazukaufen, weil die Mode so schnellebig geworden ist“, stellt Herr Kössner senior fest, der seit 1954 dieses Geschäft führt.

Ich besuche Gerhard P., den ich gestern abend im „Gasthaus Birke“ kennengelernt habe. Er betreibt eine Wäscheerzeugungs-Fabrik, bedruckt Fußball-Dressen per Siebdruck und färbt Baumwollstoffe. Sein Großvater begann hier 1922 mit der Herstellung von Damenstrümpfen. Auf derselben Maschine werden heute Fußballstutzen gefertigt.

Am Ortsausgangsschild halte ich mit der linken Hand vor den Augen die ersten beiden Buchstaben von Litschau zu: „Tschau Litschau!“ reime ich mir zusammen. Ein Möbel-LKW-Fahrer hupt und grüßt mich. Ich grüße zurück. Wir kennen uns nicht, aber unterwegs sind wir beide.

Reitzenschlag. Auf diesem ungeschützten Hochplateau riecht's nach Schnee. Schräg gegenüber dem Gemeinschafts-Tiefkühlhaus klebt ein Haider-Plakat: „Sie sind gegen ihn, weil er für Euch ist“. Eine Messias-Werbung der FPÖ, die gestern bei den Arbeiterkammer-Wahlen ordentlich Gewinne verzeichnen konnte. Stürmischer Wind fetzt die Waldviertler Wolken über Teiche, Wälder und Wiesen. Das Land wird zunehmend flacher. Ich raste und proste mit meiner Wasserflasche dem Himmel zu.

Groß-Radischen. Man könnte auch „Groß-Radieschen" sagen; die Einheimischen sprechen es „Groß-Rodischen" aus. Zwei Collies begleiten mich bellend ins menschenleere Dorf. Auf einer neu angelegten planierten Forststraße finde ich am Waldrand einen 50-Schilling-Schein: Herr Sigmund Freud schaut mich mit ernster Mine an. Eine Streusiedlung tut sich in einer Waldlichtung auf. Ortsanfang und -ende werden durch je eine Straßenlampe gekennzeichnet.

Einkehr im „Gast- und Kaufhaus Korecky" in Eggern, das von der Wurstsemmel über Kittelschürzen und Spielzeug auch Pulver und gewerbliche Sprengmittel anbietet. „Der Gerngross von Eggern" wird der Laden von den Einheimischen genannt.

Kurze Achtel-Station im „Gasthaus zur Waldhütte" der Familie Schassl. „13 Veranstaltungen mit circa 400 bis 600 Leuten hama früher g'habt im Saal; jetzt ist alles aus, wegen der Discos und der privaten Vereinsfeste. Bald werden wir zusperren", sagt die Wirtin, wechselt für das Foto ihre Kittelschürze und lädt mich auf das Achtel ein. Einsam sitzt ein Waldarbeiter am Stammtisch unter dem Bild „Das letzte Abendmahl". Vor dem Gasthaus lehnt sein Fahrrad, der Gepäckträger hält eine Motorsäge fest.

Draußen auf dem Feld dampft in der Dämmerung ein Miststreuer. Das Gehen in die Nacht hinein schafft Ruhe und Frieden in mir.

Grünau, Ruders, Weißenbach. Ich zähle keine Orte, keine Kilometer und keine Wegstunden auf meiner Reise. Erde und Himmel verschmelzen gerade in der Dunkelheit der beginnenden Nacht. Der Große Wagen am Himmel parkt über der Ortschaft Kautzen, läßt mich aber nicht zusteigen. Je weiter ich bergauf dem Dorf zugehe, desto mehr steigt der beleuchtete Kirchtum mondähnlich am Horizont auf.

Stammtischgäste im „Gasthaus Harrer“ erzählen mir mit Genuß die Geschichte des Leichenbestatters aus Raabs, der in Wien eine Leiche abgeholt hatte, das beladene Leichenauto dann vor einem Bordell parkte und dort drinnen in Ausübung seiner Lust verstarb. Die angesetzte Beerdigung mußte aufgrund seines unvorhergesehen Todes um einen Tag verschoben werden. Der Standort des Leichenautos konnte per Radioaufruf in „Autofahrer unterwegs“ ermittelt werden. „Durchs Reden kommen eben die Leute zusammen“, lacht der Wirt.

Das Gespräch verlagert sich auf das Thema Grenze, ein Tischlermeister erklärt mir den Sachverhalt: „Unsere Politiker sagen, jetzt, wo die Grenze offen ist, gibt's an Aufschwung. Das Gegenteil ist der Fall! Unsere Leut' führen das Geld nach Böhmen, aber von drüben kommt nix uma. Da schau' dir s' an“, er deutet auf eine junge Tschechin, die hier als Köchin arbeitet, „sie raucht a böhmische Marlboro.“ Er zieht an seiner Memphis ”made in Austria“ und fährt fort: „Was waaß i, was waaß der Teifi, wie soll i dir sagen? A Hilfsarbeiter drüben hat circa 2.200 Kronen. Rechnet dir's um! Dafür kannst bei uns nackert leben, mehr net!“

Der Wirt will eine Geschichte von der Grenze erzählen, aber der Tischlermeister reißt diese kurzerhand an sich. „Wie soll i dir sagen, da hat aner a Haus direkt an der Grenz', der geht auf d'Nacht immer illegal umi in a tschechisches Wirtshaus. Na ja, und irgendeinmal in da Fruah, wie er hamkummt, ham'na die österreichischen Grenzer verhaft. Aber er is net blöd, er geht schon wieder umi. Damit die Grenzer glaub'n, er is z'Haus, laßt er jetzt auf d'Nacht in seim Haus 's Liacht brenna. Aber – in Wirklichkeit ist er drüb'n."

Die Spätnachrichten melden einen Briefbomben-Alarm in Klagenfurt. Mein Zimmer ist ungeheizt und kalt, und das Bett ist nur einen Meter neunzig lang. Vom Nachbarzimmer herüber höre ich den schweren Schlaf eines schwäbischen Heimatvertriebenen.

Mittwoch, 5. Oktober

In Kautzen besuche ich im Heimatmuseum die Sonderausstellung „75 Jahre Staatsgrenze". Der Gemeindesekretär sperrt mir auf und überreicht mir die Schlüssel: „Wenn S' zusperren, drehn S' bitte den Schlüssel der Alarmanlage schnell um, denn sonst geht s' los." Die auf einen Raum beschränkte Sonderschau bezieht sich hauptsächlich auf den früheren Kontakt zu den tschechischen Gemeinden im Umkreis. Zwei Mann-Puppen mit tschechischer und österreichischer Zolluniform dekorieren die Mitte des Raums. Die übrigen Räume präsentieren Relikte heimischer Handwerksbetriebe.

Der Tischlermeister von gestern abend empfiehlt mir in seiner Werkstatt, auf meiner Wegstrecke das Fisch-Restaurant in Groß-Taxen zu besuchen. „Wie soll ich sag'n", flunkert er, „zum Trinken hat er alles, aber zum Essen hat er nur Ölsardinen in der Dose." Leider hat das „Fisch-Restaurant", als ich dort ankomme, noch nicht geöffnet. Weißwein hätte sicher gut zu Dosenfisch gepaßt.

Ich gehe durch Brunn, biege rechts ab nach Reibers, das mit seinen grau gedeckten Häusern geduckt im Tal liegt. Feuerwehr- und Leichenhaus sind hier in einem gemeinsamen Flachbau untergebracht. „Ewig ist der Toten Tatenruhm“, steht über der rechten Doppeltüre.

Auf dem Friedhof oben am Berg herrscht heitere Schrebergartenstimmung. Ältere Frauen und Männer bringen die Gräber für Allerheiligen in Ordnung. Endlose Weite tut sich hinter den Kreuzen auf, das schnelle Spiel der Wolken unterstreicht die Unendlichkeit dieser Landschaft, deren Kargheit zugleich ihr Reichtum ist.

Schwarze Waldzäune am Horizont, soweit mein Auge reicht. Ich kremple meinen Kragen hoch, damit mir der Wind nichts anhaben kann, und wärme meine Finger am Innenfutter des Anoraks. Ich gehe auf einen Bauern zu und bitte ihn, mich zu fotografieren, aber er reagiert nicht. Erst als ich seine mit Watte ausgestopften Ohren bemerke, spreche ich lauter und er drückt auf den Auslöser. Mein zweites Selbstporträt nach dreißig Tagen.

Seit Beginn meiner Reise gelingt es mir mühelos, die Leute hier zu fotografieren. Wahre Talente ohne Scheu und mit natürlicher Haltung entdecke ich. Die Frauen willigen meist erst ein, wenn sie ihre Frisur oder das weiße Kopftuch überprüft haben. Bei den Männern fällt meistens der strapazierte Satz: „Hoffentlich zerreißt es dir die Platte nicht!“

Schönfeld. Ein Straßendorf im typischen Kaiserzeit-Baustil. Die k.u.k.-Zeit scheint hier noch immer unverändert fortzudauern. Ich gehe über das zugewachsene Bahngleis bis Fratres und von hier aus, auf der Suche nach einer Übernachtungsmöglichkeit, über die Grenze nach Slavonice, dem früheren Zlabings. Der tschechische Grenzübergang befindet sich noch mitten im Bau, deshalb sitzen die Beamten zu fünft dicht gedrängt in einem Container und winken mich durch, als wollten sie nicht gestört werden. Ein angeketteter Schäferhund bellt mir nach. Beim Anblick des Grenz-Restaurants spüre ich, wie der „Böhmische Virus“ in mir lebendig wird. Karl hat mich bei unserer Mai-Wanderung von Haidmühle (Bayerischer Wald) nach Krumau mit seiner Passion für Böhmen angesteckt.

Über dem Talkessel der Stadt Slavonice kräuselt sich schleierartig Kohlerauch, eine geschlossene Eisenbahnschranke verwehrt mir kurzzeitig das Weitergehen. Am Stadtrand miete ich mich privat ein. Die Kinder des Besitzers, der sich nicht zeigt, weisen mir Zimmer, Bad und WC zu.

Bei völliger Dunkelheit folge ich dem Hinweisschild „Centrum“. Weit und breit keine Straßenbeleuchtung, nur der Schein aus vereinzelten Häuserfenstern erhellt den Stadtplatz. Mein Auge gewöhnt sich allmählich an dieses fahle Licht, und ich begreife erst, als ich über Schotter gehe, daß hier der ganze Stadtplatz generalüberholt wird. Mit der Taschenlampe leuchte ich mir den Weg durch die mittelalterliche Stimmung in eine Restaurace. Im ersten Stock hole ich den Weinkonsum nach, der mir mittags im geschlossenen „Fisch-Restaurant“ entgangen ist. Ein kleiner Springbrunnen plätschert, ein Rauchabzug müht sich mit großem Getöse umsonst, der Kellner stellt auf frei gewordene Tische Coca-Cola-Schildchen mit dem Aufdruck ”Reserved“. Die drei Gummibäume vor den mit Stores verhangenen

bei Böhmdorf, Mühlviertel (OÖ) 1994

Scheunen

Althütten, Waldviertel (NÖ) 1994

Leichenhallen-Vorraum

Kaufhaus
Litschau, Waldviertel (NÖ) 1994

Acker
Unizda, Südmähren, 1995

Sekule, Slowakei 1995

Wirtin

Falkenstein, Weinviertel (NÖ) 1995

Warten auf Vranitzky

Langau, Waldviertel (NÖ) 1994

Gesichertes Toilettenpapier

... übergang
bei Schwarzau, Waldviertel (NÖ) 1994

Ehemalige Dorfkirche

Kleinhaugsdorf, Weinviertel (NÖ) 1995

Ausrangierte Waggons

Fenstern erwecken den Eindruck, als hätten sie den „Prager Frühling" wirklich schon sehr lange hinter sich.

21.15 Uhr. Ich gehe über die regennassen Straßen Richtung Bahnhof, verlaufe mich, gehe zu weit, finde das Gebäude aber schließlich doch noch. Den ersten Menschen auf der Straße treffe ich vor dem Bahnhofsgebäude, in einem Škoda sitzend. Laute Radiomusik tönt aus dem unbeleuchteten Inneren. Ein Radfahrer mit umgehängter Tasche fährt vorüber und erinnert mich wegen seines heiteren Fahrstils unweigerlich an Jacques Tati.

In meiner Privatpension treffe ich in der Küche bei Fernseh- und Pilsner Urquell-Genuß zwei Montagearbeiter, die im acht Kilometer entfernten Dobersberg Heizungen montieren. Einer stammt aus der Steiermark, der andere aus Brünn. Letzterer erzählt mir, bei einer guten tschechischen Firma würde er monatlich 10.000 Kronen verdienen, in Österreich dagegen für dieselbe Arbeit 65.000 Kronen mehr; also umgerechnet ein Verhältnis von 600 zu 4.500 Mark. Das Quartier hier kostet zehn Mark pro Nacht. Morgen früh um 6 Uhr werden beide über die Grenze zur Arbeit fahren.

Donnerstag, 6. Oktober

Türkischer Kaffee und Schinkenomelette zum Frühstück im „Hotel Alfa". Slavonice entpuppt sich mit seinen vielen Sgraffito-Fassaden als städtebauliches Juwel. Am Stadtplatz wird gebaggert, gepflastert und gestrichen. Wie wird es hier wohl in zehn Jahren ausschauen? Wieviele Häuser werden dann, ähnlich wie in Krumau, österreichischen und deutschen Banken gehören?

Stadtauswärts zum Grenzübergang, vorbei an einem alten zugewachsenen Bunker. Meinem „Böhmischen Virus“ gehorchend, treibt es mich in das „Hotel Esek“. Im Speisesaal sitzen infolge Unterbeschäftigung jetzt um 11 Uhr die neun Beschäftigten des Lokals vor dem Fernseher. Erst meine Palatschinken-Bestellung bringt Unruhe in die Menge. Ich erbitte mir eine tschechisch und deutsch geschriebene Speisekarte als Dokument, weil die jetzigen Preise in ein paar Jahren sicher ins Reich der Fabel verwiesen werden. Meine zwei Palatschinken mit Schokolade und Sahne – ich liebe dieses sahnige Wort šlehačka – kosten 13 Kronen und 40 Heller; das sind knapp 80 Pfennig.

Vor dem österreichischen Zollgebäude verkündet ein Gedenkstein: „Geduld ist der Schlüssel zur Freude. Wiedereröffnung des Grenzübergangs Fratres/Slavonice am 23.03.91“.

Um meine Füße zu schonen, genehmige ich mir heute mit dem Postbus eine Rundreise durch die Umgebung. Lange Zeit bin ich der einzige Fahrgast. Über Waldkirchen, Dobersberg und Thaya erreiche ich Waidhofen. Gegenüber dem städtischen Friedhof liegt der zugesperrte jüdische Friedhof; die letzten Todesdaten stammen aus dem Jahre 1933. Etwa 150 Grabsteine stehen vergessen und eingezäunt unter hohen Pappeln.

Um 14 Uhr spricht heute der Bundeskanzler im Saal der Arbeiterkammer. Neben einem Vranitzky-Plakatständer fotografiere ich eine alte Frau mit Kopftuch. Mit Blick auf die Arbeiterkammer sagt sie wehmütig: „Ja, ja, ich komm’ eh nirgends hin, außer ins Spital.“

In Groß-Siegharts will ich einem Geschäftsmann das gefundene Wehrstammbuch seines verstorbenen Vaters überbringen. Telefonisch hatte ich ihn am Vormittag auf meinen Besuch vorbereitet, trotzdem glaube ich, ihn mit diesem Dokument ein wenig überfahren zu haben. Der erste Einsatzort in der Karteikarte führt den „Einsatz Böhmen und Mähren 14. bis 24.03.1939“ auf. Wie jeder deutsche Soldat mußte auch dieser Angehörige einer Panzerjägerkompanie aus Znaim folgende Abstammungs-Erklärung unterschreiben: „Mir sind nach sorgfältiger Prüfung keine Umstände bekannt, die die Annahme rechtfertigen könnten, daß ich Jude bin. Über den Begriff des Juden bin ich unterrichtet worden.“

Auf der nächtlichen Fahrt nach Raabs erzählt mir der Sohn des Verstorbenen folgende Geschichte: „Mein Vater war Kraftfahrer und vor Stalingrad eingesetzt. Eines Tages blieb er mit seinem Fahrzeug im Schlamm stecken. Da machte er die Fahrertür auf, um nach dem Reifen zu sehen. Genau in diesem Augenblick krachte ein Schuß durch die Windschutzscheibe und durchbohrte seinen Fahrersitz.“ Er legt eine kleine Pause ein. „Vor fünf Jahren ist er in Groß-Siegharts gestorben.“

Freitag, 7. Oktober

Von der „Pension Schloßblick“, an der Burg Raabs vorbei, gehe ich zur Post und schicke Filme, Prospekte und Wahlkampfwerbemittel postlagernd nach Österreichisch Haibach bei Passau.

Rastbänke entlang des Thayatal-Weges weisen diesen als organisierten Wanderweg aus. Ich stiefele durch den herbstlich grün-gelb-braunen Blätterbelag, hinter verhangenem Himmel lauert Regen. Steiler Anstieg zur Burgruine Kollmitz, davor ein vom Borkenkäfer zerfressener Kiefernwald. Mit ihren zwei Türmen wacht diese monströse Burg am Steilhang über der Thaya. Wind und Nieselregen setzen ein; ich suche Schutz in einem Rest von Turmzimmer. Überbleibsel von Wandstuck verzieren meinen Unterstand. Plötzlich mischt sich der Regen mit Schnee; die nassen Flocken peitschen durch das dunkle Waldtal. Schnee am 7. Oktober um 11.30 Uhr.

Eisige Kälte zieht auf. Zum ersten Mal packe ich meine Fleece-Jacke und den Schal aus. Die Thaya führt zu einem Meierhof. Vor der Hofeinfahrt haben die Besitzer für ihren 1941 in Rußland gefallenen Sohn einen Gedenkstein aufgestellt. Seit dem Mühlviertel begegnet mir das Wort „Rußland" fast jeden Tag. Nach einer Stunde Fußmarsch wieder ein Gedenkstein, für einen Fünfundzwanzigährigen, 1943 in Rußland „Gefallenen". Fallen steht für sterben.

Eibenstein. Hunderte in schwarze Plastiktöpfe gepflanzte Tannenbäume stehen seitlich der Straße Spalier und warten im Schnee. Es sind noch circa 80 Tage bis Heiligabend.

Ins „Gasthaus Pölzer" treten vier Männer ein. Der erste bestellt schelmisch und lauthals: „Für mich ein Bier und für die anderen drei Soda!" Das Radio meldet, in Tulln fahre bereits der Schneepflug, im Waldviertel bestehe teilweise Glatteisgefahr. Umgeben von holzvertäfelter Wand wärme ich mich mit einem doppelten Grog auf.

Straße bergauf nach Unterpfaffendorf, das Ortsschild ist verdeckt von angewehtem Schnee und kaum zu entziffern.

Feldweg diagonal Richtung Elsern. Seit einer Stunde sehe ich keine Wegmarkierung mehr und verlaufe mich. Ich kann's nicht glauben, laut Karte muß doch hier die Bachüberquerung sein. Aber wo? Ich fluche laut in den Wald hinein und gehe frei Schnauze am Waldrand entlang, quer über die abgeernteten, schneebedeckten Maisfelder. Im rechten Schuh spüre ich das Wasser eines Baches; aber es ist nicht der, den ich zu finden hoffe. Nach vielen Umwegen entdecke ich eine Markierung am Strommasten, die der Wetterseite abgewandt ist. Ein Trampelpfad führt über den Bach, ich breche durch das nasse Unterholz, zehn Minuten später bin ich in der Ortschaft Elsern. Vereinzelt Lichter in den Häusern, ansonsten keine Zeichen von Leben. Bei minus zwei Grad kurze Rast im Bus-Wartehäuschen, in der Ecke liegt eine verknautschte Sauermilchtüte.

Vor Einbruch der Nacht im Eilschritt nach Drosendorf. Ich habe nur ein Bedürfnis: heiß duschen.

Samstag, 8. Oktober

Wie überall in den Gasthöfen nahe der Grenze werden auch hier im „Gasthaus Schneider" überwiegend Zimmermädchen und Küchenhilfen aus der Tschechischen Republik beschäftigt. Leider vergesse ich zu fragen, wieviel sie verdienen.

Per Triebwagen vom Bahnhof Drosendorf ins nahe Langau. Belaubte Apfelbäume werfen grüne Grasschatten in den Schnee, Gebrauchtautos frieren unter der weißen Pracht. Gerade als ich die Front eines mit

„Kino-Gasthaus-Köppl“ beschrifteten Hauses fotografiere, tritt der Besitzer aus der Türe. Er erzählt mir, daß er das Wirtshaus im Januar geschlossen habe, das Kino bereits im Jahre 1975. „1948 hab' ich aufgesperrt, 180 Sitzplätze hama damals g'habt, jetzt hab' ich a Tischlerei im Kinosaal. A Bergwerk war hier in der Nähe, da war's Kino allerweil voll. Ich hab' eh noch a paar Plakate und Fotos von den Filmschauspielern.“ Ich frage ihn, ob er bei einem Dokumentarfilm zum Thema Grenze mitmachen würde. Seine Antwort: „Warum net? Da hinten wohn' ich. Rührn S' eahna amal!“ Er schwingt sich aufs Fahrrad und fährt heim zum Mittagessen. Die Sirene des Ortes heult jetzt Punkt zwölf. Diese Zufallsbekanntschaften liebe ich; drauflos gehen, fragen und sich überraschen lassen.

Kurzer Feldweg-Test, aber nur Matsch und schmierseifiger Lehm, ich ziehe deshalb die Teerstraße vor. Nach links weg geht der „Forstweg Judensteig“. Drüberhalb der Grenze liegt die Ortschaft Šafov, ein ehemals jüdisches Dorf. Im Gasthaus in Riegersburg erzählen sie mir, daß der Judentempel vernichtet worden sei, der Friedhof aber noch bestehe. Dem interessierten Enkelkind der Gastwirtin erkläre ich beim Essen meine Zigaretten-Drehmaschine.

Samstagnachmittags-Stimmung liegt über der weiten und flachen Landschaft, aber genau genommen herrscht jeden Tag Samstagnachmittags-Stimmung im Grenzgebiet. In einem unbesetzten Zollwachhäuschen entdecke ich als neues Innenrequisit einen Scheibenwischer.

Heute spüre ich wieder einmal meinen Rucksack nicht, muß nach dem Riemen greifen, ob ich ihn überhaupt trage. Im Vergleich zu gestern fliege ich geradezu über das weiß gesprenkelte Ackerland und lande in der wehrhaften Dächerlandschaft eingeschossiger Straßendörfer. Andächtige Ruhe um mich.

Eine geschwätzige Busreisegruppe tschechischer Senioren rüttelt mich in Felling wach. Am Ortsausgang parken Wiener serienmäßig vor ihren Waldviertler Zweitwohnsitzen. Dazwischen der absolut kahlgejätete Vorgarten des Vertreters der „Grazer Wechselseitigen Versicherung".

Immer noch Teerstraße. Von Autoreifen zermatschte Zwetschgen mischen sich mit Schnee und erzeugen bei mir eine Vision von Zwetschgendatschi mit Sahne. Simuliere im Kopf Kaffeegeruch.

Steil abfallender Weg durch Buchenwälder von 450 auf 290 Meter hinunter zur Thaya. Oben am Berg die Burg Hardegg. Unten im Tal meine „Privatunterkunft Nikolowsky".

In der „Burgstuben" Kräutersuppe und Karpfen, Veltliner, Birnenbrand und Guglhupf. Ich zünde für mich alleine die Tischkerze an. Auch hier Samstagnachmittags-Stimmung. Morgen wählt Österreich.

Beim Nachhauseweg komme ich wieder einmal an einem beleuchteten Kriegerdenkmal vorbei, das mir aber eher als Straßenlampenersatz in der scharfen Rechts-Kurve erscheint. Kriegerdenkmäler habe ich auf meiner Wanderung bisher viele gezählt, Hinweise auf das einst jüdische Leben hier im Grenzland sind mir leider entgangen.

Sonntag, 9. Oktober
Bergauf zur Pfarrkirche. Im Innern ein spätbarockes Kruzifix an einem roh gezimmerten Kreuzbalken des Schiffsmastes der Fregatte „Novara“, auf der Erzherzog Maximilian, Kaiser von Mexico, in die Heimat überführt wurde. Interessant zu lesen, daß die Pfarre Hardegg von 1694 bis 1785 zur Diözese Passau gehörte.

Kurzbesuch im Wahllokal, das von 9 bis 14 Uhr in der alten Schule untergebracht ist. Eine Frau und fünf Männer wachen über die Wahlurne.

Wanderweg entlang der Thaya. Vögel pfeifen, die Sonne zeigt sich wieder. Zwei Fliegenfischer waten mit ihren hohen Gummihosen durch den Fluß, ein Schwanenpaar schwimmt bedächtig zwischen dem mährischen und dem niederösterreichischen Ufer hin und her. Vom tschechischen Uferwald klingen seltsame Grunzlaute herüber. Eine Wildsau? Ich bin mir nicht sicher.

Ich inspiziere wieder einmal ein Zollwachhäuschen; in einem Aschenbecher der Sparkasse Retz liegt eine ungestempelte tschechische Drei-Kronen-Briefmarke. Die Hersteller-Firma der gußeisernen Serien-Öfen heißt wie immer: „Ire“.

Auf Wiedersehen, Thaya, deine Wege waren oft anstrengend!

Forstweg bergauf zur Ruine Kaja. Im Turmzimmer modert eine kuriose Sammlung alter Röhren-Radios vor sich hin. Eine geheime Empfangsstation? Ich werde nicht schlau draus, auch der junge Kassenwart kann mir keine Auskunft geben.

Weiter bergauf durch gräflichen Wald. Ich hebe eine Kastanie auf, wärme sie in meiner Hand und vergrabe sie bei Karlslust; vielleicht keimt sie.

Mein Wanderweg trifft auf eine geteerte Grenzstraße. Wieder ein Zollwachhäuschen mit standesgemäßem Kleingarten: abgeblühte Erika, eingepflanzt in das Rund eines Panzerkettenrades.

Mitten im Wald zwei hochgemauerte Galgensäulen aus dem Jahre 1717. Die Einkerbungen für die Querbalken sind gut erkennbar; ein Ort der Visionen und Assoziationen. Nach drei Kilometern trete ich aus dem Wald und sehe die ersten Weinhänge.

Oberretzbach. Servus Weinviertel! Im Schaukasten der ÖVP hängt bereits drei Stunden vor Bekanntgabe des Wahlergebnisses die Banderole „Danke".

Ich gehe durch die Kellergasse, zeichne ein paar Bleistift-Skizzen in mein Heft und folge einem Feldweg entlang der Grenze. Umgeben von Weinstöcken probiere ich von den grünen und roten Trauben. Hasen hoppeln davon, über dem Hang erscheint der Kirchturm von Unterretzbach. Es bedarf langer Wege, in einem Straßendorf eine Privatunterkunft zu finden. Mein Hin- und Hergehen aber, glaube ich, hat sich gelohnt. Beim Winzerehepaar Nigl beziehe ich ein Zimmer.

Der österreichische Rundfunk meldet große Verluste für SPÖ und ÖVP, 6 % Plus für die FPÖ, 2 % Plus für Die Grünen. Die Herren Busek und Vranitzky lächeln beileibe nicht mehr so wie auf ihren Wahlplakaten. Haider grinst, Frau Petrović strahlt. Ich stelle meinen Wecker auf halb sieben. Mein rechtes Schienbein bereitet mir Kummer, jeder Schritt schmerzt.

Montag, 10. Oktober

Mit dem klapprigen VW-Bus hinaus zu den Weinbergen nahe der Grenze. Mit im Auto zwei tschechische Weinleser: Vater und Sohn. Weiches Morgenlicht fällt auf die Rebstöcke, wie müde Fußbälle liegen gold-gelbe Kürbisse in einem Acker.

Das Ehepaar Nigl mit Sohn, die beiden Tschechen und ich schneiden die dunkelblauen Zweigelt-Trauben von den Rebstöcken. Frau Nigl reicht mir einen blauen Arbeitsdress. „Damit Sie nicht dreckig werden", sagt sie. Die Trauben werden in Eimer gefüllt und dann in den Traktoranhänger geschüttet, der von Zeit zu Zeit ein Stück weiter gefahren wird. Eine Flasche Schnaps macht bei dieser kühlen Morgentemperatur die Runde, um 9 Uhr wird die erste Brotzeit ausgerufen. Unter der geöffneten Heckklappe des VW-Busses ist ein üppiges Jausen-Buffet angerichtet. Kurz darauf fahren wir mit dem Traktor den vollbeladenen Hänger ins Dorf zum Preßhaus, wo die Trauben in einen Bottich abgepumpt werden. „Diese 2.000 Kilo", sagt Herr Nigl, „werden 1.500 Liter Wein ergeben."

Weil man die Stöcke parallel von beiden Seiten schneidet, bietet Weinlese Raum für viele Gespräche. Ich erzähle von meiner Wanderung und von meinen Erlebnissen, familiäre Geschichten werden besprochen, die Tschechen werfen, so gut sie können, ein paar deutsche Sätze ein; das Hauptthema aber bleibt der Wein. Das Wort „Kölla" (Keller) wird am häufigsten verwendet.

Geruch von vergorenem Wein zieht über den Hang. Ein paar Reihen weiter sprengt ein Winzer-Nachbar mit seinem Miststreuer Trebern auf den Lehmboden.

Hin und wieder koste ich von den süß schmeckenden Trauben.

Zur Mittagspause kommt die Sonne durch. Die Heckklappe des gelben VW-Busses geht wieder hoch, wir schmieren uns Brote, nehmen uns Wasser, Wein, Kaffee und Kuchen. Ein familiäres Picknick im Grünen. Herr Nigl hält einen kurzen Schlaf hinter dem Steuer, der tschechische Vater sitzt neben seinem Sohn auf der Stoßstange, ich lehne am Anhänger, Frau Nigl sitzt mit ihrem Sohn, der sich extra Urlaub vom Gemeindeamt genommen hat, im Bus. Eine hölzerne Weinkiste dient uns als provisorischer Tisch. „Wollen S' einmal eine Geschichte hören?“ ruft mir der Sohn zu. „Eine wahre Geschichte aus Unterretzbach: Geht der H., ein Hauer, der gern trinkt, zum Doktor. Nach der Untersuchung fragt ihn der Doktor besorgt: ‚Sagen S' einmal, was trinken Sie?‘ Antwort: ‚Alles, was Sie haben, Herr Doktor.‘“

Ab 13 Uhr wird wieder geschnitten, der volle Hänger fährt wieder ins Preßhaus. Die Arbeit macht Spaß in dieser Gruppe, und für mich als Weintrinker geht zugleich ein alter Wunsch in Erfüllung, einmal bei einer Weinlese mit dabeizusein. Gegen 17 Uhr wird die letzte Ladung „gelöscht“, mir werden im Keller Traubensaft und „Sturm“ kredenzt.

Gemeinsam im Haus Nummer 71 essen wir zu Abend. Für mein entzündetes Schienbein gibt mir Frau Nigl eine Salbe. Hoffentlich hilft sie, sonst ist es mit dem Gehen vorbei. Ich darf nicht daran denken. Im Zimmer genieße ich den hauseigenen Veltliner Kabinett und bekomme Besuch von einer graugetigerten Katze. In vino veritas.

Dienstag, 11. Oktober

Heute bin ich genau fünf Wochen unterwegs, eine Reise intensiver Körpererfahrung, reich an Begegnungen und Erlebnissen. Gehen reimt sich auf sehen.

Meinen rechten Fuß kann ich kaum noch belasten, deshalb fahre ich mit dem Rad nach Retz, um mir die postlagernden Filme und Wanderkarten abzuholen.

Am Hauptplatz von Retz kaufe ich alte Schwarzweiß-Ansichtskarten. Ich schiebe das Rad durch die Weinberge hinauf zur Windmühle. Vom Kalvarienberg gleitet mein Blick über nebliges, lange Zeit vergessenes Land entlang der Grenze. Braun gewinnt als Farbe die Oberhand über Grün. Überlebensgroße Heiligenfiguren ragen hier heroben aus den Weinbergen. Die Steinplastik – Jesus umarmt seine Mutter – sieht rückseitig aus, als wollte er zu ihr sagen: „Geh', trink' ma noch a Achtel!"

Auf dem Parkplatz vor der Windmühle schläft ein Fahrer mit Krawatte und weißem Hemd in seinem Ford, daneben ein leerer, wartender Bus mit der Aufschrift „Phönix-Reisen". Hundert Meter weiter der Soldatenfriedhof von Retz. Im Besucherbuch folgende Eintragung: „Auch wir hätten dabeisein können! Gustl Liebseher, Bobingen BRD, ehemaliger Panzerfahrer und Rudi Felgel, Invalide, beinamputiert. Retz am 31.07.94".

„Die Luftwaffe wollte hier unter der Stadt, im größten Weinkeller Österreichs, eine Flugzeugfabrik errichten, was aber an der zu hohen Feuchtigkeit hier herunten scheiterte", erklärt die Fremdenführerin nachmittags beim Kellerrundgang. Die Führung endet „zufällig" in der Probierstube eines Hotels.

Auch am Würstel-Stand Diskussionen um die Weinernte. Ein selbsternannter Stadtmissionar aus Prag klärt mich im Vorübergehen in Windeseile über Sozialismus, Luther, Sokrates und die SPÖ auf.

In der Apotheke kaufe ich mir eine Salbe und fahre durch die Kellergassen von Unterretzbach.

Im Dorf-Gasthaus verrechnet der Wirt die Weinzeche eines Stammgastes mit dessen geliefertem Frostschutzmittel. Am großen Tisch sitzen fünf Männer und schweigen sich an. Ich schweige mit. Es ist kaum auszuhalten, außer ein paar gestischen Verrenkungen meiner Nachbarn kein Wort. Einer schaut auf seine Armbanduhr: „Na ja, es wird bald Nacht."

Am Hauptplatz in Retz steht ein 400 Jahre alter Spruch: „Alles mit der Zeit".

Morgen werde ich von Retz über Wien West-Bahnhof nach Passau heimfahren. Kurz vor der Grenze wird mich im Euro-City die unausbleibliche Durchsage eines müden österreichischen Schaffners empfangen: "Ladies and gentlemen – in a few minutes – we will arrive at Passau."

2

11. Oktober - 9. November 1995

Unterretzbach - Rechnitz

Mittwoch, 11. Oktober
Am Retzer Bahnhof leihe ich mir ein Rad und fahre durch die mit Treberngeruch aromatisierten Weinberge zu meinem letztjährigen Quartier nach Unterretzbach, zur Familie Nigl, wo ich mit Veltliner Kabinett empfangen werde. Im Dorfwirtshaus – es gibt hier nur eines – melde ich aus Erfahrung meinen Abendessenswunsch vorsorglich schon mal per Telefon an. Kurzzitat des Wirtes am anderen Ende der Leitung: „Kommen S' um sieben, denn um acht sperr'n ma zu, weil da schau'n ma se das Match an." Mit "Match" meint er das Fußball-EM-Qualifikationsspiel Österreich gegen Portugal. Als ich um fünf nach sieben zum Wirtshaus komme, ist aber schon zugesperrt. Nur der Hund bellt hinter der verschlossenen Holztüre. So verköstigt mich Frau Nigl dann in ihrer Küche.

Das Spiel endet unentschieden 1:1, in der Halbzeit gibt's einen Werbebeitrag zum Thema „Appetitliches aus Österreich". Aber davon kann man als ausgesperrter Gast bei einem fußballbegeisterten Wirt in Unterretzbach nicht satt werden, wo's noch dazu in der Sendung nur um den steirischen Apfel geht.

Donnerstag, 12. Oktober
Immer, wenn ich neu in einer Gegend bin und mich nicht so gut auskenne, muß ich, einem Tier ähnlich, mein Revier einkreisen; deshalb fahre ich heute mit dem Fahrrad übers Land.

Erster Stop beim Kriegerdenkmal, das am Sockel die Inschrift trägt: „Ich hatt' einen Kameraden". Darüber das Steinrelief eines Soldaten aus dem Ersten Weltkrieg, der sich auf seinen Karabiner stützt. Ihm gegenüber – ebenfalls als Steinrelief – ein Weinstock. In die steinernen Astverzweigungen hat eine Unterretzbacher Schwalbe ihr Nest gebaut und somit unauffällig für die Friedensbewegung ein Zeichen gesetzt.

In der Kirche lese ich rechts vom Hochaltar die Nummer 853 als Schiebeziffer in der Lied-Ankündigungstafel. Ich schlage im Gesangbuch nach und finde unter dieser Nummer die Worte: „Tod und Auferstehung".

Einen halben Kilometer dorfauswärts betrete ich den Unterretzbacher Friedhof. Die imposante Eingangshalle ist kunstvoll ausgefliest. In den Boden eingelassen die Jahreszahl 1901. Eine Gravur auf einer Fliese verweist auf die Zeitläufe: „Erste Schattauer Kunstbasaltstein Chamottewaarenfabrik C. Schlimp". Schattau liegt hier gleich gegenüber der Grenze und heißt heute Šatov. In einem der nach Erde, Blumen und Kränze getrennten Abfallhaufen finde ich einen Eichenlaubkranz, dessen rot-schwarze Schleife mit „Heimatkreis Znaim" bedruckt ist.

Gleich in unmittelbarer Nähe führt die eingleisige Bahnstrecke Retz-Šatov-Znaim vorbei. Ich lege mein Tonbandgerät in den Gleisschotter und warte auf den vorbeifahrenden Triebwagen. Als mich der Triebwagenführer sieht, hupt er, ich winke ihm zu.

Feiner Dunst liegt über den Wiesen. Ich mag diese morgendliche Herbst-Kühle, die mich beim Gehen durch das feuchte Gras mit ihrem Tau erfrischt. Gegen Mittag durchdringt die Sonne die letzten hartnäckigen Nebelreste, die Blätter der Weinstöcke tendieren schon zum Gelb. „Die vielen Niederschläge der letzten Wochen", sagte Herr Nigl gestern zu mir, „wird dem Wein schaden."

Über Feldwege radle ich in Richtung Grenzübergang Kleinhaugsdorf. Ich passiere Kürbisäcker und ausgedörrte Sonnenblumenfelder mit demutsähnlich geneigten Köpfen. Ein steinerner, zwei Meter hoher Judas Thaddäus von 1770 schaut inmitten der Weinberge in den sonnigen Süden. Vereinzelt sieht man noch Menschen an den Stöcken die Trauben lesen.

Kleinhaugsdorf. Vor dem Zollamt liegt links das „Gasthaus zur Graugans", in dem nebenbei auch noch eine Spedition, die Sparkasse und der ÖAMTC untergebracht sind. Der Mann hinter der Theke ist somit Bankangestellter und Wirt zugleich und verkauft nebenbei noch Straßenkarten.

Vor dem Gasthaus schnattern die Graugänse namens „Bonnie" und „Clyde", in der Stube sitzen am hinteren Tisch grau uniformierte Gendarmen und essen zu Mittag. Einer von ihnen bestellt sich eine Schachtel „Milde Sorte". Am übernächsten Tisch hocken orangegekleidete Straßenbauarbeiter beim Bier. Spanische und japanische Reisebusgäste drängen zum Geldwechselschalter und zur Toilette, einzeln sitzende Fernlastfahrer essen die im Angebot aufgeführten Cevapcici für 58 Schilling; aus unauffindbaren Lautsprechern knödeln volkstümliche Schlager im Paar-Reim. Gegenüber, in einer 1923 erbauten Kapelle, steht ins Altartuch gestickt: „Oh Maria hilf!"

An der ÖBB-Bushaltestelle muß ich meinen Kopf kräftig zur Seite neigen, weil der Fahrplan Retz-Hollabrunn vom Papierformat her so groß ist, daß er um 90 Grad gedreht und so längs von unten nach oben hinter der gläsernen Sichttafel zu lesen ist. Diese Leseart kannte ich bisher nur, wenn ich vor Bücherregalen stand.

Ich fahre über die Grenze. Neben einer großflächigen Möbel-Werbung stehen auf einem ehemaligen Parkplatz pyramidenförmige Panzersperren aus Beton. Ein Trabant knattert mir entgegen, wenig später überhole ich eine Kolonne von Autos, die auf die Einreise nach Tschechien warten. Links von mir ein der Architektur einer Ritterburg nachgebauter Duty-Free-Shop, dessen überdimensionale Uhr in der Mitte ein pendelndes Schwert ziert. „Excalibur" heißt dieses Fantasy-Gebäude. An der neuerrichteten Tankstelle herrscht reger Dauerbetrieb, weil hier der Liter Benzin um fast vier Schilling billiger ist als in Österreich.

Ortschaft Chvalovice. Zwischen Friedhof und Gasthaus ein Vietnamesen-Markt mit Hunderten von Gartenzwergen, von denen sich einige schon – der Jahreszeit vorausschauend – als Nikoläuse verkleidet haben. „Du 400 Schilling", sagt ein Österreicher zu einem der Vietnamesen, „dein Kollege 350. Du teurer!" Trotzdem trägt er seinen farbigen Zwerg stolz wie eine Jagdtrophäe zum Auto.

Vor der Kirche mitten im Ort sieht man auf einer Plakattafel überdimensionale rot geschminkte Lippen. Darunter steht: „Night-Club Penthouse 300 Meter". Vor vielen Häusern werden wegen Kabelneuverlegungen Gräben aufgerissen.

Kaum befahrene Teerstraße nach Šatov. Der Altweiber-Sommer spinnt mich auf der Fahrt mit weißen, klebrigen Fäden ein. Gegenüber dem Grenz-Bahnhof Šatov liegt die alte Keramikfabrik, weswegen hier im

Ort alle Straßen mit Keramikfliesen gepflastert sind. Vor dem Gemeindeamt ein neues Telefonhäuschen, der zugehörige Apparat fehlt allerdings noch. Gleich um die Ecke, neben der Bushaltestelle, hat eine Ludmila ein „Privat-Friseur-Geschäft" aufgemacht. Am Ortsende ein Schild „Pediküre" mit aufgeklebtem Fußabdruck. Mörtelmischmaschinen vor den Häusern läuten mit ihrem Getöse die neue Zeit ein. Von ihrer auswärtigen Arbeit zurückgekehrt, entsteigen gerade ein Dutzend Leute einem Bus und schlendern in kleinen Gruppen Richtung Dorf.

Am Ortsende besuche ich den Friedhof; seit 1943 ist hier im wahrsten Sinn des Wortes Gras über manche Gräber gewachsen. Ich fotografiere das Totengräberhaus, dessen Gerätschaftsraum mit Brettern, Bahre, Schaufel, Seilen, Kreuz und schwarzer Fahne einer Beuys-Installation ähnelt. Zwanzig Meter neben dem Friedhof ein mit Gras überwucherter Bunker, der verschlossene Eingang ist tarnfarbig gestrichen.

Ich biege links ab nach Hnanice. Vor dem tschechischen Zollamt ein neues Restaurant mit dem Namen „Ad Astra". Im ersten Stock ein Friseur-Salon und ein Augenoptik-Geschäft. Während ich einen ausgezeichneten Schweinebraten mit Kraut esse, setzt sich ein stattlicher Grashüpfer auf meinen rechten Oberarm. Aus der Getränkekarte lese ich ihm unter der Rubrik „Archivweine" leise vor: „Veltlin grüner, 0,7 Liter, 91 Kronen." Er springt aufs Fensterbrett und klettert auf meinen Rucksack. Ich bestelle mir noch einen türkischen Kaffee. Mein Grashüpfer ist unauffindbar.

In den Abendnachrichten höre ich, daß die SPÖ/ÖVP-Koalition gescheitert ist und für den 17. Dezember dieses Jahres Neuwahlen geplant sind. Draußen herrscht mondhelle Nacht, mich hat das „Grenzleiden" wieder gepackt.

Freitag, 13. Oktober

Bahnhof Retz. Vor der Abfahrt nach Šatov kontrolliert mich der österreichische Beamte im tschechischen Triebwagen, zehn Minuten später bin ich über der Grenze. In Šatov steigt ein tschechischer Zöllner zu und kontrolliert das gutbesetzte Abteil Richtung Znaim. Ich bin der einzige Fahrgast, der hier den Zug verläßt. Güterwaggons stehen am Nebengleis, am Bahnhofsende verlädt ein Kran Berge von Holz. Einsamkeit weht über die keramikgeflieste Straße. An den Zaunpfosten der Tonfabrik rosten paarweise die Fahnenhalterungen aus kommunistischer Zeit, die jeweils für die tschechoslowakische und die russische Flagge bestimmt waren. Auf einem übermalten Schild ist noch die Inschrift „Sloužime socialistickému lidu" (Wir dienen dem sozialistischen Volk) zu entziffern. In Form halbierter Sterne stehen zwei Beton-Blumenkästen mit Geranien vor dem Eingang der Weinfirma „Znovin". Na zdraví! (Zum Wohl!)

Vereinzelt brennen noch die Straßenlampen vor den eingeschossigen, zum Teil noch recht verwahrlosten Häusern, die sich an der Bergkuppe vor der Kirche im Nebel verlieren. Zwei Wirtshäuser zähle ich bei meinem Gang durch das lange Dorf, drei vorüberfahrende Autos und zehn mir begegnende Menschen. Jeden grüße ich mit „Dobrý den!"

In Havraníky, ebenfalls ein Straßendorf, kehrt eine

Frau in einer Allee die welken Blätter der Walnußbäume zusammen und schmeißt sie auf glosende Feuerhaufen, deren Rauch den Nebel noch an Intensität übertrifft.

Hagebuttensträucher säumen meinen Weg zur Ortschaft Popice. Unten im Tal eine geduckte Landschaft von Ziegeldächern, aus der das neugedeckte Dach der Kirche heraussticht. Über dem Ort liegt ein sonores Motor-Dauergeräusch.

Popice wirkt menschenleer. Eine Bushaltestelle, ein Lebensmittelgeschäft, davor wie in Šatov das obligatorische Telefonhäuschen ohne Apparat. In Popice ist nicht nur die Zeit stehengeblieben, sondern vor Jahren auch die Kirchturmuhr. Der Kirche zu Füßen liegt im Friedhof ein Grabsteinhaufen mit Todesdaten aus den dreißiger Jahren.

Drei Leuten begegne ich bis zum Ortsende, wo ich gegenüber einer stillgelegten Kolchose auf den zugemauerten Fenstern einer großen Scheune in verblaßter Schrift auf Deutsch lese: „Nehera macht gute Kleider, Znaim". Mehr als fünfzig Jahre hat diese Werbung überstanden.

Die Sonne kommt durch, mir wird warm, deshalb tausche ich meine Innenjacke mit einer ärmellosen Weste. Auf dem lehmigen Feldweg durch abgeerntete Sonnenblumenfelder belästigen mich kleine schwarze Fliegen. Eine mit Zahlen numerierte Kirschbaum-Allee führt mich zum Nachbardorf Konice. Ein Bauer fragt mich: „Kam?" (Wohin?) „Do Znojma", antworte ich ihm. Er sagt noch irgendetwas von einem Wirtshaus, das ich später verschlossen vorfinde. Škoda! (Schade!)

Dreißig Meter schräg vor der Kirche ragt oben, auf einem Steinobelisk sitzend, ein roter Stern aus dem

Gestrüpp. „1945 - 1985" lese ich am Sockel. Auf einer Tafel bedanken sich die Bürger von Konice. „Ewiger Ruhm für die sowjetischen Befreier", heißt es da auf Tschechisch. Wie lange wird dieser Gedenkstein wohl noch stehen? Das Eisengatter des zum Denkmal gehörenden Zaunes steht bereits offen.

Intensiver Harzgeruch umgibt mich während einer Rast im schattigen Kiefernwald. Ich esse einen Apfel, den ich vor zwei Wochen in Freistadt im Mühlviertel gekauft habe. Ein Apfel, der noch nicht nach EG-Norm schmeckt.

Nach drei Kilometern erheben sich vor mir die Türme von Znaim, um halb drei Uhr überquere ich die Thaya-Brücke und schwitze den steilen Berg hinauf zur Altstadt.

Im belegten „Hotel Kárník" werden an der Rezeption die Zimmer „hin- und hergeschoben", und plötzlich erhalte ich ein freies Doppelzimmer. Ich bin stolz auf mich, denn ohne meine kleinen Tschechisch-Kenntnisse wäre ich hier leer ausgegangen. Mein Blick aus dem Fenster geht auf ein kaputtes Schindeldach, über meinem Bett hängt ein Stilleben.

Ich bummle durch die kurze Fußgängerzone, bergab am Rathausturm vorbei, und bestaune am Masarykovo náměstí das Betonkaufhaus „Obchodní dům Dyje" (Kaufhaus Thaya) aus den 70er Jahren. Ein brutaler Klotz von angewandtem Sozialismus, der heute natürlich auch eine Wechselstube führt. Unten, am Platz der Republik, gehe ich ins Stadttheater, genauer gesagt, ins „Theater-Café". Ich sitze nicht lange bei Kaffee und Vodka, als ich von einem Österreicher zum Nachbartisch gebeten werde. Ein Gespräch auf Deutsch mit tschechischen Versatzstücken beginnt. Die tschechische Braut des Niederösterreichers erzählt von ihrem einjährigen Aufenthalt in Ungarn und trägt ihre Erlebnisse wie eine Schauspielerin mit unterschiedlichen Tempi vor. Jiří, der Wirt, zeigt mir anschließend das Znaimer Stadttheater von innen. Erbaut vor 95 Jahren im Stil des Wiener Barock, tut sich vor mir ein Theaterraum auf, wie ich noch selten einen gesehen habe. Im Zentrum der Bühne liegt müde ein Staubsauger und blickt auf vierhundert mit weißen Tüchern verhängte Sitzplätze. Hier würde ich auch einmal gerne auftreten!

Gegen sechs Uhr schließt Jiří sein Café, und ich wechsle mit den Gästen Véra und Jitka in eine Espresso-Bar. Véra spricht gut Deutsch und erzählt von ihrem langjährigen Aufenthalt in der Schweiz. Jitka berichtet mir von den Znaimer Museen, wo sie Ausstellungen gestaltete. Im „U divadla" („Beim Theater"), dessen Besitzer den wunderschönen Namen František Nachtnebel führt, essen wir zu Abend, besuchen jeweils auf einen Gespritzen das Keller-Lokal „Zur Ewigkeit", meine Hotel-Vinárna, das „Remix" und verabschieden uns schließlich nach dem Besuch des „Bermuda Pajzls" gegenüber dem russischen Denkmal am Mariánské náměstí. Jetzt um Mitternacht wirkt auch das 40.000 Einwohner große Znaim etwas ausgestorben.

Da auf mein Klingeln im „Hotel Kárník" niemand öffnet, gehe ich durch die Vinárna auf mein Zimmer. Die von der Rhythmus-Maschine unterlegte Keyboard-Musik des singenden Alleinunterhalters dringt porentief in mein Zimmer. Ich versuche mir die Ohren zuzuhalten, aber auf die Dauer ist dies zu anstrengend und nützt auch nichts, da das Warmwassergerät in meinem Bad besorgniserregend nach Luft japst und mit seinem Röchelgeräusch den Alleinunterhalter um ein Vielfaches übertönt.

Gegen vier Uhr früh versuche ich, mit einem Badetuch den dauernd gegen die Fliesenwand schlagenden Plastik-Wasserschlauch schallschützend zu dämmen. Leider ohne Erfolg. Er nervt mich so sehr, daß ich den quietschenden Schlauch auf Tonband aufnehme.

Mein Reisewecker zeigt halb sechs, als ich bedrohliches Pumpern an meiner Zimmertüre vernehme. Im Dunkeln suche ich meine Unterhose und öffne übernächtig die Tür: Vor mir steht aufgebracht der Hotelbesitzer, der sofort in das Bad stürmt und einen der vielen Wasserhähne zudreht. „Morgen frih wied'r aufdräh'n", sagt er, fügt ein „Entschuldigung" hinzu, lächelt gezwungen und verschwindet. Jetzt liege ich wieder wach und verfolge einen südmährischen Tagesanbruch sehr bewußt, weil es meinem Zimmer an Vorhängen mangelt. „Znojmo, ich werde dich nie vergessen!"

Samstag, 14. Oktober

Fest entschlossen beschließe ich um neun Uhr, meine Unterkunft zu wechseln. Die nahe dem Hotel gelegene neue „Pension Austis" ist allerdings geschlossen, und in der „Pension Havelka" begrüßt mich das Schild: „Heute wegen technischen Gründen nicht geöffnet."

Im „Hotel Kárník" legt mir die Kellnerin für die Frühstücksbestellung die Speisekarte auf den Tisch, aber – das war's dann schon. Als sie nach 15 Minuten immer noch keine Bestellung aufnimmt, gehe ich frustriert, müde und angeschlagen zum Hotel „U divadla“ und frage den Herrn František Nachtnebel, ob er ein Zimmer frei hätte. Gütig erklärt er mir: „Ich habe gestern vier Hotels angerufen, weil ich voll bin, aber alle sind zur Zeit belegt.“ Er empfiehlt mir, es doch bei den Pensionen „Austis“ und „Havelka“ zu versuchen. Aber da bin ich auf aktuellerem Stand als er, und so füge ich mich meinem Schicksal und esse gierig in einer Pizzeria eine „Diavolo“. Die Kellnerin wechselt mir einen Hundert-Kronen-Schein in Münzen zum Telefonieren; ich könnte ihr für diesen Akt der Nächstenhilfe fast um den Hals fallen. Aber es kommt, wie es kommen mußte: das Hauptpostamt ist wegen Umbaus zur Zeit geschlossen und das davorstehende Telefonhäuschen funktioniert natürlich auch nicht. So gehe ich wieder die Fußgängerzone hinab und telefoniere dort unten. Da Christel nicht zu Hause ist, bitte ich Karl, ihr Grüße auszurichten.

Um fünf vor eins fotografiere ich die Znaimer Bahnhofsuhr, darunter zeigt ein Wandrelief aus früherer Zeit sozialistisches Volk in Arbeitshaltung mit Friedenstaube. Ich schließe auch Frieden mit mir und lese vor dem übergroßen russischen Denkmal, das einen jungen Rotarmisten mit einer Kalaschnikov in Siegerpose darstellt, das Datum der großen Zeitenwende: „9.5.45“.

Zur Abkühlung des Tages besuche im um 17 Uhr im Znaimer Eisstadion das Eishockey-Spiel SK Agropodnik Znojmo gegen Frýdek Místek. Beide Vereine spielen in der zweiten Staats-Liga; Znaim steht zur Zeit auf Platz acht, Frýdek Místek auf dem vorletzten, das heißt auf Platz siebzehn. In der großen Eishalle scharen sich etwa 1.200 Zuschauer um das Spielfeld. In der Pause drängen die Leute zum Büffet, kaufen sich heißen Tee, Bier oder warme Würstel und wechseln vor die Halle, weil hier herinnen – wie auch landesweit in den Zügen der Eisenbahn – striktes Rauchverbot herrscht. Trotzdem wird die Luft im Stadion immer stickiger, weil der Auspuff einer Eissäuberungsmaschine, die zwischenzeitlich über das Spielfeld gleitet, die Halle mit Benzingestank verpestet.

Im zweiten Drittel spielt Znaim, unterstützt von seinen lärmenden und singenden Fans, fast nur noch in der gegnerischen Hälfte, holt auf und geht schließlich in der 19. Minute 4:1 in Führung. Das Spiel wird kurzzeitig wegen einer Rauferei unterbrochen, bald darauf bricht dem auswärtigen Tormann der Holzschläger. Ein Znaimer wird so heftig vom Puck getroffen, daß er zu Boden geht, dann knallt ein Teamkollege so an die Bande, daß ihn zwei Mitspieler zur Bank schleppen müssen. Die letzten fünf Sekunden werden über Lautsprecher eingezählt, und die Halle jubelt. Vor Glück eilt der Znaimer Spieler Nummer 15 zur Bande, nimmt dort seinen kleinen Sohn in den Arm und fährt mit ihm eine Ehrenrunde auf dem Eis. Dieses Bild entschädigt mich heute für vieles. Gespannt bin ich nur noch auf die kommende Nacht.

Sonntag, 15. Oktober

Es war eine ruhige Nacht, da die letzten Gäste die Vinárna kurz nach eins verließen und somit der Alleinunterhalter seinen Verstärker ausschalten konnte. Auch mit der Frühstücksbestellung klappt es heute unten im Lokal.

Mit geschultertem Rucksack gehe ich durch die sonntägliche Stille und bleibe vor dem Schaukasten eines Immobilien-Büros stehen. „Prodej-Verkauf: Ein Grund-Ackerboden in der Größe 4.400 m², der Grund ist passend für Bauplatz. Er befindet sich am Rande des Dorfplatzes. Preis 320.000 Kronen (18.000 DM)".

Der Baugrund liegt in Chvalovice, dort, wo ich mich jetzt vom Bahnhof aus mit dem Taxi hinfahren lasse, um mir die Geherei durch die trostlosen Außenbezirke zu sparen. Als ich den Taxler auf Tschechisch bitte, mich Richtung Grenze zu bringen, freut er sich so, daß ich postwendend in einem tempogeladenen Bombardement tschechischer Sätze förmlich zu Boden gehe. Da er nicht aufgibt, ich aber nichts verstehe, stelle ich ihm einfache Fragen, und so kommen wir nach zehn Minuten kurzweiliger Fahrt gutgelaunt am Ziel an.

Wir halten neben einer Kompanie zum Kauf angebotener Riesengartenzwerge, und ich starte Richtung Dyjákovičky. Duft von frisch gebratenen Schnitzeln zieht durch den Ort, hinter einem Zaun warten zwanzig Gänse auf Martini und schnattern aufgeregt um die Wette. Lauter als sie tönt ein Radio, das sich ein älterer Mann in den Vorgarten gestellt hat, um sich beim Umgraben seines kleinen Weingartens die Arbeit zu erleichtern.

Drei Kilometer Teerstraße nach Hnizdo. Oberirdische Starkstromleitungen kreuzen meinen Weg und surren mir ein monotones Lied. Grüne Saat keimt auf den riesigen schwarzbraunen Feldern. Flach und weit ausladend ist die Landschaft hier, drei Kilometer vor der Staatsgrenze.

Was ist Hnizdo? Ein Dorf bestehend nur aus Kolchosebauten? Im nächsten Augenblick schickt mir ein aromatischer Windstoß die Antwort: In den kasernenähnlichen Flachbauten dieser eingezäunten Kolchose werden Schweine gezüchtet. Hier muß auch eine Genossenschaftssau spüren, daß es Grenzen gibt.

Hinter dem tristen Areal circa zwanzig zweistöckige Häuser, dann ein großer baufälliger Holzunterstand, dessen Boden aus hartgetrocknetem Schweinemist besteht. Etwas weiter entfernt eine Bus-Haltestelle vor einem kleinen Lebensmittelgeschäft und zwei Dutzend einstöckige Wohnhäuschen mit kleinen Gärten.

Bauern, die hinter einer Scheune Rüben ernten, warnen mich angesichts meiner Fotokamera vor der Grenzpolizei. Ein Kleinhäusler beschreibt mir am Ortsende den weiteren Weg. Hier, glaube ich, ist noch kein Wanderer vor mir durchgekommen, denn noch nirgends wurde ich so verwundert gemustert.

Wie jeden Tag um ein Uhr nachmittags begrüßt mich die Sonne. Auf dem Feldweg liegen beschriftete Saatgut-Anhänger mit Schnur und Plombe herum. Zwei Meter vor mir springt plötzlich ein Hase aus seiner Deckung und erschreckt mich. Eine grobkörnige Teerstraße führt mich geradewegs nach Osten, nach Jaroslavice.

Auf einem Auto-Wendeplatz raste ich neben einem kaputten Fernsehapparat aus den 70er Jahren. „Salermo“ nannte er sich, ”made in Czechoslovakia“. Dieser Fernseher war bis vor sechs Jahren sicherlich für seine Besitzer die einzige Verbindung in Richtung Westen, zumindest zum Österreichischen Fernsehen.

Im Schutz eines schattigen Feldraines gehe ich weiter und beobachte einen „Claas-Mähdrescher", der neben einem Traktor mit Anhänger herfährt und ein Sonnenblumenfeld aberntet. So wie ich früher bei meinen Großeltern im Innviertel, so sitzt heute hier ein kleiner Bub neben dem Traktorfahrer und träumt wahrscheinlich, daß er eines Tages einmal diesen großen Mähdrescher wird fahren dürfen.

Ich fotografiere eine Futterrübe, die wie ein gezogener Backenzahn auf der Straße liegt. Autogehupe. Der Mann aus Hnizdo, der mir den Weg beschrieb, hält mit laufendem Motor neben mir und läßt es sich nicht abschlagen, mich in seinem knatternden hellblauen Škoda nach Jaroslavice mitzunehmen. Mit im Auto sein Sohn, der in dem Nachbarort in der Fußballjugend spielt. Während der kurzen Fahrt gibt der Mann seine Definition vom Zustand Hnizdos kund, schaut in den Rückspiegel und sagt: „Hnizdo ist Knast."

In Jaroslavice gibt es keine Pension, so fährt mich mein Chauffeur an der Tankstelle vorbei ins benachbarte Hrádek. Aber auch dort gibt es keine Übernachtungsmöglichkeit, und so gehe ich zuerst einmal ins Wirtshaus an der Kreuzung, die von einem zerbrochenen Verkehrsspiegel überragt wird. Das Wirtshaus ist mit „Skupina IV", also mit Kategorie IV klassifiziert. Neben einem Pool-Billiardtisch sitzen Zwanzigjährige und trinken Bier. Ein paar ältere Männer schweigen gegenüber an kleinen Tischen. Über ihren Köpfen hängen, an der mit Mustern gewalzten Wand, zwei Trockensträuße, die jeweils lose ein Holzrahmen umsäumt. Fertig ist das Bild. Natura morta.

Aus dem benachbarten Kulturhaus, in dem gestern nach der Kirchweih ein südmährischer Tanzabend aufgeführt wurde, kommen laufend Jugendliche in festlicher Tracht an den Tresen und kaufen Süßigkeiten für ihre kleineren Geschwister, die heute nachmittag im Tanzsaal eine Kinder-Disco feiern. Ich breche auf und beschließe, in der österreichischen Grenzstadt Laa a.d. Thaya zu übernachten. Wieder komme ich an zugewachsenen Bunkern vorbei, die 1937/38 vergeblich als Schutz vor den Nazis errichtet wurden.

In Dyjákovice wird Fußball gespielt, das Schreien der Fans legt sich mit dem Kohlenbrandgeruch über den langgestreckten Ort. Würde Jacques Tati noch leben, er hätte sicher in einem der „sozialistisch" aussehenden Bungalows ein Remake von „Mon oncle" gedreht. Ein Junge heftet sich an meine Fersen und will mich bei seiner Mutter zum Kaffee einladen. Aber ich lehne ab, weil sich die Dämmerung schon anbahnt. Er fragt mich noch, was auf Englisch taky (auch) heißt und kehrt bei der Ortstafel um.

Die numerierten Walnuß- und Kirschbäume zu beiden Seiten der Straße tragen des öfteren das Schildchen „zakoupeno" (verkauft). Alle fünf Kilometer begegne ich alufarbenen, mit Stacheldraht gesicherten Wasser-Türmen, die einer Kleinausgabe des Fernsehturms am Berliner Alexanderplatz gleichen. Autos aus Wien und Mistelbach überholen mich. Zweimal trete ich über die in den Teer hineingewalzten Reste eines Feldhasen. Vier Läufe und zwei Ohren sind mit dem Teer eins, der Rest fehlt.

Immer mehr Formel-I verdächtige Škoda-Fahrer brausen mit Abblendlicht an mir vorbei. Als einer, der noch nie einen Führerschein besaß, schicke ich ihnen den Satz nach: „Durchs Leben geht man nur einmal!"

Hundegebell schallt vereinzelt aus unbeleuchteten Hinterhöfen. Ich habe den Grenzort Hevlin erreicht. In der Restaurace „U mýta („Zur Maut“) werden die Getränke noch in Gläsern der früheren Versorgungsgenossenschaft „Jednota“ ausgeschenkt. „Mittags und abends“, erzählt mir ein Ehepaar, das mich mit seinem Auto nach Laa hinübernimmt, „ist das Lokal gesteckt voll mit Österreichern. Ein Schweinebraten kostet halt hier 19 Schilling, bei uns 85 Schilling. Ja, ja“, sagen die beiden nachdenklich, „unsere grenznahen Gewerbetreibenden haben's schwer. Alle klagen über große Einbußen: Die Trafikanten, die Spirituosen-Händler, die Friseure, die Zahnärzte und vor allem die Tankstellenbesitzer.“

Gleich nach der Grenze wird mir in der ÖAMTC-Geschäftsstelle mit integrierter Wechselstube, Spedition und „Espresso mit Menü“ ein Zimmer vermittelt, und zwar 500 Meter stadteinwärts, im Hause des Geschäftsstellen-Leiters.

Gegen 21 Uhr komme ich zurück und versumpfe mit dem Inhaber und Namensvetter Rudi bei „Rotem Sturm“. „Mahlzeit!“, klärt er mich auf, „sagt man, wenn man mit ‚Sturm‘ anstößt.“ Der „Sturm“ aber hört nicht auf, und deshalb gehe ich um halb zwei Uhr wie ein Seemann bei hohem Wellengang ins Bett. Alles dreht sich wie in einem Karussell; mir ist fürchterlich schlecht. Zur Sicherheit lasse ich im Zimmer eine Positionslampe brennen.

Montag, 16. Oktober

Beim Frühstücken fühle ich mich wie ein Boxer, der nach dem K.o. aufwacht, und verwünsche die gestrige Nacht. Ich kehre noch kurz zur „Stätte des Roten Sturms“ zurück, verabschiede mich vom mittlerweile wiedererstarkten Geschäftsstellen-Leiter und stapfe sinnentleert durch Laa. Im Kino läuft heute ”Top dog“, auf den Gehwegen der Staatsbahnstraße kehren vier tschechisch sprechende Frauen in Kittelschürzen Laub zusammen.

Ich lasse mich auf einer Bank vor dem Bahnhof nieder, der Regionalzug nach Mistelbach steht abfahrbereit vor mir. Im Zug sitzen nur ein paar Männer. Der Fahrdienstleiter allerdings beginnt unverdrossen seine Lautsprecherdurchsage mit den Worten: „Meine Damen und Herren!“

Mit Wasser aus meiner Feldflasche schlucke ich eine Tablette hinunter und sage mir: „Für eine Vivimed ist es nie zu spät.“ Ich gehe einen Kilometer in die falsche Richtung, allmählich zeigt die Tablette ihre Wirkung: also zurück. Leider wieder Teerstraße, da die Feldwege nach Neudorf einen Umweg bedeuten würden. Vor Neudorf hält eine Mutter mit drei Kindern im Auto und bietet mir an, mich bis Zlabern zu fahren. Das ist für mich und meinen Zustand die Rettung, noch dazu, weil es in Neudorf kein Wirtshaus gegeben hätte. „Wenn ich einmal in Pension bin“, sagt die Frau beim Aussteigen, „gehe ich auch weitwandern. Was Schöneres gibt es ja nicht. Aber bei fünf Kindern!“ Sie stöhnt, und die Kleinen winken mir nach. Leider hat die Gastronomie in Zlabern heute Ruhetag. Ich besuche den örtlichen Friedhof und finde dort ein Kriegsgrab mit zwei hellblau gestrichenen Wehrmachts-Stahlhelmen. Vor der Friedhofsmauer grüßt ein Schild: „Herzlich willkommen“.

Einhundertfünfzig Meter Höhenunterschied liegen vor mir. Auf halber Höhe, links im Wald, eine Bauschutt-Deponie in einer ehemaligen Kiesgrube. Die leicht ansteigende Straße führt durch ein großes Waldgebiet. Ich bleibe öfters stehen, denn alle paar Sekunden fallen irgendwo Eicheln zu Boden. Ein ständiges Knacken durchzieht den herbstlichen Wald.

Vor mir auf einsamer Höhe die Burgruine Falkenstein. Neben der Ortstafel ein Hinweis: „Bitte Tempolimit beachten! Hier leben siebzig Kinder“.

Straßendorf Falkenstein, Einkehr in der „Schloßschänke“. Es ist drei Uhr, als ich mich beim Wirt nach einer Übernachtung erkundige. „Übernachten können S’ gleich nebenan beim Nachbarn“, sagt er, „aber der schläft noch. Eine Stunde wird er noch schlafen.“ Er macht eine kleine Pause und fügt hinzu: „Wissen S’, der ist Bäcker.“

Leider hat der Bäcker nichts frei. Kurz darauf eilt der Senior-Wirt zur Türe und schreit auf die Straße hinaus: „Hörst, hast du für an Herrn a Nacht frei?“ Er spricht mit einer Frau, die privat vermietet, und so komme ich bei Familie Stecher unter.

Die Radio-Nachrichten melden, daß heute vormittag im zehn Kilometer entfernten Poysdorf eine 71-jährige Betreuerin eines Flüchtlingsheimes durch eine Briefbombe schwer verletzt wurde.

Der Wirt sperrt um acht Uhr abends sein Lokal zu, in Falkenstein wird es totenstill. Nur in der Ferne sirrt obertonig ein Kühlaggregat.

Dienstag, 17. Oktober

Die 900 Jahre alte Pfarrkirche von Falkenstein beschützt zur Linken des Portals die Hl. Rosalia mit Totenkopf, zur Rechten der Hl. Rochus mit Hund. In der Kirche, deren Altarraum gerade renoviert wird, wohne ich einer Orgelmatinee bei, in der jemand Kirchenlieder einstudiert, immer wieder von vorne beginnt und sämtliche Register zieht.

Im Friedhof notiere ich Namen auf Grabsteinen: Luckner, Magendristl, Fassler, Fehlmann, Petermann, Haberler, Neustifter, Pesau, Salomon, Weinmann. Bei der Grabstätte der Familie Fehlmann lese ich einen Grabspruch aus dem Ersten Weltkrieg: „Vier Söhne rief das Vaterland / es kehrte keiner wieder / den Tod daheim der Jüngste fand / wir sehen sie alle wieder". Daneben stehen die Vornamen: Martin, Philipp, Josef, Anton.

Vorbei an der mit bunten Plastikblumen geschmückten Mariengrotte gehe ich zum nahen Kreuzberg hinauf. Von dort bietet sich ein wunderbares Panorama über das von den gelb gefärbten Weinbergen umgebene Straßendorf unten im Tal. Um zwölf Uhr mittags mischen sich Traktorenlärm, Mopedgeknatter und Hundegebell unter das Glockengeläut.

Ich gehe den Weinlehrpfad ab und erlaube mir eine Weintraubenverkostung der hier angebauten Rebsorten: Grüner, Frühroter und Roter Veltliner, Welschriesling, Weißer Burgunder, Neuburger und Zweigelt.

Eine Schautafel informiert über die Reblaus: „Die Reblaus wurde 1872 mit Reben aus Kalifornien eingeschleppt und zerstörte praktisch den gesamten europäischen Weinbau. Die einzig mögliche Rettung war, europäische Reben auf reblausfeste amerikanische ‚Träger‘ aufzupfropfen“.

Ich gehe zur Burgruine hinauf, die um 1050 als Grenzfeste erbaut wurde und sich heute in Privatbesitz befindet. Leider ist das Burgtor verschlossen. Im Abfalleimer neben meiner Rastbank liegen Lavex-Erfrischungstücher, eine leere Packung „Hohes C“, eine verbeulte Cola-Dose und eine aufgeweichte Schachtel ”Lucky Strike“.

Nachmittags gebe ich am Postamt neben dem „Nah & Frisch“ Lebensmittelgeschäft meine erste Sendung belichteter Filme und nicht mehr benötigter Wanderkarten nach Österreichisch Haibach auf. Der Schalter-Beamte erklärt mir, daß dies die erste EMS-Sendung (Express Mail Service) sei, die von hier weggehe.

Während ich in der „Schloßschänke“ eine Essigwurst esse, fragt der Wirt einen Weinbauern: „Tust du heut’ nicht lesen?“ Vor seinem Kaffee sitzend, antwortet dieser genüßlich: „Nein, heute lese ich lieber die Zeitung.“ Aus ihrem Gespräch erfahre ich, daß der Tagesverdienst für einen Weinleser bei 300 Schilling liegt.

Der Weinbauer verläßt das Gasthaus, ich blättere in seiner Zeitung und erfahre zum Thema „Grenzgebiet“, daß im Duty-Free-Shop bei Kleinhaugsdorf die Tagesumsätze im Mai 1995 bis zu 10 Millionen Schilling betrugen. Zitat: „1,5 Millionen Grenzübertritte wurden für genannten Monat in Richtung Tschechien errechnet, aber nur die Hälfte reiste ein. Das heißt, 750.000 suchten im Niemandsland den Duty-Free-Shop auf und deckten sich mit Waren ein.“ Zitat Ende.

Ich mache noch ein paar Bleistift-Skizzen von den unterschiedlich gemauerten Eingängen in der Kellergasse, weil mich organische „Architektur ohne Wasserwaage“ schon immer begeistert hat. Aus den Lüftungslöchern der Weinkeller strömt der intensive Geruch gärender Trauben.

Frau Stecher, meine Vermieterin, wäscht mir in der Maschine meine Hemden und kredenzt mir eine Flasche selbstangebauten Welschriesling.

Im Wirtshaus, zu dem auch eine Fleischhauerei gehört, gibt es, wie gestern auch, Gulasch. Am Stammtisch fragt der alte Wirt seinen Sohn: „Hat der aane heut' de Sau scho bracht?“ Darauf der Sohn: „Ja, mit'm Mercedes.“

Mittwoch, 18. Oktober

Mit dem Bus über Stützenhofen in das sechs Kilometer entfernte Grenzdorf Drasenhofen. Der Busfahrer fährt wie der Teufel, weil er zehn Minuten Verspätung einzuholen hat.

Hier im Ort mit regem Durchgangsverkehr zur Grenze sind die beiden Gasthöfe geschlossen. Vor dem Jugendheim Drasenhofen blickt ein grün austapezierter leerer Schaukasten der ÖVP ins Leere, daneben steht eine hessische Mülltonne aus Eisenblech mit erhaben geprägtem Herkunftsnachweis: Stadt Frankfurt, 1967.

Im Friedhof finde ich Spuren der Vertreibung: In einem Massengrab liegen 186 Tote des „Brünner Todesmarsches“ von 1945. Eine ältere Dorfbewohnerin, die gerade ihr Familiengrab gießt, berichtet mir, daß man über das Massengrab im benachbarten Ort Kleinschweinbart eine Straße bauen wollte. „Die Toten aus den Massengräbern der umliegenden Ortschaften sollten hier zentral bestattet werden. Aber aus diesem Plan ist nichts geworden", sagt sie, „obwohl man hier in unserem Friedhof bereits Erdbewegungen durchgeführt hatte."

Beim Verlassen des Friedhofs sticht mir unter dem Eingangsportal eine verglaste Gedenktafel mit Fotos von Gefallenen aus der Gemeinde ins Auge: Von ungelenker Hand coloriert, schauen mich rosa gefärbte Soldatengesichter mit rot geschminkten Lippen an. Unter dem Kriegerdenkmal, auf dem ein Adler sitzt, dankt posthum ein Vers den 70 Kriegstoten: „Dank aus Stein kann deutsche Heimat euch nur geben / die Heimat, für die ihr geopfert Blut und Leben".

Im Aushängekasten der Gemeinde hängt ein Mitteilungsblatt des Bundesheeres. Ein Major Pallau gibt der Bevölkerung bekannt, daß heute ab 15 Uhr fünfundzwanzig Soldaten mit fünf Räderfahrzeugen nahe Drasenhofen eine Übung durchführen. Darunter ein vorgedruckter Leitsatz: „Jedes Land hat eine Armee; die eigene oder eine fremde!" Gleich daneben bietet die örtliche Raiffeisenkasse ihren Geldwechsel-Service in Tschechisch und Polnisch an.

Ich lese einen weiteren Aushang, der mich an einen öffentlichen Pranger erinnert: „ ‚Brave' Gemeindebürger, die öffentliches Gut der Gemeinde oder der Z-Gemeinschaft beschädigen oder unerlaubt entfernen: Schiefer Alois, Drasenofen, Grundstücksnummer 3621, ca. ein Meter vom Bodenschutz und einen Grenzstein ausgerissen".

An der Espresso-Bar des ÖAMTC vor dem österreichischen Zollamt muß ich warten, weil die Wirtin gerade einen Kaiserschmarren für den Kindergarten zubereitet und wegen der Gefahr des Anbrennens nicht vom Herd weg kann. Ebenso warten sechs LKW-Fahrer, die geduldig vor dem Speditionsschalter stehen und teilnahmslos Richtung Lokaleingang schauen. Wartesaalstimmung herrscht in diesem wischbeständigen Allzweck-Raum, in dem sich ganzjährig blühende Plastik-Blumen um die leere Garderobe ranken. Hinter der mit Süßigkeiten vollgepfropften Theke entnimmt die Wirtin aus der Registrierkasse den Schlüssel fürs WC und reicht ihn einem Gast.

Zweihundert Meter nach dem österreichischen Zoll ermahnt die nach Tschechien Einreisenden ein kreuzförmiges Schild: „Katholik! Sonntagsmesse auch im Ausland“. Ich ziehe an parkenden, vornehmlich aus Italien stammenden LKW vorbei und registriere im Niemandsland die seit dem österreichischen EU-Beitritt weiß überspritzten gelben Mittelstreifen. Das Überschreiten dieser Ländergrenze empfinde ich immer noch so, als würde ich eine andere Welt betreten.

„Pěšky? Zu Fuß?“ fragt mich der tschechische Polizist und stempelt verwundert meinen Paß. Auf der linken Seite der E 461 gehe ich nach Mikulov, parallel auf der anderen Seite werde ich von zwei Tschechen begleitet, die schweres Gepäck tragen und einen Reisekoffer mit Rädern schieben. Die Szene erinnert mich an Polanskis frühen Schwarzweiß-Kurzfilm „Zwei Männer und ein Schrank“.

Ich gehe zum Bahnhof, um mir dort die Abfahrtszeiten der Züge Richtung Valtice aufzuschreiben. Für eine Weile setze ich mich in den leeren Wartesaal, um das Gefühl von 60er-Jahre-Farbdesign in mir aufzusaugen. Manche Rauminstallation der „documenta“ fällt gegen dieses Bahnhofs-Denkmal mit Kohleofen neidlos in sich zusammen. Durch die geöffneten Fenster tönt tschechische Blasmusik. Draußen am Bahnsteig wartet eine beschwingte Vierer-Gruppe auf den Zug nach Břeclav. Einer der Vergnügten trägt als Reisegepäck ein Kofferradio.

Auf dem Weg zum Zentrum fotografiere ich das russische Ehrenmal, das einen Rotarmisten zeigt, der freudig von einem kleinen Mädchen Rosen entgegennimmt. Am Sockel des Denkmals das Relief eines T 34 Panzers.

Oben im Schloß frage ich nach dem alten jüdischen Friedhof; leider ist dieser verschlossen, und so umkreise ich dieses L-förmig angelegte Areal und raste in einem Park neben der jüdischen Friedhofskirche. Ich frage drei Jugendliche nach dem Eingang. Sie erzählen mir etwas von einem Herrn Soundso und einem Schlüssel, überlegen kurz und geleiten mich schließlich zu einem Einstiegsloch in der Friedhofsmauer. Aberhunderte von jüdischen Grabsteinen reihen sich vor mir auf! Eine Stunde fotografiere ich, mit dem Rucksack am Rücken, diese aus dem 15. Jahrhundert stammende Anlage. Einen Grabstein finde ich mit Todesjahr 1933, die anderen Daten stammen meist aus der Zeit um die Jahrhundertwende.

An der Nordseite der Friedhofsmauer präsentiert sich das von Grün umwucherte Halbrondell des Kriegerdenkmals 1914/18 der israelitischen Kultusgemeinde Nikolsburg. 1919 wurde Nikolsburg tschechisch. 1805, lese ich in meiner tschechischen Wanderkarte, wurde hier in dieser Stadt in Anwesenheit Napoleons der Friede zwischen Frankreich und Österreich geschlossen.

Im „Hotel Réva“, das zum Verkauf ansteht, gibt man mir das Zimmer 304: Ein Doppelzimmer unter einer Mansarde, deren weiße Wandfarbe intensiv wie Tafelkreide von der Mauer abgeht. Für Ausländer wie mich kostet das Zimmer 600 Kronen (35 DM). Von meinem Zimmerfenster sehe ich hinunter auf eine beschilderte Kreuzung: 150 Kilometer sind es von hier nach Znaim, 53 Kilometer nach Brünn.

Ich gehe durch die Stadt. Junge Soldaten in braunen Uniformen streifen im stumpfgelben Licht der Straßenlampen durch die Gassen. Vor einigen Häusern wird Kohle in die Keller geschaufelt, im ehemaligen Judenviertel warten in der steilen Husova Ytong-Steine auf ihre Verwendung. In einer Buchhandlung fallen mir die Dominanz Schweizer Landkarten auf sowie das Überangebot von Stadtplänen der „Ewigen Stadt“ Rom.

Im „Hotel Rohatý Krokodýl“ esse ich zu Abend. Im Treppenaufgang hängen neben abstrakten Bildern Wand-Tapisserien mit Portraits von Lenin und dem früheren tschechoslowakischen Präsidenten Gottwald. Die Hotel-Ausstellung trägt den Titel: „Die besten kommunistischen Malereien“.

Donnerstag, 19. Oktober

Zum ersten Mal seit einer Woche strahlend blauer Himmel am Morgen. Während ich frühstücke, wartet der Jungkellner mit am Rücken verschränkten Händen vor der Coca-Cola-Kühlung in ständiger Service-Bereitschaft. Ich bin der einzige Frühstücksgast.

Am Markt, zwischen Post und Kino gelegen, werden Obst, Blumenkohl, Karotten, Kartoffeln, Kraut und Chinakohl angeboten; daneben Textilverkaufsstände. Ich kaufe Äpfel.

Vorbei an einer Plattenbausiedlung halte ich auf den Bahnhof zu. Neben den Bus-Haltestellen trinke ich in einer Pivnice eine Cola. Junge Burschen spielen hier Pool-Billard, Arbeiter unterhalten sich beim Bier, Bahnreisende schauen gelangweilt auf das von Nikotin verschleierte Fernsehbild.

Mit dem Schienenbus fahre ich über Sedlec ins dreizehn Kilometer entfernte Valtice. Der kleine Bahnhof, in dem sonderbarerweise auch ein Schuhgeschäft untergebracht ist, liegt gut einen Kilometer außerhalb des Ortes. Kurz vor zwölf Uhr trägt die Bahnhofsvorsteherin die Mittagsmahlzeit in zwei Alu-Essensbehältern zum Stationsgebäude. Gleich dahinter belagern halbwüchsige Schüler den Tresen eines Kiosks.

In Valtice selbst werden überall umfangreiche Renovierungsarbeiten durchgeführt. Seit meinem Betreten der Tschechischen Republik beobachte ich fast in jedem Ort Grabungsarbeiten. Vom Dach der Maria-Himmelfahrt-Kirche tönt das Klopfen und Hämmern der Zimmerleute und Dachdecker bis zum Schloß herüber. Drei Arbeiter schachten einen Graben aus und rufen in starker Männerpose einem Mädchen nach. Ich durchquere den Schloßpark und bestaune unter vielen Statuen zwei überlebensgroße, aus Stein gehauene Vierbeiner, die im Gras liegen und irritiert dreinschauende Frauenköpfe tragen. 1192, heißt es in einer Beschreibung, gehörte die einstige Burg dem Passauer Bischof.

Auf dem Stadtplatz sind Marktstände aufgebaut,

drei Polizisten überprüfen gerade den Gewerbeschein eines vietnamesischen Textilverkäufers. In einem gelben Abfalleimer liegt eine Bananenschale, darauf mit Filzstift der Preis: Zwei Kronen sechzig.

Ich gehe wieder zum Bahnhof zurück und besuche den neben der Straße nach Lednice gelegenen Friedhof. Den Hang, Friedhöfe aufzusuchen, glaube ich, habe ich von meiner Mutter geerbt. Bei Familien-Ausflugsfahrten in den 50er und 60er Jahren mußte mein Vater unseren grünen Opel-Olympia fast vor jeder Kirche anhalten; Friedhofsbesuche schlossen sich dann selbstredend an. Meine vielen Ministrantendienste am Passauer Innstadt-Friedhof haben meine heutige Passion sicherlich noch gefördert.

Am aufgelassenen Grab des 1936 verstorbenen Rudolf Matzenauer notiere ich folgenden Spruch: „Hier ist die Grenze des Lebens, doch nicht der Liebe".

Auf schnurgerader Straße wandere ich durch eine kilometerlange Kastanien-Allee nach Norden. Zu meiner Linken Weinberge, auf deren höchsten Erhebungen kleine Wachtürme verlassen und verrostet über die Landschaft schauen. Kräftiger Westwind treibt nicht nur die Blätter über die Straße, er vertreibt auch die Wolken. Ein Damm führt über einen der hier zahlreichen kleinen Seen. Ein paar hundert Meter weiter ist ein weißes Sterbekreuz an einen Kastanienbaum genagelt, davor stehen Plastik-Blumen in Gurkengläsern, gegenüber liegt ein ramponierter Straßenbegrenzungspfosten im welken Laub.

Lednice. Ich raste im Park neben einem Kindergarten. Drei kleine Wichte laufen auf mich zu und erzählen mir etwas auf Tschechisch. Auf Tschechisch sage ich einem

Mädchen, daß ich Deutsch spreche. Aufgeregt läuft es zu den anderen Kindern und schreit: „Mluví německy!" (Er spricht Deutsch!)

Kurze Zeit später, auf dem Weg zum Schloß, finde ich auf dem gekiesten Gehweg eine farbige, vom Regen verwaschene Kinderzeichnung auf der unbedruckten Rückseite eines Frachtzettels. Paul Klee hätte dieses Blatt sicher mit „Sonderklasse" bezeichnet. Zuhause wird dieses Fundstück einen Ehrenplatz erhalten.

Durch geometrisch geschnittene Parkarchitektur nähere ich mich dem Renaissance-Schloß, das einst Eigentum der Fürsten von Liechtenstein war und heute zu den meistbesuchten Sehenswürdigkeiten Mährens gehört. Ich zahle Eintritt für das Palmenhaus und betrete unter dem Geschrei von Wellensittichen, Kanarienvögeln und Papageien eine vor 150 Jahren gebaute verglaste „grüne Hölle". Staunend stehe ich inmitten tropischer und subtropischer Vegetation und sehe Palmen in Südmähren.

Südlich des Schlosses, das rückseitig von einer Prager Firma restauriert wird, ragt beim Teich fremd ein Minarett aus dem Park. Im ehemals dreißig Pferde fassenden Stall sind in Aquarien Fische aus Afrika und Süd-Amerika zur Schau gestellt. Ein Fisch mit ungewöhnlich flachem Maul heißt „Lactoria cornula".

Mit dem Bus fahre ich ins nahe Břeclav, eine Stadt mit knapp 30.000 Einwohnern. Auf der Fahrt dorthin sitze ich direkt hinter dem Chauffeur und beobachte dessen Grußverhalten bei entgegenkommenden Bussen: Nähert sich ein Bus, lösen sich die Finger seiner linken Hand langsam vom Steuer – wobei der Handballen in Kontakt mit dem Lenkrad bleibt – die Hand öffnet sich für etwa eine Sekunde zum Gruß und umschließt dann wieder das Steuer. Parallel dazu nickt der Fahrer ganz leicht mit dem Kopf.

Ich steige am Hauptplatz aus und übernachte im „Hotel Terezka“ in der Jana Palacha. Der Badschlüssel wird mir extra überreicht, ebenso, mit 40 Kronen Aufschlag, das Badetuch. Neunzehn Zimmer teilen sich hier im ersten Stock zwei Toiletten.

Neben einer im Umbau befindlichen Straße gehe ich hinunter zum Bahnhof und esse in der Imbißhalle eine Vorspeise. Neonlicht bescheint zwanzig karierte Wachstischdecken und die bis zur Decke gefliesten Wände. Trotz Coca-Cola Werbung herrscht hier eine Stimmung aus vergangenen Zeiten. Im Wartesaal nebenan schauen alle Reisenden in eine Richtung: zum Fernseher. Der Zug nach Prag, so wird über Lautsprecher gemeldet, habe zehn Minuten Verspätung.

Außen am Bahnhofsgebäude leuchtet die Neonschrift Č D, eine Abkürzung für: Tschechische Staatsbahnen. Seit Abspaltung der Slowakischen Republik fehlt in der Mitte der Buchstabe S.

Im „Grand Hotel“ esse ich zu Abend und lande in einem bürgerlichen Restaurant der dritten Kategorie. Das Essen ist gut und das Licht hell; somit kann ich das Warten nutzen und Notizen schreiben. Einen Tisch weiter speisen zwei durchreisende österreichische Bahnbeamte und unterhalten sich über Gebrauchtwagen. Am 20. November 1944 – informiert mich mein Stadtplan – wurde Břeclav bombardiert.

Ein paar Häuser weiter steht in einem Möbel-Geschäft neben zwei Dutzend verschieden großer Kinderwagen ein Christbaum aus Kunststoff. In einem Reisebüro mit Wechselstube offeriert „Fischer-Reisen“ Last-Minute-Angebote zu den Kanarischen Inseln, nach Tunesien und in die Dominikanische Republik. Für Bus-Reisende liegt eine aufgeblasene Nackenstütze für 100 Kronen im Fenster. Auf der Straßenseite gegenüber strahlt über einem Tabak- und Zeitschriften-Laden das Zigaretten-Logo ”West“.

Ich sitze in der gepolsterten Hotelbar und bin glücklich, ein Nachbarland in seinem Umbruch miterleben zu können. Auf der Theke liegt eine Stange „Sparta“ einträchtig neben einer Stange „Marlboro“, frei nach dem Motto: „Wanderer kommst Du nach Břeclav, sage, Du habest uns hier liegen gesehen, wie das Gesetz es befahl.“

Freitag, 20. Oktober

Auf dem Weg zum Busbahnhof setze ich mich auf eine Parkbank neben einem Soldatendenkmal mit Kalaschnikov. Ein kleines Schild „Antiquariat“ wird mir für zwei Stunden zum „positiven Verhängnis“. Am Rande des Busbahnhofs gelegen, führt ein Herr Zdeněk Cypris in einem ebenerdigen Flachbau einen kleinen Laden mit Galerie. Ich wühle mich anhand vieler Postkarten durch Jahrzehnte tschechischer, ungarischer, österreichischer und deutscher Geschichte. Die gestempelten Briefmarken reichen von der Monarchie bis zu Václav Havel. Das Schriftbild der Bildpostkarten wird, je mehr es zeitlich auf die Tschechische Republik zugeht, vom grafischen Gesamteindruck immer sachlicher. Trotzdem weidet sich mein Grafiker-Auge an diesen Fundstücken, und ich überfliege 90 Jahre alte Verehrerpostkarten an die Tochter eines Zuckerfabrik-Direktors in Lobositz an der Elbe. Die mit Feder geschriebenen Karten an das Hochwohlgeborene Frl. Mizzi enden mit dem Satz: „Empfehlung und Handkuß an Ihre werten Herren Eltern“.

Den krönenden Abschluß meines Stöberns bildet das Auffinden eines 120-seitigen, handgeschriebenen Buches von 1810. Titel: „Allgemeines bürgerliches Gesetzbuch oder böhmisches Provinzial-Recht“. Den Kaufpreis behalte ich für mich.

Gelegentlich betreten junge Leute den Laden, weil Herr Cypris auch CDs und Kassetten verkauft. Die meisten der Kunden lassen sich freilich nur Musik in den Recorder legen; sobald sie den Laden verlassen, beeilt sich der Inhaber, die Stückzahl der ausgelegten Tonträger nachzuzählen.

Sorgfältig wickelt der Antiquar mein böhmisches Provinzial-Recht in Packpapier ein, ich verabschiede mich und stehe wie betäubt auf dem Busparkplatz, der mir nach dieser zweistündigen Zeitreise wie eine weltfremde Einöde erscheint. Zur Ernüchterung trinke ich vor einem Bistro einen türkischen Kaffee. Zdeněk Cypris, ich küsse dich, daß du hier auf dem Landeplatz für südmährische Busse eine Haltestelle für „Spurensammler“ eingerichtet hast.

Zwölf Uhr vierzig. Der gleiche Busfahrer, der mich gestern von Lednice nach Brěclav gefahren hat, steuert heute den Bus nach Lanžhot. Wieder kümmert er sich liebevoll um mich. Nach sechs Kilometern steige ich an der Haltestelle „Jednota“ aus und kaufe mir im Laden Reiseverpflegung. Auf dem Kassen-Zettel steht neben Datum und Kronenpreis in Deutsch: „Vielen Dank!“

Ab heute wechselt meine lang eingehaltene östliche Gehrichtung nach Süden. Im Dorf begegnen mir alte Frauen mit weißen Kopftüchern und blauen Röcken, wenig später kommt mir ein vollbesetzter Bus aus Bratislava entgegen. Lange zieht sich eine Pappelallee Richtung slowakischer Grenze, an einem Altwasser haben unzählige Mistelzweige die Kronen kahler Bäume in Beschlag genommen.

Jetzt, am hellichten Nachmittag, blinkt mich bei Sonnenschein ein Mercedes-Fahrer mit seiner Lichthupe an. Womöglich kennt er das gelbe Holzkreuz, das hier an einen Baum genagelt ist und an den tragischen Verkehrsunfall eines 28-jährigen Alexander Biro erinnert.

Unvergeßlich in diesem Zusammenhang wird mir der Brief einer Mutter bleiben, deren 50-jährigen Sohn ich letztes Jahr während meiner ersten Etappe in Mardetschlag fotografiert habe. Im Sommer sandte ich ihm das Foto zu, einen Monat später schickte mir seine Mutter dann einen Brief mit seinem Sterbebild. Abends, beim Nachhausegehen, so schrieb sie, sei ihr Sohn von einem Reisebus überfahren worden.

Immer noch geht mir der Besuch im Antiquariat durch den Kopf; ich fühle mich wie ein Briefträger, der nicht mehr zustellbare Post befördert. Mein „antiquarisches“ Zusatzgewicht spüre ich nicht, weil ich zwischen Vergangenheit und Gegenwart hin- und herschwebe. Slowakische Autos mit dem Kennzeichen „SED“ holen mich auf den Boden der Teerstraße zurück. Noch 1.000 Meter bis zur Grenze.

Auenlandschaft. Die höher gelegene Autobahn kreuzt über mich hinweg, oben ein kilometerlanger

LKW-Stau: Thessaloniki, Budapest und Tirol lese ich auf den Planenbeschriftungen.

Kontrolle am tschechischen Polizeiposten. Der Beamte lächelt angesichts meines Rucksacks und winkt mich über die Brücke. In der Mitte bleibe ich stehen und schaue auf die Morava, die in Österreich March genannt wird. March bedeutet so viel wie Grenze.

Der slowakische Polizist stempelt in seinem Container meinen Paß und läßt sich die Zeit mit Radiomusik vertreiben, wozu er das Transistorgerät der besseren Akustik wegen in das Fenstergitter seiner behelfsmäßigen Polizeistube geklemmt hat. Auch hier winkt mich der Grenzer mit einem respektvollen Blick durch.

Wieder zwei Container; einer für Speditionsgeschäfte, der andere für Geldwechsel. Ich lasse meine restlichen tschechischen Kronen in slowakische umtauschen und erhalte dafür einige Hundert Kronen-Scheine, auf denen sich ein unmotiviertes Orange-Band durch ein Frauengesicht zieht. Die Kassiererin sitzt vor einem Computer, redet mir ein, daß es Regen geben werde und empfiehlt mir das „Motel Motorest“ hinter Kúty als Übernachtungsmöglichkeit.

Den schnurgeraden Verlauf der Straße deute ich als Zeichen monarchischer oder sozialistischer Vergangenheit, Kurven würden eher auf Privatgrundbesitz schließen lassen. Vor mir am Horizont die Berge der Kleinen Karpaten.

Auf einem sandigen Parkplatz, umringt von alten Straßenbegrenzungssteinen, porträtiere ich mich mit Selbstauslöser. Der Fahrer eines Klein-Lasters fragt mich, ob er mich nach Kúty mitnehmen solle. Ich steige ein und lasse mich beim Motel absetzen.

Die Frau an der Rezeption informiert mich routinemäßig über die Parkgebühr für den PKW. Ich deute auf meinen Rucksack – wir lachen. Hinter der Glastrennwand der Anmeldung stehen auf einem Tisch Limonaden zum Verkauf, eine Dose Nivea-Creme und eine 3er-Packung Kondome, Marke "Everything".

Das Zweibett-Zimmer mit Dusche und WC am Gang kostet dreihundert slowakische Kronen. Mein containerähnliches Zimmer im ersten Stock beherbergt neben den zwei einzeln stehenden Betten einen Schrank mit einem Kleiderbügel, einen Elektro-Speicherofen, einen funktionsuntüchtigen roten Warmwasserboiler namens „Tatramat", einen gepolsterten Hocker und in der Ecke einen graugestrichenen Tret-Abfalleimer, ausgelegt mit einer deutschsprachigen Zeitung namens „Freie Presse". Holzgemaserte dunkelbraune Resopal-Platten zieren die Wände, weiße Kassettendecken den Plafond und braune Schlingware dämpft den Tritt. Das Fenster mit Teichblick kann ich mit einem orangegemusterten Vorhang zuziehen; Stores verstehen sich von selbst. Erwähnenswert noch am Männerklo: die durch ein Vorhängeschloß gesicherte Recycling-Toilettenpapier-Rolle einer Herstellerfirma aus Harmanec. Weit entfernter Autobahnlärm gehört zum guten Ton des Hauses.

„Nur im Schlaf reist man nicht", sagt der Fisch und fliegt träumend über die Grenze.

Samstag, 21. Oktober

Die Sonne und ein lautes Spatzenkonzert wecken mich um sieben. Drei Polizisten nehmen im Frühstücksraum

Platz und trinken Cola. Ich bestelle mir ”Ham and eggs“ und bemühe mich, mein von einer Papierserviette streng umwickeltes Besteck zu befreien.

Fünf Autos sind vor dem Motel geparkt, als ich diese künstlich angelegte Oase verlasse. „Motorest“ und „Tatramat“ werde ich ab heute neu in meinen Wortschatz aufnehmen.

Auf den Feldern ruhen die Schatten der Alleebäume, ich biege rechts ab in eine Sandstraße, umgehe eine Schranke und stehe vor zwei riesigen, in den Himmel ragenden Förderbändern eines Kieswerks. Am Rand eines großen Baggersees darben ein ausgeschlachteter Tatra-Kipper und ein verrosteter, steuerbord geneigter Klein-Kutter. Zwischen Kieshügeln und Schilf liegen zwei Pontons und ein Tieflader-Kran, am Führerhaus steht auf dem Herstellerschild: VEB Schwermaschinenbau S. M. Kirow, Leipzig. Darunter auf Tschechisch: Deutsche Demokratische Republik.

Plötzlich steht ein älterer Mann mit Arbeitermütze inmitten dieser dahinsiechenden Gerätschaften und schaut mir interessiert beim Fotografieren zu. Sicherlich hat er mich schon längere Zeit beobachtet. Ich erfahre von ihm, daß er im wechselnden Schichtdienst zusammen mit einem Kollegen jeweils sechzehn Stunden das Gelände hier bewachen muß. Er wohne im Nachbarort Sekule, sagt er, und führt mich an einem radlosen Holz-Güterwaggon, der als Material-Lager dient, vorbei in einen Werkstattraum. Er beruhigt seinen bellenden Bastard und wir setzen uns an einen ölgetränkten Holztisch. Auf diesem Tisch ruhen die Insignien des Wartens: Ein Transistor-Radio, ein Kalender und eine Fliegenklatsche. Mit dieser schlägt er sicherlich auch die Zeit tot. Eine Drehbank, Werkzeug-Regale und ein großer Kanonenofen bilden die spärliche Innenausstattung, durch das Fenster sehe ich eine verrostete Schmiede im Freien. Beim Betreten des Geländes war ich mir absolut sicher, auf einen verlassenen Betrieb gestoßen zu sein, aber hier hat mich meine westliche Wahrnehmung getäuscht.

Wir unterhalten uns mit meinem wenigen Tschechisch so gut es eben geht, und ich biete ihm eine selbstgedrehte Zigarette an. Herr Marković, ein drahtiger Mann gegen Ende fünfzig, berichtet mir, daß er hier schon zwanzig Jahre arbeite, seine Mutter aus Ungarn und sein Vater aus Slowenien stammten. Er fahre zwar mit dem Fahrrad hierher zur Arbeit, habe aber in Sekule einen Trabant stehen. Sein Gesicht strahlt Güte aus. Ich glaube, dieses zufällige Zusammentreffen in dieser Erdenferne hier draußen war für uns beide ein kleines, unverhofftes Geschenk. Manchmal bedarf Glück nur weniger Worte, um sich zu verstehen.

Kurz vor dem Dorf Sekule überholt mich ein Mann im roten Trainingsanzug auf seinem Fahrrad, auf dem Gepäckträger transportiert er einen Sack. „Warum fahren Sie nicht?" ruft er mir im Vorbeifahren zu. Zum Antworten habe ich keine Zeit mehr.

Auf dem Dorffriedhof richten ein paar Frauen Gräber her, ein Mann betoniert das Fundament um eine Grabstelle. Auf den Grabsteinen lese ich Namen wie Pokorny, Rusnak, Maxian, Kubínak, Čižmarovi und Hajdin.

Über die „Straße des 4. April" gehe ich weiter Richtung Moravský Ján. Die Bushaltestellen tragen auch nach der Abspaltung der Landes von der Tschechischen

Republik immer noch die alte Bezeichnung: „ČSAD“ (Tschechoslowakischer Staatlicher Busverkehr).

Männer ziehen Zementsäcke aus einem „entkernten“ hellblauen Škoda und schleppen diese zur Mischmaschine. Das gurgelnde Mahlen dieser Betonmischer ist für mich in der Tschechischen und Slowakischen Republik *das* akustische Zeichen für private Initiative.

Hier im Kino des Kulturhauses von Moravský Ján läuft „Kone na betóne“ (Pferde auf Beton), die Kirchenglocken beginnen um fünf nach zwölf mit dem Mittagsläuten, im Schatten des Gotteshauses klopft der Fahrer eines alten weißen Omnibusses seine Fußmatten aus.

Neben einer Sitzbank durchsuche ich den Abfallbehälter und finde den Brief einer Lucia an einen Peter, abgestempelt vor genau einer Woche im nahen Malacky. Der rosafarbene Brief endet mit: „Schreib doch!“ Es folgt ihre Adresse, die jetzt im Abfalleimer gelandet ist.

An der Kreuzung kehre ich in einer Hospoda (Gasthaus) ein, bestelle Kaffee und Mineralwasser. An der Trennwand zum Nebenraum, in dem ich ehrlich gesagt nie sitzen möchte, obwohl ich ein Faible für herbe Räume besitze, klebt ein Kalenderblatt von 1991 mit Pin-up-Girls. In der Mitte des Lokals dreht sich an der Decke ein Ventilator, am Tisch neben dem Spielautomaten sitzen ein Mann und zwei Frauen, auf dem Regal hinter der Theke läuft unablässig der Fernseher. Eine der beiden Frauen besitzt einen augenfälligen Oberlippen-Bart, die andere trägt kniehohe, billige rote Wildlederstiefel, der Mann ist in eine schwarze Lederjacke gepreßt. Ein großes Warten liegt im Raum. Warten heißt auch, die Dinge auf sich zukommen lassen und die Hoffnung nicht aufgeben. St. Johann a. d. March hieß der Ort früher.

Am Dorfende eine Getreidemühle, gegenüber eine Kolchose. Neben der Straße wieder die übliche Bunkerarchitektur. Fast alle mir entgegenkommenden slowakischen Autos transportieren auf ihren Dachständern gebrauchte Kühlschränke.

Die Straße wird hier im Wald enger, ich überquere einen Damm, Tempolimit-Verkehrszeichen mit 70, 50, 30 kündigen auf der letzten Tafel den Zoll an. Eine junge slowakische Polizistin kontrolliert meinen Paß. Beiderseits der Straße doppelstöckige, armeegrün gestrichene Container, darüber ein schützendes, straßenbreites Dach. Einreisende Autos werden überprüft, auf den Rücksitzen stapeln sich Klo-Schüsseln, Geschirr-Spülen und wiederum Kühlschränke.

Auf einem Behelfsponton gehe ich über den Grenzfluß March. Bauhütten auf slowakischer Seite, Fischerhütten auf österreichischer Seite. Beamte der österreichischen Zollwache erklären mir den Gebraucht-Kühlschrank-Transport Richtung Slowakei. „Seit hier die Grenze vor einem Jahr geöffnet wurde, holen sich die Slowaken bei uns den Sperrmüll. So ist das.“ Ein vorbeigehender Fischer schaltet sich ungefragt dazu: „Wir san froh, daß sie die Sachen abholen, weil wir müßten die Trümmer ja teuer entsorgen.“ Kurz darauf verläßt ein gebrauchter Rattan-Wohnzimmersessel die Republik Österreich und holpert auf einem slowakischen Dachständer über den schmalen Fluß.

Ich übernachte in einem ehemaligen Gasthaus. Gegenüber meiner Unterkunft eine Tankstelle und eine Telefonzelle, auf der anderen Seite der Hauptstraße rollen Waggons mit Rüben zur Zuckerfabrik in Hohenau. Im örtlichen Gemeindeblatt studiere ich die taktische Aufstellung des heimischen Fußball-Clubs:

Willmann
Ofcarovic Öhler Setik
Kramberger
Filip Ulram Krautgartener Peischl
Rath Bohac

Sonntag, 22. Oktober

Im „Restaurant Kasino" trinke ich vor dem Aufbruch noch einen Verlängerten und frage meinen Thekennachbarn, ob er schon oft „drüben" gewesen sei. Seine Antwort: „Ja, aber nur zum Tanken."

Der aus Portugal stammende Kellner, der Deutsch und Französisch spricht und „drüben" wohnt, schaltet mir das Licht im Veranstaltungsraum des „Kasinos" ein. In diesem ehemaligen Kino wird nächste Woche das Duo "Devils and Angie" auftreten, ferner hat sich als Stargast des Abends der ehemalige Fußball-Internationale Antonin Panenka angekündigt. Auf dem Balkon des Saales stehen Stühle und Notenständer herum, am Eingang hängt der Terminkalender der Musikkapelle Hohenau: 15. November 12 Uhr, Eröffnung des Klärwerkes der Zuckerfabrik. Zweihundert Schritte hinter der neuen Kläranlage steht auf einem gußeisernen Wegkreuz: „Gott, erbarme Dich unser!"

Entlang des March-Hochwasser-Schutzdammes verlaufen Eisenrohre mit Absperr-Ventilen, aus den rostbraunen Leitungen dringen gurgelnde Geräusche. Hie und da liegt frischer Pferdemist auf den Feldwegen, seitlich vor mir springen Rehe so über die Grünbrache, als hätten sie Angst vor den an den Waldrändern aufgestellten Jägersitzen. Die mich umgebende Ruhe ist nicht sonntagsbedingt, es ist vielmehr die typisch grenznahe Einsamkeit dieser Auenlandschaft, die alles befriedet. Das kurzfristig anschwellende und gleich auch wieder abnehmende Geräusch vorbeifahrender Züge unterstreicht meinen Eindruck.

Links und rechts des Dammweges Fischweiher mit kleinen Hütten und Frei-Terrassen. Vor einer dieser Holzbuden sitzen vier Männer und trinken Bier. Eine Brücke über den Bach Zaya an dieser Stelle hätte mir eine halbe Stunde Umweg erspart.

Wildenten flattern erschreckt auf und fliegen über die Bahngleise hinweg. Starker Südwind setzt ein. Ich frage einen Rübenbauern nach dem kürzesten Weg nach Drösing. „Immer der Bahn entlang!“ ruft er von seinem Traktor herunter. An dem Betonmast der Oberleitung lese ich die Zahl Sechzig, darunter die Zahl Null, folglich sind es bis Wien-Mitte von hier aus noch genau sechzig Kilometer auf dem Schienenweg. Nach einem halben Kilometer endet der Bahnweg, deshalb gehe ich am Rande frisch geeggter Felder ins Dorf. Die Form des Drösinger Kirchturmes erinnert mich an die Spitze eines Federhalters. Am Kaiser-Josef-Platz steht ein 1890 „Seiner Majestät“ zu Ehren errichtetes Denkmal.

Gegenüber im Wirtshaus kündigen auf einem Plakat 27 Feuerwehren des Feuerwehr-Abschnittes Gänserndorf einen Rekordversuch im Verlegen der längsten Feuerwehrleitung der Welt an. Genau jetzt, um 13.50 Uhr, soll diese längste Schlauchleitung mit 10.500 Metern verlegt und damit der bisherige Rekord von einer französischen Feuerwehr von 8.400 Metern überboten werden. Falls alles klappt, werden heute Nachmittag – laut Plakattext – „um 15.30 Uhr auf dem Rathausplatz in Gänserndorf die Rekordmannschaften und die Fahrzeuge feierlich vorbeimarschieren“.

Vor dem letzten Wohnhaus in Drösing überholt mich auf ihrem Fahrrad eine ältere Frau mit Kopftuch und kariertem Sakko, fährt plötzlich nach links, stürzt fast, hält aber dann doch noch die Balance und hebt irgendetwas vom Boden auf. Als ich sie einhole, knackt sie eine frische Walnuß auf und reicht sie mir. „Schenk' ich Ihnen!“ sagt sie und fährt weiter.

Fischerhütten auf Pfählen mit herablaßbaren Netzen – in dieser Gegend „Daubeln“ genannt – säumen das Ufer der etwa siebzig Meter breiten March. Die Flußrichtung der March und meine Gehrichtung haben eines gemeinsam: beide lassen wir uns nach Süden treiben.

Dammweg durch einen Wald; rechts, versteckt hinter Pappeln, ausrangierte Maschinen vor einem Baggersee. Ich verstaue meine Wanderkarte im Rucksack, weil sie von jetzt an ausgedient hat. Noch acht Kilometer bis Dürnkrut, und immer noch trage ich dieses handgeschriebene böhmische Provincial-Recht auf meinem Rücken.

Vor mir das erste österreichische Zollwachhäuschen auf dieser Etappe. Heißen die gußeisernen Öfen auch hier „Ire“? Jawohl, und ein Reisstrohbesen hängt auch an der Wand.

Ich versuche am Flußufer entlang zu gehen, aber meine Absicht endet jäh in dichtem Gestrüpp bei zwei

Angelruten, deren Silk herrenlos ins Wasser hängt. Also wieder zurück zum Damm. Spaziergänger sind hier rar und wenn, grüßen sie nicht mit „Grüß Gott!“, sondern regionsspezifisch mit dem kürzesten aller einsilbigen Grußworte, mit „Daag!“

Stechmücken umtanzen mich und werden an schattigen Stellen immer aggressiver. Rechter Hand Sierndorf, dahinter Weingärten, die eine langgestreckte Hügelkette hinaufwachsen.

Wieder an der Baustelle einer Kläranlage vorbei. Vor einem Bahnübergang blinken in weiter Entfernung rote Warnlampen. Ein Schnellzug fährt vorbei, die Schranken gehen hoch, das Blinken setzt wieder ein, und abermals gehen die Schranken herunter, weil ein Güterzug aus der Gegenrichtung kommt.

Hinter einer Kurve, kurz vor dem Bahnübergang, stehen vierzehn grün gewandete Jäger filzbehütet vor ihren Autos, in denen aufgeregt Hunde bellen. Weil es schon kurz vor fünf Uhr ist und die Sonne gleich untergeht, frage ich die startbereite Truppe, ob sie denn noch auf Jagd gingen. „Ja“, sagt einer, „wir warten, bis die Enten niederkumman.“ Ich fotografiere die heitere Jagdgesellschaft und höre im Hintergrund die Frage: „Vielleicht ist der von der ‚Kronenzeitung‘?“

Ein schwer mit Schrotpatronen umgurteter Entenjäger fährt mich auf sein Angebot hin ins Nachbardorf Dürnkrut. Auf der Fahrt über den Feldweg erzählt er mir, daß sie hier in den siebziger Jahren jährlich etwa 750 Fasanen geschossen hätten. „Heute schießen wir nicht einmal mehr eine Fasanhenne. Und wenn versehentlich einer von uns eine schießt, muß er einen Liter Wein bezahlen.“ Er besänftigt seinen Hund „Senta“

und fügt nachdenklich hinzu: „Das hängt alles mit der intensiven Landwirtschaft zusammen. Ein Scherblatt von dreieinhalb Metern Länge läßt halt nichts mehr übrig auf einem Feld. Rehe haben wir genügend, aber Niederwild praktisch gar keines mehr."

Als ich vor dem „Gasthaus Euchberger" am Bahnhof aussteige, donnert gerade der Zug aus Warschau vorbei. Das Lokal ist gut gefüllt, ich trinke ein Steh-Achtel, bewundere an der Holzwand farbenfrohe Ansichtskarten von südlichen Sand-Stränden und bekomme von der Bedienung den Zimmerschlüssel. Ich esse ein „Hubertus-Schnitzel", das ausgezeichnet schmeckt, und werde vom Stammtisch auf einen „Weißen Sturm" eingeladen. Ich proste ihnen schweigend zu und sage, mich meines Untergangs in Laa a. d. Thaya erinnernd, sturmerprobt: „Mahlzeit!"

Zuvorkommend erläutert mir der Wirt auf meiner Wanderkarte die nächsten Ortschaften. Auf sein Wirtshaus angesprochen meint er: „Wenn ich in Kürze keinen Käufer für mein Lokal finde, werde ich zusperren, weil ich in Pension gehe." – „Für Dürnkrut wäre das ein großer Verlust", konstatieren Einheimische am Stammtisch seine Aussage und ereifern sich im Laufe des Gesprächs über eine geplante neue March-Brücke hinüber ins slowakische Nachbarland. Fast alle lehnen einen Brückenneubau ab, „weil da wiss' ma ja net, was auf uns zukommt."

Ich sitze in meinem Zimmer, terminologisch richtig müßte es ja Fremdenzimmer heißen, und fühle mich rundherum wohl. Nur wenn draußen Züge vorbeifahren, schaukelt in meinem Weinglas erheblich der Grüne Veltliner.

1278, so schreibt der örtliche Fremdenverkehrsprospekt, fand das wohl bedeutendste Ereignis in der Geschichte von Dürnkrut statt. In einer der blutigsten Schlachten des Mittelalters schlug Rudolf I. von Habsburg den Böhmenkönig Ottokar II. Přemysl.

Montag, 23. Oktober

Ich sitze unten im Gastraum bei den Schichtarbeitern der Zuckerfabrik, die als Fahrgemeinschaft auf ihr Auto warten. Sie sprechen viel übers „Pudern" und über die jungen Frauen drüberhalb der Grenze. Aufgrund der gestrigen 2:3-Heimniederlage der Dürnkruter Fußballer beklagt einer die miserable Verteidigungsarbeit eines ÖBB-Beamten: „Der braucht sich das nächstemal gar nicht mehr umziehen, der kann gleich in seiner Fahrdienstleiter-Uniform spielen."

Gegenüber dem Bahnhof ist in Teilgebäuden der früheren Zuckerfabrik jetzt die Firma „Instantina" mit rund hundert Beschäftigten untergebracht, die Kakao und schnell lösliche Mittel herstellen. Vor dem „Frisiersalon Gabi" klebt ein Schild: „Ich laß' mich gerne verwöhnen". Laut örtlicher Amtstafel werden übermorgen hier im Ort um halb zwölf Uhr ein Vorwerk-Staubsauger und ein Philipps-Mikrowellenherd versteigert.

Ich gehe auf das kleine Dürnkruter Schloß zu und sehe vor dem Eingang einen älteren Mann mit Baskenmütze zu Boden stürzen. Er steht aber gleich wieder auf und putzt sich ab. „Nix passiert", sagt er zu mir, als ich ihn frage, ob er sich was getan habe.

Hilfsbereit und offensichtlich froh, daß er sein heiımatkundliches Wissen unter Beweis stellen kann, führt er mich durch das Schloß, das gerade renoviert wird. In den Schlußstein des Eingangsportals ist die Jahreszahl 1603 gemeißelt, auf der Rückseite: „Renoviert 1934". Barocke Stukkaturen zieren den Plafond des Eingangs. „Von 1945 bis '55 haben hier Russen und Österreicher gewohnt, dann war's Privatbesitz, und vor ein paar Jahren hat's die Gemeinde gekauft. Post, Gemeindeamt und Gendarmerie sollen hier später einziehen." Slowakische Maurer brechen im ersten Stock eine Wand heraus, zwei reichverzierte altdeutsche Schränke stehen in den vom Regenwasser mitgenommenen verstaubten Zimmern. In den Turm hinauf führt eine vom Rost geschwächte Wendeltreppe aus verziertem Gußeisen. Hier gibt's noch viel zu tun in diesen fast 400 Jahre alten Gemäuern.

„Die Russen", erinnert sich Herr Swoboda, „haben ja am Anfang alles requiriert. Pferde, Kühe und Säue ham s' rübergetrieben über die Marchbrücke nach Malacky, denn dort war ein großer Militärflughafen. '46 hat dann der große Eisstoß die Brücke weggerissen." Ich fotografiere meinen Schloßführer, gebe auf dem Postamt mein übliches Päckchen nach Hause auf und muß mich freundlichen, aber doch sehr neugierigen Fragen der Postvorsteherin unterziehen.

Vor dem Friedhof studiere ich in einem Schaukasten die seit 1984 gültigen Dürnkruter Bestattungs-Gebühren. Diese Information wird unter der Überschrift „Friedhofsnachrichten" geführt. „Die Beerdigungsgebühr in einer Erdgrabstelle kostet 1.100 Schilling, die Enterdigungsgebühr einer Leiche beträgt das Zweieinviertelfache der jeweiligen Beerdigungsgebühr".

Kurz vor Waidendorf fahren auf dem Dachständer eines slowakischen PKW drei verrostete Fahrräder und im Schlepptau auf einem einachsigen Hänger zwei Kühlschränke an mir vorbei. Parallel zur Straße gehe ich über den Kellerweg in den Ort hinein, vorbei an der Cholera-Kapelle von 1849.

In der Florianistraße, am Ortsende Richtung Ebenthal, kündigt auf dem Gehsteig ein aus alten Autoreifen gebastelter weißer Schwan ein privates Disney-Land an: ein ganzer Vorgarten voll mit Windmühlen, Burgen, Schlössern, Feen, Störchen und Zwergen, so dicht gedrängt, daß man glauben möchte, in der Verkaufsausstellung eines Garten-Centers zu stehen.

Weites, offenes Land vor mir, der Südostwind bläst zum Glück nur von der Seite, aber manchmal so stark, daß er mich fast zur Fahrbahnmitte treibt. Ich forciere meinen Schritt, da ich im linken Arm schon die Kälte hochkriechen spüre. Trotz Sonnenscheins bringt mich der eisige Wind auf winterliche Gedanken.

Ebenthal. Wie so oft in den kleineren Orten regt sich auch hier keine Menschenseele auf der Straße. Ich gehe zur Kirche hinauf und dann die Treppen hinunter zum Schloß, vor dem ein gemauertes Kreuz steht mit der Inschrift: „Přemysl Ottokar II., König von Böhmen, verlor hier am 28.08.1278, im Kampf gegen Rudolf von Habsburg, Schlacht und Leben“. Wie gestern gelesen, rühmt sich der Nachbarort Dürnkrut als Austragungsort desselben Gemetzels.

„Wirtshaus Weinlandhof“. Mein Arm erwärmt sich nur zögerlich, noch dazu zieht es hier von der Lokallüftung. Ein alter Mann setzt sich an den Eingangstisch, stützt den Kopf mit seiner verrunzelten Linken und spricht ständig mit sich selbst. Der Wirt bringt ihm zwei Fleischkrapferl und sagt fürsorglich: „Verbrenn' di net!"

Ein Busfahrer läßt mich in seinen leeren Omnibus zusteigen und chauffiert mich unentgeltlich den Berg hinauf zum Barbara-Kreuz, einer Gedenkstätte der OMV-Gruppe, die hier in der Umgebung Erdölbohrungen betreibt. Unter mir die Ortschaft Prottes, dahinter die Silhouette von Gänserndorf.

Ein Steinobelisk bezeichnet Prottes als „Das Tor zum Öl und Wein". Überall sich langsam und gleichmäßig bewegende Pumpstationen, deren Geräusch nie aus dem Takt gerät. Wie Riesen-Insekten heben und senken sie im 10-Sekunden-Rhythmus ihre gefräßigen Köpfe.

Ein OMV-Angestellter steigt aus seinem weißen Firmenauto und befühlt das Förderseil, als streichle er die Nüstern eines Pferdes, steigt wieder in sein Auto, fährt auf den asphaltierten Wegen durch die Rübenfelder und verschwindet hinter einem Bahndamm. Einige der Pumpen stehen still und tragen deshalb über Ventile gehängt das Schild: „Stillstandssonde".

Gänserndorf. Vorbei an der Fertig-Gartenhaus-Ausstellung des Einkaufsmarktes, kehre ich im „Gasthaus Prager" ein und erhalte das letzte freie Zimmer.

Fast immer, wenn ich angekommen und geduscht bin, verspüre ich den Drang, noch ums Quadrat zu gehen, so als wollte ich die Füße langsam zum Stehen bringen. Zum erstenmal fühle ich mich heute körperlich müde. In den ORF-Nachrichten wird der kommende National-Feiertag als Tag zum Wandern angepriesen.

Dienstag, 24. Oktober

Am Postamt hole ich mein Paket mit Filmen und Landkarten ab, das Karl gestern für mich in Österreichisch Haibach aufgegeben hat. Mit anderen Worten: Ich muß wieder zwei Kilo mehr tragen.

Draußen beim „bauMax“ sind neben dem Kundenparkplatz diese gelbbraun gebeizten Fertig-Gartenhäuser ausgestellt. Eines dieser Blockhäuser kostet 29.990 Schilling und heißt „Kärnten mit Balkon“.

Der bei der Kiesgrube gelegene kleine Judenfriedhof, den die Gemeinde Gänserndorf betreut, ist leider verschlossen; hinter der Mauer sehe ich efeuumrankte Grabsteine.

Wieder bläst mich stürmischer Ostwind an, und ich rate mit mir selbst, wo ich heute abend logieren werde. Übernachtungsmöglichkeiten zu finden, ist in dieser Gegend nicht leicht und wenn, sind die Zimmer meistens längerfristig von Montagearbeitern belegt. Aber auch Herbergssuche kann Reisen spannend machen.

Südlich Gänserndorf liegen neben einer Erdölpumpe in einer stadionähnlich großen Grube Abertausende von Autoreifen nebeneinander, die intervallmäßig von Wassersprengern benäßt werden. Ich vermute, daß hier im Nahbereich der Kiesgruben eine Mülldeponie entstehen wird und die Reifen zum Einschweren der Dichtungsmatten dienen sollen.

An Zuckerrübenfeldern vorbei zur Hauptstraße. „Safari- und Abenteuer Park 1 km“, steht auf einem Schild. Versehentlich biege ich zu früh ab und stehe im Werkstattgelände des Safari-Parks. Zebraähnlich bemalte Busse, kaputte VW-Käfer und Wassertanks stehen vor Reparaturhallen, die ihrerseits von Wohnwagen umstellt sind. Das ganze erinnert mich an fahrendes Zirkusvolk.

Zweihundert Meter weiter der Haupteingang des Safari-Parks, dessen separierte Freigehege man im eigenen Auto durchfahren kann. Für knapp 200 Schilling sind Schlangen-, Tiger- oder akrobatische Shows mit inbegriffen.

Gegen Mittag springt ein junger Mann aus Australien bei der „Aqua-Show“ aus 25 Metern Höhe in ein Wasserbecken. Dies geschieht dreimal täglich während der sechsmonatigen Öffnungszeit. Der Moderator, der dann weitere Kunstspringer ankündigt, wirkt bemüht lustig und ausgelaugt. Für interessierte Besucher gibt's nachmittags noch eine „Seelöwen-Schule“, eine „Papageien-Revue“ und eine „Zwergziegen-Gaudi“. Gegenüber der kleinen Wasser-Arena lehnt ein indischer Hot-Dog-Verkäufer an seinem Stand und friert. Ich unterhalte mich mit einer Toilettenfrau und erfahre, daß sie aus dem ehemaligen Jugoslawien stammt und schon achtzehn Jahre in Österreich arbeitet.

Im Selbstbedienungs-Pavillon trinke ich einen Kaffee. Hier herinnen herrschen Ödnis und gähnende Leere, nur die Clowns auf den internationalen Zirkus-Plakaten lachen. Aufgespannte Tierfelle dekorieren die Holzwand neben der Theke, eine ausländische Putzfrau wischt unter monotonem Singen die klargelackten Holztische. Entkräftung und Schwermut warten hier sehnsuchtsvoll auf die Winterpause.

Als Nicht-Autobesitzer werde ich im „Safari-Park-Kleinbus“ durch die Tiergehege gefahren. Vom Beifahrersitz aus fotografiere ich auf der sechs Kilometer langen Rundfahrt freilaufende Bengalische Tiger, Löwen,

Zebras, Giraffen, Paviane mit Jungen und Elefanten, die ihren Rüssel zur Entgegennahme des Futters ins Führerhaus stecken. Beinahe hätte der Dickhäuter den am Rückspiegel duftenden „Wunderbaum" eingesaugt.

„Polen, Slowaken, Tschechen und Ungarn arbeiten hier, weil s' billiger sind", erklärt mir mein junger Busfahrer, der es schwerlich fassen kann, daß ich alleine mit dem Rucksack unterwegs bin. „Ist das nicht fad?" fragt er zurückhaltend. „Eben war ich mit Ihnen eine halbe Stunde im Kino", gebe ich ihm zur Antwort.

Ich leiste mir auf meiner Grenzreise zum erstenmal ein Taxi, da ich nicht auf der vielbefahrenen Hauptstraße zur Zuckerfabrik „Agrana" nach Leopoldsdorf gehen will. Dort fotografiere ich die Rübenanlieferung per Traktor neben einer gigantischen Halde von erdverschmierten Rüben. Die Verwaltungs-Chefin läßt mich auf das Fabrikgelände und erzählt mir, daß jetzt zur Hauptzeit täglich 10.000 Tonnen Zuckerrüben verarbeitet werden, was einer Menge von 1.000 Güterwaggons entspricht. Über dem Ausgang beim Portier steht hellblau auf rotem Grund der Firmen-Leitspruch für die Angestellten: „Denke positiv".

Gegenüber dem Bahnhofsgebäude Obersiebenbrunn/Leopoldsdorf zieht mich vor der Abfahrt nach Marchegg eine sperrmüllreife Sitzgruppe in das Lokalinnere der „Gaststätte Hubertus". Vor dem Tresen ein Gast, dahinter die Wirtin; der L-förmige Raum wird nur von einer einzigen Brauerei-Reklame erhellt, um offensichtlich die Bildqualität des eingeschalteten Fernsehgerätes nicht zu beeinträchtigen. In der Lokalmitte ein bullernder umgitterter Holzofen, von dessen Abzugsrohr ein erfolgreich schillernder Fliegenfänger herunterbaumelt. Nahe den Lamellen des Lüftungs-Abzugloches klebt ein nikotingebräuntes Puzzle einer Winterlandschaft von Pieter Bruegel d. Ä. an der Wand, mit dem Titel: Heimkehr der Jäger. Über dieses Bild mußte ich vor etwa 35 Jahren einmal eine Bildbeschreibung im Deutschunterricht abliefern. Heute hängt es in Obersiebenbrunn.

Mit dem Pendlerzug fahre ich bei einsetzendem Abendrot nach Marchegg, wo ich im „Gasthaus Haberfellner" übernachte. Im Kleiderschrank meines Einzelzimmers liegt eine angebrochene Tablettenpackung „Neuromultivit", im Nachtkästchen finde ich die Wochenzeitung „Ljiljan" vom 14. Juni dieses Jahres aus Sarajevo. Das Titelbild zeigt einen Toten auf einer Bahre, die gerade auf einen LKW gehievt wird. Auf den letzten Seiten stehen Todesanzeigen der in den Kämpfen um Bihać, Banja Luka und Tuzla getöteten Frauen, Männer und Kinder. Darunter das Foto eines lächelnden Mirzu Ćatibušića, der zwei Tage nach seinem zwölften Geburtstag von einer Granate getötet wurde.

In der Gemeinschafts-Dusche komme ich einem Österreicher zuvor, der mich für einen der Ausländer hält, die in der Nähe eine Erdgasleitung verlegen und hier im Haus wohnen. Er fragt: „Du duschen jetzt?"

Die Bedienung überzieht frisch das Bett meines letztmals 1957 neu möblierten Zimmers und erzählt mir nebenbei vom dreimaligen Hochwasser der March in diesem Jahr. „Heuer hama a Menge Autobusse verlor'n, weil die March so viele Göis'n g'habt hat." Auf der Innenseite meines Bettkastens klebt das Firmen-Etikett des damaligen Herstellers: „Sargschreinerei Marchegg".

Spät am Abend sitze ich mit dem geschichtlich sehr versierten Besitzer zusammen, der vor zwei Jahren dieses Haus gepachtet hat. „In den 50er Jahren trafen sich in diesem Haus Bundeskanzler Raab, Außenminister Figl und der Schauspieler Paul Hörbiger als Petri-Jünger“, sagt er zu mir. Den heutigen Zustand des Ortes Marchegg charakterisiert er treffend in einem Satz: „Marchegg hat sich selbst aufgegeben.“

Mittlerweile ist es kurz vor zwei, und ich brenne auf den kommenden Tag. Wind aus der Slowakei weht durch mein Fenster und erzählt mir murmelnd Geschichten von der Grenze.

Mittwoch, 25. Oktober

Ich blättere in einer privaten Chronik über die Stadt Marchegg:

„1914: Marchegg spielt als Grenzbahnhof beim Aufmarsch gegen den Osten eine bedeutsame Rolle. Es gehen in 24 Stunden oft über dreihundert Züge durch den Bahnhof.

1945: Die Russen setzen über die March. Ihr Verhalten war wie in allen anderen Orten. Erschwerend kam hinzu, daß sie hier erstmals österreichischen Boden betraten. Ihre Zahl ist unbekannt, da ein dauerndes Gehen und Kommen erfolgt. Durch Bemalen der Häuser mit schreienden Farben, Errichten kleiner, niedriger Holzzäune und durch ihr fremdes Gebaren erhält die Stadt ein Gepräge, das nichts mit dem gewohnten Ortsbild zu tun hat. Während der Besatzung war der ‚Braugasthof Haberfellner‘ ein Militär-Lazarett“.

In der „Marchfelder Volksbank“ wechsle ich meine

restlichen slowakischen Kronen in Schilling. Über den Schaufenstern hat sich eine Schwalbe in den Bauch des großen R der Neon-Buchstaben ein Nest gebaut. Gegenüber dem Gendarmerie-Posten, so verkündet ein Schild, wurde Niederösterreichs ältestes Germanengrab gefunden. Gleich nebenan in der Trafik wird die „Deutsche National-Zeitung“ verkauft. Im Stadtgemeinde-Kasten hängt ein Merkblatt über „Verhalten bei verdächtigen Postsendungen“.

Durch das kaisergelb gestrichene Portal gehe ich ins Schloß, genauer gesagt, in das Niederösterreichische Jagdmuseum. Umgeben von Jagdutensilien steht im ersten Stock breitbeinig und mit erhobenen Pranken ein präparierter Braunbär, den Kronprinz Rudolf 1885 erlegte. Abgetrennt durch eine Glaswand liegt in einem Eckzimmer ein Eisbärfell, umgeben von einer kuriosen Geweihmöbelgarnitur aus Schloß Frohsdorf. Mit grünem Samt bezogene Sitzpolster ruhen auf Hirschgeweihstangen; Elchschaufeln ersetzen die Rückenlehnen.

Nachdem ich meine Vogelkunde-Kenntnisse in den Jagd-Schauräumen aufgefrischt habe, wandere ich fast zwei Stunden durch das Naturschutz-Reservat Marchauen. Leider ist die Weißstorch-Kolonie schon ausgeflogen. Altwässer und Totarme mit Schlammufern durchsetzen den urwaldähnlichen Mischwald aus Stockweiden, Eichen, Eschen und Pappeln. Wind streicht über die Baumkronen und läßt mich intensiv den Herbst spüren.

Jetzt um halb fünf geht die Sonne unter. Kondensstreifen zweier Düsenflugzeuge überschneiden sich kurzzeitig zu einem weißen Kreuz am Firmament. Zwei Rehe überqueren den Schutzdamm, halten für einen Moment inne und lassen mich bis auf fünfzig Meter heran. Diagonaler Weg über ein Zuckerrübenfeld; ich gehe in die Nacht hinein. Zwischen den Bäumen unten am Fluß der dunkle Schattenriß eines Fischers.

Kälte zieht auf, ich unterquere die steinernen Bögen einer Eisenbahnbrücke, die hinüber in die Slowakei führt. In weiter Ferne höre ich das Geräusch eines Zuges. Hinter der schwarzen Waldkette verlischt das letzte Blaurot des Abends über dem Marchfeld. Nur das Hell der ausgekiesten Fahrrinnen des Feldweges weist mir die ungefähre Richtung. Orientierungspunkte gibt es jetzt keine mehr, weil sich Felder, Wiesen und Hecken zu einem einzigen Schwarz vermengen – ich habe Mühe, meine Angst zu überwinden. Das Gras wird rutschiger, tiefe, von Traktorreifen gegrabene Löcher in den Feldwegen erschweren mein Vorwärtskommen.

Plötzlich krachen zwei Schüsse in meiner unmittelbaren Nähe. Vorsichtshalber schalte ich meine Taschenlampe ein, um kein unfreiwilliges Ziel abzugeben. Jenseits des Flusses schimmern durch den Nebel gelbe Straßenbeleuchtungen. Nach meiner Schätzung müßte dies die Ortschaft Devínska Nová Pes sein. Ich halte jetzt querfeldein auf sich kreuzende Autoscheinwerfer zu, weil ich hier aufgrund meiner verstrichenen Gehzeit die Straße nach Schloßhof vermute. Meine Annahme bestätigt sich: Im Schein meiner Taschenlampe erkenne ich an einer Straßenkreuzung Umrisse einer hohen Mauer. Wenig später kündigen Bogenlampen den Ort an. Ich gehe die Straße hinauf und erreiche nach wenigen Minuten das „Gasthaus Prinz Eugen“.

Die kleine Wirtstochter mit ihrer Freundin führt mich zu meinem Zimmer. Wenig später klopfen beide an meiner Tür und bitten mich, mit ihnen das Zimmer zu tauschen. „Wir fürchten uns", sagen sie, und ich willige ein.

Mein neues Zimmer liegt motelähnlich hinter dem Gasthaus, und jetzt verstehe ich, als ich im Duschbecken Tausendfüßler entdecke, warum die Mädchen Angst hatten. Ein Wildschweinfell über einer ausziehbaren dunklen Cord-Couch im Schein einer 25-Watt-Beleuchtung sorgt nicht unbedingt für wohnliche Behaglichkeit.

Die Fernseh-Nachrichten kündigen für den morgigen Nationalfeiertag in der Wiener Innenstadt eine Militärparade an. An der Wirtshaustheke kaufe ich eine Farbpostkarte von der Marchmündung, auf der noch die alte tschechoslowakische Grenzbefestigung mit Wachturm zu sehen ist.

Donnerstag, 26. Oktober

Der Feiertag beschert dem Schloß viele Busse und PKW, die neben dem riesigen Gebäude der Reitschule parken. Vom Schloßverwalter erfahre ich, daß hier die Kulissen des Wiener Burg-Theaters und des Österreichischen National-Circus eingelagert werden. „Während des Dritten Reiches", ergänzt er, „war eine Fahrschule der Wehrmacht einquartiert."

Ich durchstreife den gegenüberliegenden alten Meierhof, der einmal einen Schmied, einen Sattler und einen Wagner beherbergte. Selbst eine einklassige Volksschule mit Lehrerwohnung war hier bis in die sechziger

Jahre hinein untergebracht. Eine Frau, die in einem Schrebergarten Tauben füttert und Wäsche aufhängt, erzählt mir: „Bis vor dreißig Jahren hat da eine Lehrerin gewohnt. Aber als dann die Schule aufgelöst wurde, ist ein Polizist in die Lehrerwohnung gezogen. Er ist aber dann außag'storb'n, und jetzt is' leer." Wilder Wein hat mittlerweile das Haus zugewuchert. Hinter der Glasscheibe einer freistehenden Diesel-Zapfsäule kleben tote Wespen neben der Liter-Mengenanzeige.

Von der Dorfstraße blicke ich auf einen großzügig angelegten Barockgarten, in dem geometrisch geschnittene Buxbaum-Sträucher grünen. Viermal lese ich in den Hecken-Ornamenten den Buchstaben E, stellvertretend für Prinz Eugen, der um 1725 das Schloß erweiterte.

Von der zweiten Gartenterrasse des Schlosses schaue ich über den leeren Brunnen nach Osten, Richtung Devínska Nová Pes, das von Schornsteinen überragt wird. Der höchste der fünf Schornsteine, erzählte mir gestern der Wirt, sei der Turm des Krematoriums.

Im Schloß stehen vier Männer neugierig vor dem Plakat zur Ausstellung: „Die Frauen der Habsburger". Quer über der Ankündigung ein Aufkleber: „Verlängert wegen des großen Erfolg". Das Genitiv-S scheint dem Marchfelder Schlösserverein unbekannt. Ältere Frauen werden in Gruppen durch die hohen Räume geschleust und verharren andächtig vor den Bildern der 1989 verstorbenen letzten Kaiserin Zita.

Ich gehe die lange Straße hinunter zur March, vorbei an der von den Russen 1946 gesprengten Brücke. Der Grenzfluß teilt den heutigen Donnerstag in einen slowakischen Werktag und in einen österreichischen

Feiertag. Leider halten sich die österreichischen Stechmücken nicht an das Arbeitsverbot, als ich den Schutzdamm entlanggehe.

Markthof. Hier erhebt sich eine Steinkapelle, mit Jugendstil-Gitter und pagodenähnlichem Dach, die am 10. Juni 1905 von Kaiser Franz Josef I. persönlich eingeweiht wurde. Ich verlasse den Damm über einen Waldweg und betrete eine große Lichtung. Im Altwasser sonnt sich gemütlich ein Schwanenpaar, vor mir, etwa zwei Kilometer entfernt, ruht majestätisch auf einem Hügel die Burgruine von Theben. Theben heißt heute Devín.

In wenigen Minuten werde ich auf die Donau treffen. Inklusive der letztjährigen Etappe war ich jetzt fünfzig Tage links der Donau unterwegs.

Im Feld steht auf einem Einachser die Schlauch-Kabeltrommel einer Firma Waldhauser, Aufschrift: „Regenautomat“. Eine 20-köpfige Reitergruppe begegnet mir, um zwei Uhr erreiche ich die Donau, in die hier die March mündet. Langsam gleitet mein Blick über das Wasser und mit den Wellen stromabwärts. Von hier sind es knapp 1.900 Flußkilometer bis zur Mündung ins Schwarze Meer.

Ich raste unter von Hochwasser verkrüppelten Weiden und lasse mich von angestrandetem Schwemmholz in Bann ziehen. Ich notiere ”land art“.

Gegenüber der March, unter dem großen Steilfelsen, ein verlassenes Gebäude der ehemals tschechoslowakischen Grenzpolizei. Auf österreichischer Seite wirft ein Fischer seine Angel aus. „Früher“, sagt er, „waren hier alle 200 Meter Wachtürme. Vier oder fünf Tschechen sind hier einmal erschossen worden, wie s’ von drüben herüberschwimmen wollten." Er wirft wieder seine Angel aus. „Zander und Wels fängt man hier. Aber der Wels beißt heut' nimmer, da ist es schon zu spät." Mit seinen hohen Fischerstiefeln watet er weiter in die Donau hinaus und dreht sich nochmal um: „Am Wochenende fischt da drüben halb Bratislava." Die Wellen des Schubschiffes „Tekov" nötigen ihn, wieder an den Sandstrand zurückzugehen.

An der Baustelle der Erdgasleitung, die von der Slowakei nach Ungarn bis Györ führen soll, treffe ich einen Ingenieur. „Letztes Jahr haben wir in vier Meter Tiefe unter der Sohle der Donau die Leitung verlegt", berichtet er mir und atmet vor dem nächsten Satz tief durch. „Hundert Jahr' soll s' halten."

Zwei Radfahrerinnen mit Schäferhunden kreuzen meinen Weg donauaufwärts. Eine schreit: „Attila! Da geh her!" Attila folgt – Ungarn scheint nahe.

Treppelweg durchs Donautal; leere Plastikflaschen, Styropor und Stoffetzen, verfangen im Ufergebüsch, zeugen vom letzten Hochwasser. Die dunklen Schatten der Bäume legen sich über die hellen Kiesstrände, feuchter, brackiger Geruch durchzieht den Auwald. In strenger Formation überfliegen mich Kormorane mit ihren roten Schnäbeln. Am trockenen Ufer liegt kieloben eine Rettungszille der Gemeinde Wien, weitere Zillen morasten im Uferschlamm.

Jenseits der Donau Hainburg, diesseits, laut Eintragung auf meiner Wanderkarte: Herrgottshaufen. Immer stärker dringt durch die Forstwege Autolärm. In einer kleinen Lichtung liegen Karotten, Mais und Zuckerrüben als Köder 50 Meter vor einem Jägersitz.

Plötzlich vor mir die Donaubrücke, aber leider auf

fünfzehn Meter hohen Betonpfeilern. Ich muß einen zwei Kilometer langen Umweg gehen, bis ich einen Aufgang zur Brücke finde. Und dann sind's immer noch zwei Kilometer bis zum anderen Ufer.

Um 17.20 Uhr stehe ich zwischen Leitplanken und Brückengeländer auf der Mitte der Brücke und betrachte bei Abendrot die dünne Sichel des Mondes. Manche Autos donnern hinter mir vorbei, als würden sie für den „Großen Preis von Österreich" trainieren. Ich schalte mein Tonband ein und spreche im Gehen meine Donauüberquerung life aufs Band. Der rot-weiß-rote Windsack hängt schlaff an einer Stange nach unten; offensichtlich geht der Nationalfeiertag seinem Ende entgegen.

Am Radweg nach Bad Deutsch Altenburg liegen auf einem Steinbruchgelände Panzersperren des Bundesheeres. In der „Parkpension-Bichler" in der Badgasse übernachte ich. Im „Gasthaus Stöckl" unterhalten sich deutsche Monteure über ihre Pipeline-Erfahrungen im Ausland und tauschen Spesentricks aus.

An den Parklaternen hängen vereinzelt kleine rot-weiß-rote Fahnen. An der Glasscheibe eines Schaufensters klebt mit Tesafilm ein fotokopierter weißer Zettel mit abreißbaren Telefon-Nummern. Überschrift: „Suche Arbeit als Haushaltshilfe im Raume Hainburg!" Darunter steht ohne Komma die einzige Angabe zur Person: „Bin 30 Jahre weiblich".

Freitag, 27. Oktober

Auf hohem Sockel, mit dem Rücken zum römischen Museum Carnuntum, thront überlebensgroß im Kurpark Kaiser Franz Joseph I.; sporenbewaffnet seine Schuhe, ordenbehangen seine Brust.

Ich gehe den Berg hinauf zum Friedhof. In gebückter Haltung schrubbt eine Frau die Steineinfassung des Familiengrabes Nehastelitz allerheiligenrein. Nahe der Friedhofsmauer steht ein Eisenblech-Container, der in Großbuchstaben mit „Grablichter" bepinselt, auf die novemberliche Hochkonjunktur wartet.

Mit geliehenem Rad wandle ich heute auf den Spuren der Römer durch die hiesigen Ausgrabungsstätten. 19 n. Chr. beschloß Kaiser Tiberius hier in der römischen Provinz Pannonien den Ausbau einer Befestigung, der er die Bezeichnung Carnuntum gab – ein illyrischer Name, der „Stein", „Fels" und „fester Platz" bedeutet. Ich besuche die Palastruine, das Heidentor, das Amphitheater und die Zivilstadt. Hier wurde ein Teil des Pflasters der Limesstraße freigelegt. „Alle Wege führen nach Rom", heißt es auf einer Info-Tafel. Ein Teil der Ausgrabungsstätten ist überdacht, auf den seitlich herunterhängenden Planen wirbt ein österreichischer Mineralwasser-Sponsor mit dem Spruch: „Römerquelle belebt die Kunst".

Im Graben des einstigen Wasserschlosses Petronell parkt vor einem hölzernen Schiebetor, über dem das ausladende Geweih eines 1931 erlegten Hirsches wacht, ein grüner VW-Käfer. Das fehlende Autokennzeichen ersetzt ein handgeschriebenes grünes Schild mit dem Wort: Forstbetrieb.

Über der Hauptstraße von Petronell-Carnuntum, dem einstigen militärischen Hauptquartier der Provinz Pannonien und zeitweilig Residenz römischer Cäsaren, flattert heute ein großes weißes Stoff-Reklameband mit der Aufschrift: „Raiffeisen-Sparwochen". 60.000 Menschen sollen hier früher in der Zivilstadt gelebt haben, heute sind es laut Prospekt genau 1.241, die auf 466 Häuser verteilt sind.

Auf der Rückfahrt schreibe ich mir in Bad Deutsch Altenburg an einer holzverschalten Schaufenster-Fassade folgenden Text eines Schildes ab. „Geschäfts-Lokal zu verkaufen. Auskunft: Schönere Zukunft GmbH, Wien".

Gegen 18 Uhr treffe ich an der Theke im „Café Riedmüller" den örtlichen Tourismus-Direktor. Dieser erzählt, daß hier in der Donau vor vierzig Jahren noch Hausen mit sieben Meter Länge und einem Gewicht von über einer Tonne gefangen wurden. „Als Kind", kramt er in seiner Erinnerung, „war ich in Hainburg oft in der russischen Kaserne, weil wir dort Schokolade, Kaugummi und warmes Gulasch bekamen. Dort haben nämlich die russischen Besatzungssoldaten des öfteren die für die Bevölkerung bestimmten Care-Pakete ausgeleert, mit Sand- oder Sägespänen gefüllt und dann weitergeleitet. Meine Mutter hat immer Todesängste ausgestanden, bis wir von der Kaserne zurückkamen. Einmal wurde ein junger Soldat, der uns Schokolade gab, am nächsten Tag erschossen, weil er laut zuständiger Polit-Kommissarin mit der Bevölkerung, das heißt mit uns Kindern, Fraternisierung beging. Dreitausend Russen sind während der Besatzungszeit im Raum der Bezirks-Kommandantur Hainburg umgekommen. Auch die damals 20-jährige Kommissarin, die immer peitscheschwingend auf einem Pferd geritten ist, wurde erschossen, weil sie sich ein ‚Gschbusi' im Ort angefangen hatte. Jedes Jahr an Allerheiligen treffen sich, organisiert vom Österreichischen Schwarzen Kreuz, ehemalige russische Besatzungssoldaten in Hainburg zur Kranzniederlegung. Aber es sind nicht mehr viele, denn wer kann sich diese lange Anreise heute noch leisten?"

Der heutigen Ausgabe des „Kurier" entnehme ich, daß die Kolonne der gestrigen Bundesheer-Parade durch die Wiener Innenstadt 4.836 Meter lang war. Meine Nächte dagegen sind immer zu kurz.

Samstag, 28. Oktober

„Café Riedmüller". An der Theke sitzt vor einem Seidel Bier ein Kurgast, der früher zweiter Kapitän auf Donau-Schiffen gewesen ist. „Als Schiffsjunge bekam ich einmal kräftige Watschen", erzählt er rückblickend, „als ich einmal in Persenbeug bei der zweiten Brücke vergaß, den Schlot herunterzukurbeln."

Ich lasse mich heute per Auto nach Potzneusiedl fahren, um dort ein Antiquitäten-Geschäft aufzusuchen. Auf der Fahrt dorthin höre ich von dem oft vor sich hinsingenden Chauffeur des Mietautos, daß einige Bauern absichtlich bis 40 Zentimeter tief pflügten, um damit eventuell noch vorhandene Relikte der Römerzeit aus den Feldern zu ackern. „Aber einigen, die noch dazu mit Metallsuchgeräten orten, ist das Finanzamt ganz schön auf die Finger getreten", sagt er grinsend und fährt an der Segelflugschule Spitzerberg vorbei.

Vor dem deutsch und ungarisch beschrifteten Kriegerdenkmal in Potzneusiedl wächst eine junge Linde, vor der ein kleines Alu-Schild steht: „Hochzeitsbaum. Hildegard und Robert Guggenbauer, 30. Juli 1993, Gemeinde Potzneusiedel".

Gegenüber im Schloß schlendere ich zwei Stunden durch eine illustre Antiquitäten-Ansammlung von Gemälden, Möbeln, Waffen, Büchern, moderner Grafik und Trödel des Alltagslebens. Per Nachnahme werde ich mir einige „Dokumente" der hiesigen Gegend nach Hause schicken lassen: Hölzerne Wäsche-Mangelbretter, einen Flachsrechen und einen im Acker ausgegrabenen Wehrmachts-Stahlhelm.

Der zweite Chef des Hauses läßt mich die Räumlichkeiten fotografieren und bemerkt, als er meine Spiegelreflexkamera sieht: „So, eine Canon haben Sie! In Wien war ich lange Zeit Manager bei dieser Firma. Aber ich bin ausgestiegen, weil mir Antiquitäten mehr Spaß machen." Als er sieht, daß ich aufbrechen will, sagt er zu mir: „Wos, nach Kittsee wollen S' heut' noch gehen? – Dös is a braader Weg, Hawedere!"

Zum ersten Mal seit Beginn meiner diesjährigen Wanderung regnet es, und erst hinter Deutsch Haslau, als ich den Wanderweg 999 kreuze, lassen die Schauer nach. Bodennebel zieht auf, in einer Entfernung von vier bis fünf Kilometern verlieren sich die Felder und flachen Wiesen unscharf am Horizont. Wie ein brauner Doppelstrich teilt mein schnurgerader Feldweg das Grün der frisch aufgegangenen Saat. Regentropfen perlen auf den Blättern, eine tote Hauskatze liegt gekrümmt am Ackerrand, die Augen sind schon herausgefressen. Wenige Schritte weiter eine leere Folienverpackung mit fast verblichener Aufschrift: „10 Scheiben Emmentaler Schmelzkäse".

Ich überquere die Hirschländerrinne und schrecke durch meine Tritte einen Fasan auf. Zwei zerbrochene römische Dachziegel, zweitausend Jahre alt, liegen neben einem Flurgrenzstein. Disteln blühen am Wegrand, im Gras liegen ein benutztes, weißfarbenes Kondom und ein verknautschtes Papiertaschentuch.

Entlang dem von Hecken und Schilf zugewachsenen Spitzerbach. Leises Plätschern dringt durch die fruchttragenden Hagebuttensträucher, in denen sich scharenweise und unüberhörbar Spatzen und Amseln tummeln. Alle fünfzig Meter hingeschüttete Maiskörnerhaufen. In einer Ackerfurche grabe ich den verrosteten Zughaken einer Holzdeichsel aus der Erde.

Ich überquere eine kleine Brücke und raste neben einer Futterkrippe unter einem Kirschbaum. Es gibt Salami, Camembert, Salzstangerl und Leitungswasser aus Bad Deutsch Altenburg; als Dessert drehe ich mir eine "Old Holborn".

Sicher geleitet von meiner 1:50.000-Karte des Bundesamtes für Eich- und Vermessungswesen Wien, marschiere ich über kleine Karrenwege, in deren pulvrigem Lehmstaub sich endlos Traktorreifenprofile abzeichnen. Vor mir Weinfelder und vom Himmel Flugzeuglärm der in Wien-Schwechat startenden Düsenmaschinen.

Im Acker rechts vor mir eine Steinruine, die laut Wanderkarte „Heidenturm“ heißt. Die zwei Fenster des Turmes schauen mit hohlen Augen in die Dämmerung. Ich verlasse den „Güterweg Raubwaldweg“ in Richtung Bundesstraße und befestige an meinem rechten Oberarm reflektierende gelbe Neon-Farbbänder. Wie eine Pyramidenlandschaft aus der Vogelperspektive wirken von der erhöhten Straße aus die kleinen Maulwurfshügel auf einem geeggten Feld. Auch hier wieder Erdgas-Leitungen und ausgebaggerte Gräben, gleich danach Schneegatter aus Holz, die schon für den Winter in Bereitschaft liegen.

Ortstafel Kittsee, Burgenland. Ein Mann mit amerikanischer Baseball-Mütze und blauem Trainingsanzug wässert seinen Vorgarten. Ich frage ihn nach Übernachtungsmöglichkeiten. Bevor er mir aber antwortet und zwei Wirtshäuser nennt, beruhigt er seinen kläffenden Schäferhund.

In einer längeren Parkbucht abgestellt drei slowakische Sattelschlepper. Einfamilienhäuser reihen sich aneinander, hinter einem Jägerzaun ein älterer Mann, der sich stolz als Erbauer einer zwanzig Quadratmeter großen, gartenzwergähnlichen Fantasie-Stadt zu erkennen gibt. Dutzende von grellfarbig gestrichenen Häuschen, Autos und Zügen umfrieden eine Burg mit Kaiserwappen. Ich frage ihn, ob die Züge und Autos denn auch fahren würden. Er aber mißversteht meine Frage – wir stehen beide am Rande der stark frequentierten Bundesstraße zum Grenzübergang nach Bratislava, bzw. nach Jarovce – und sagt: „Wie wir den Stacheldraht noch g'habt ham, war's ruhiger hier."

Im „Gasthof Steinhofer" kann ich glücklicherweise das Zimmer eines Monteurs bekommen, weil dieser erst am Montag wieder seine Arbeit antritt. Es hätte sonst schwarz ausgesehen für mich mit einem freien Bett in Kittsee.

Fremdenzimmer beinhalten fast jedesmal für etwa 200 Schilling pro Nacht eine innenarchitektonische Zeitreise. Heute schlafe ich im Ambiente der sechziger Jahre, wandseitig beschützt von einem traumhaften Webteppich, der das Rotkäppchen dem bösen Wolf begegnen läßt.

Kurzer Nachtspaziergang durch Kittsee. Ganz selten Autos, da der Grenzübergang zur Slowakei von 22 bis 6 Uhr geschlossen ist. Auffallend dagegen die Lauf-Leuchtschrift der Raiffeisen-Kasse, die für den rund um die Uhr betriebsbereiten „Changeomat" wirbt.

Um die Ecke, vor dem einstigen „Hotel Hauswirt", friert vor dem Eingang ein junger Soldat des Bundesheeres mit Webpelzmütze und umgehängtem Gewehr, um seine hier untergebrachten Kameraden zu bewachen. „Morgen", sagt er, von einem Bein aufs andere wippend, „schieben wir wieder Dienst an der Grenze."

Das weit auseinandergezogene Straßendorf schläft, nur im renovierten „Gasthaus zum Edlhof" sitzen im Tanzsaal Jugendliche vor dem singenden Musik-Duo "Unplugged". Liedtext einer auf Deutsch gesungenen Strophe: „Windstärke 10 / Liebe auf vollen Touren / ohne Wiedersehen / Wasser hinterläßt keine Spuren / blauweiße Tage mit Dir / blauweiße Tage mit Dir / blauweiße Tage am Toten Meer."

Manchmal habe ich das Gefühl, in einem Kino zu sitzen, dessen Vorhang nie mehr zugezogen wird.

Sonntag, 29. Oktober

Sonntag ist Friedhofstag. Vor der Leichenhalle verabschieden sich zwei ältere Frauen: „Jetzt is' bald Allerheiligen, 's Jahr is' rum und wir san wieder ein Jahr älter. Auf Wiedersehen!"

Sonntag ist Museumstag. Ich besuche die Ausstellung „Holzschnitzkunst in der Südslowakei" im ethnographischen Museum von Schloß Kittsee. In der Dauerausstellung beeindrucken mich rumänische Friedhofskreuze, weil deren auf Holz gemalte figürlichen Darstellungen expressionistische Züge aufweisen. Fünf Kreuze, die zum Meditieren anhalten.

Vor dem Schloßportal stützen acht überlebensgroße Atlanten einen Freibalkon im ersten Stock. Neben braunen Transportkisten, die für den morgigen Abbau der Ausstellung schon bereit stehen, wirken die leicht bekleideten, muskulösen Steinfiguren wie Möbelpakker aus der Barockzeit.

Süßlicher Kakaoduft umweht mich, als ich an der „Schokoladenfabrik Hauswirth" vorbei zum jüdischen Friedhof beim alten Schloß gehe. Angelegt wurde diese Grabstätte unter Paul Fürst Esterházy, sie umfaßt etwa 200 Steintafeln. Auf der vorher im Schloß gekauften Ansichtskarte steht rückseitig knapp, aber dennoch vielsagend: „Jüdischer Friedhof, ca. 1700 - 1938".

Nachmittags erlebe ich auf dem Fußballplatz das Spiel SC Kittsee gegen Donnerskirchen. Es geht 1:1 aus, aber leider erst nach 90 sehr qualvollen Minuten.

Abends Spaziergang zur Zollstation. Am Bauabschnitt der im nächsten Jahr fertig werdenden Schnell-Bahnstrecke Wien-Kittsee steht das zugesperrte „Gasthaus Vier Jahreszeiten" zum Verkauf.

Im Gastraum meiner Herberge hängt ein gerahmtes Schwarzweiß-Poster der Sport-Firma „adidas" über der Music-Box. Auf dem Foto attackiert Karl Mildenberger mit einer linken Geraden Cassius Clay.

An der Theke erzählt mir ein ehemaliger Angehöriger der Waffen-SS, daß er hier in diesem Wirtshaus vor gut dreißig Jahren zusammen mit Sepp Dietrich, dem früheren Kommandeur der „Leibstandarte Adolf Hitler", an einem Tisch gesessen sei.

Montag, 30. Oktober

Nach dem stillen Wochenende erwacht in Kittsee wieder das Leben. An der Bushaltestelle warten Leute, vor der Post unterhalten sich angeregt ältere Einheimische, ein Maler bessert die Fassade meiner Übernachtungsstätte aus.

Auf Betonplatten gehe ich die grüne Schallschutzwand der künftigen Schnellbahn entlang. Auf dem Schotterweg liegen neue Betonschwellen; Gleise sind noch nicht montiert. Krächzende Raben wechseln in Schwärmen von Feld zu Feld. Die flache, in Dunst gehüllte Landschaft gleicht einem weiten Meer ohne Sichtgrenze.

Mein Weg verläuft parallel zur neu aufgeschütteten Bahntrasse, aus morschen Holzschwellen reiße ich einen Schwellennagel mit der Gravierung „54". Aufgetürmte Strohballen, hoch wie eingeschossige Häuser, reihen sich in einem Feld; Brandgeruch überzieht eine schwarze Aschefläche.

Kurz vor Pama kreuze ich wieder einmal die Baustelle der Erdgas-Leitung; Bulldozer und Bagger fahren einen langen Erdwall entlang. Eine Banane essend, informiert mich ein Bauleiter aus der Steiermark sachkundig über diese Grenzgegend und sagt genüßlich kauend: „Da vorne in der Ortschaft steht der Krieg." Mit „Krieg" meint er den im „Gasthaus Bartolich" einquartierten Grenzschutz des Bundesheeres. Olivfarbene LKW parken vor dem mit einem Posten gesicherten Hintergebäude.

Im Lokal trinke ich eine Cola und warte auf den Kommandanten W., um diesen um eine Foto-Erlaubnis zu bitten. Von einem Soldaten herbeigeholt, erklärt mir der Vorgesetzte in knappstem militärischen Ton, daß das Fotografieren von militärischen Einrichtungen, Fahrzeugen und Personen verboten sei. Er nimmt meine Kamera in die Hand, stellt überrascht fest, daß er die gleiche besitzt, und entfernt sich mit „aber der Spiegelklappen ist sehr laut" aus dem Lokal.

Zwischen den auf Wandregalen aufgereihten Pokalen und Schützenscheiben hängen rot-weiß-rote Fahnen mit dem Aufdruck: „Tauglich". Ein Stammgast erzählt mir, daß hier seit 1990 das Bundesheer stationiert sei. „Einmal haben zwei junge Burschen durchgedreht", sagt er, „weil s' die jungen Leute aus Vorarlberg einen Monat lang eingesperrt haben. Die ‚Oberen' dagegen sind aber immer nach Dienstschluß im Wirtshaus gesessen." Er bestellt sich einen Verlängerten und fährt fort: „Nachdem der Stacheldraht wegg'ramt wur'n is, san die Sandler von ‚drüben' umakemma, ham da a Gulasch kriagt und dann san s' wieder ham. Aber das war einmal."

Beim Csardahof lese ich bei einem Grenzstein eine slowaksiche Grenztafel: „POZOR! Štátna hranica" (ACHTUNG! Staatsgrenze). Die Teerstraße verläuft entlang der Staatsgrenze, Holzpfosten, mit einem Häufchen Hartschaummasse besprüht, säumen den Grenzverlauf. Fasane fliegen von der österreichischen auf die slowakische Seite; aber wer weiß, vielleicht stammen sie ja in Wirklichkeit aus Ungarn.

Zeiselhof. Hinter der Mauer des kleinen Gutes qualmt schwerer schwarzer Rauch. „Hafner Michael, Richter und Fleischhauer, 1672" heißt es auf der in ein Steinmarterl eingelassenen Tafel. Ein schlicht gezeichnetes Fleischhackerbeil ziert diese Gedenktafel.

Nach einer Stunde erreiche ich Deutsch Jahrndorf, das östlichste Dorf Österreichs. Auf diesen fünf Kilometern haben mich zwei Busse, circa zehn Autos und fünf Fahrzeuge des Bundesheeres überholt.

Es ist jetzt genau 12 Uhr mittags. Der breit- und langgestreckte Ort wirkt menschenleer, nur eine Postbotin sehe ich zum Amtsgebäude radeln und eine ältere Frau, die unter einer Linde in gebückter Haltung immer wieder etwas aufhebt. Permanent wiederholt sie den Satz: „A Schweinerei is dös, was die da treiben. A Schweinerei is dös!" Im Schaufenster irgendeines aufgelassenen Geschäfts im Haus Nummer 35 wachsen einsam Kakteen, an der Kirchenmauer lehnt verlassen ein Fahrrad. Nur draußen am Friedhof sehe ich mehrere Dorfbewohner beim Gräberschmücken.

Ein handgeschriebenes Schild „1. Kompanie IV. Zug" über dem Hauseingang eines zweistöckigen, verwaist wirkenden Hauses – wahrscheinlich das ehemalige Zollhaus – zeugt am Dorfende von einer kurzzeitigen Inbesitznahme durch das Bundesheer.

Ich gehe auf ein jägersitzähnliches Postenhäuschen zu, neben dessen Leiter ein Grablicht vor einem roh gezimmerten Holzkreuz brennt. Zwei hinter einem Strohhaufen liegende Uniformierte des Grenzschutzes klären mich auf: „Da ham s' versehentlich einmal am Hochstand einen von uns erschossen."

Es regnet ein paar Minuten, die Soldaten hängen sich ihre Ponchos über, und ich lege eine kurze Rast ein. Ich erfahre, daß die Angehörigen des Bundesheeres in einem Container-Camp untergebracht sind und illegale Grenzgänger meist nur nachts „herüberkommen".

Ich breche auf, nach zwei Kilometern kontrolliert

mich die Zollwache. Ein VW-Bus hält, einer der drei Beamten steigt aus, läßt sich freundlich fragend meinen Reisepaß zeigen, blättert routiniert und stellt, meine Personalien lesend, sachlich und richtig fest: „So, der Herr Klaffenböck aus Passau san Sie!" Ich kann ihm nicht widersprechen und sage deshalb zustimmend: „Ja, so steht's geschrieben."

Am Dreiländer-Eck Slowakei, Östereich, Ungarn fotografiere ich neben zwei Wachhäuschen einen Grenzstein, der mit der Jahreszahl 1922 bezeichnet ist. Mein inzwischen zur Sucht ausgeartetes Spiel, die Kanonenöfen der österreichischen Zollwachhütten nach ihrer Herstellerfirma zu überprüfen, wird heute belohnt. Nicht wie bisher „Ire", sondern „Swoboda" heißt diesmal der gußeiserne Ofen.

Ab hier geht's jetzt der ungarischen Grenze entlang. Im nahegelegenen Weiler Karlhof, einem Hydropflanzen-Zucht-Betrieb, bitte ich um Leitungswasser, da meine Wasserflasche fast leergetrunken ist.

An einem Feldrain sitzt ein Jäger im Auto. Ich frage ihn, was denn das für große schwarze Vögel seien, die dort an der Grenze in den kargen Bäumen säßen. „Das sind Trappen", sagt er, „die sind so groß wie Hausputen." Wir kommen kurz ins Gespräch, wobei er lamentierend den Niedergang des hiesigen Wildbestandes beklagt. „Früher waren in dem kleinen Teich da hinten Scharen von Wildenten, heute sehen Sie kaum noch eine. Und daß man Fasane für die Jagd züchtet, spricht für sich." Er startet sein Auto und ruft mir im Wegfahren noch durch das Seitenfenster zu: „Da vorne sitzt das Bundesheer, aber die sehen eh, daß Sie kein Flüchtling sind. An Ausweis ham s' ja dabei, oder?"

Unter einer Futterkrippe entdecke ich einen toten Feldhasen. Entlang eines alten Feldrainbestandes wachsen neu gepflanzte Eschen, gegen Wildverbiß plastikummantelt. Mein Weg ist schnurgerade, und wie seit Tagen gewohnt, geht es eben und flach dahin.

Auf der Höhe des unbesetzten Wachhäuschens Nr. 145 kommt mir der auskunftsfreudige Jäger wieder entgegen, hält an und überreicht mir zwei Bildpostkarten mit den in Österreich selten vorkommenden Großtrappen. „Auf eine Karte hab' ich Ihnen eine Feder geklebt, damit Sie wissen, was für eine Farbe der Hahn hat. Achtzehn Kilo wird so einer schwer!" Ich bin sehr gerührt von dieser waidmännischen Überraschungsaktion und stecke die Karten in meinen Rucksack.

Wie grauer Firnis schleicht die Dämmerung über die Felder und läßt das Grün in allen nur erdenklichen Schattierungen erscheinen. Plötzlich auffliegende Fasane bin ich mittlerweile gewohnt. Noch lange begleitet deren typisches Krächz- und Gackergeschrei mein Gehen in den Abend hinein.

Ich überquere den Komitatskanal, der von zwei Posten mit rot-weiß-roter Armbinde bewacht wird. Einige hundert Meter weiter auf Nickelsdorf zu, steht rechts der Straße ein mit Blättern getarntes olivfarbenes Zelt. Auf der Leitha-Brücke wieder eine Personenkontrolle. Hinter dem Klärwerk die Lichter des Bahnhofs.

In der Bahnhofswirtschaft lasse ich mir ein großes Gulasch schmecken, das Sitzen tut gut. Zwei junge Soldaten der Grenztruppe trinken neben mir ihr Bier aus und fassen ihr Leid in einem Satz zusammen: „Da is ja nix los."

Beim Gehen durch den nächtlichen Ort verspüre ich ein bleiernes Gefühl in meinen Beinen. Ein Hauch von Westernstadt durchzieht das langgestreckte Dorf, die einstige Goldgräber-Stimmung aber scheint verflogen oder zumindest im Dunkel der Nacht verborgen.

Leichter Regen setzt ein, Flutlichtstrahler hüllen die Kirche in grellweißes, gespenstisches Licht. Am Ortsende übernachte ich in einem Einzelzimmer des „Gasthauses Dörner".

Auf die Nickelsdorfer Gastronomie bezogen, heißt Montag fast ausnahmslos Ruhetag. Nur in einem neu eingerichteten Bierlokal brennt Licht. Dort erfahre ich von zwei uniformierten Grenzschützern, daß die ungarischen Wachtürme vielfach von den österreichischen Jägern zur Weiterverwendung als Hochstände gekauft wurden. Ich frage die beiden Burschen zu ihrem Dienst an der Grenze. „Die meisten illegalen Grenzgänger", erzählen sie mir, „kommen hier bei Nickelsdorf wegen der Autobahn Richtung Wien nachts über die Grüne Grenze. Viele kommen aus Rumänien oder sind Deserteure aus dem ehemaligen Jugoslawien. In Plastik-Sackerln ham s' a bisserl was zum Essen, manche haben ihren Paß dabei, aber können natürlich kein Deutsch. Man erkennt sie meist an den dreckigen Schuhen und den nassen Hosenbeinen. Und natürlich ham s' Angst, wenn s' plötzlich gestellt werden. Vom Auffang-Lager in Neusiedl werden sie dann zurückgebracht." Beide werden etwas nachdenklich, und einer sagt: „Aber man kann halt nicht hineinschauen in einen Menschen."

„Was habt ihr denn für ein Verhältnis zum ungarischen Militär jenseits der Grenze?" frage ich sie. „Die werden erst abends mit LKW an der Grenze verteilt.

Da kann's dann schon mal passieren, daß wir Konservendosen gegen Schnaps tauschen", antworten sie und grinsen.

Über die Theke hinweg bekomme ich noch eine andere Information zum Thema „Grenze" aus erster Hand. Zwei zivile Beamte des Zollamtes Nickelsdorf garantieren der Wirtin, „daß aufgrund der Unterbesetzung beim Zoll heute nacht per LKW mindestens so viele Zigaretten hereingeschmuggelt werden, daß man damit das Lokal hier vollstopfen könnte." Nach meiner Rechnung wären das über vierzig Kubikmeter. „Weißt, das sind Profis", sagt ein Zöllner zur Wirtin, „die kommen nachmittags genau fünf Minuten vor fünf, weil s' wissen, daß wir da Dienstwechsel haben und wir dann nichts mehr schreiben."

Draußen auf der regennassen Straße blinkt unentwegt das gelbe Licht einer Ampel.

Dienstag, 31. Oktober

Die Nacht war kurz, ich habe noch bis halb drei Uhr früh geschrieben.

Beim Einkauf im Lebensmittelgeschäft „Nah & Frisch" schenkt mir die Kassiererin eines der übriggebliebenen Österreich-Papierfähnchen vom National-Feiertag, die hier im Laden mit Tesafilm über Kreuz an der Wursttheke befestigt sind.

Am Ortsausgang neben einem Spielplatz wieder Soldaten der Grenztruppen. Ich überquere die Autobahn Wien-Nickelsdorf-Hegyeshalom. Unter lautem Geknatter der Rotorblätter fliegt ein Hubschrauber des Bundesheeres im Tiefflug über die Felder.

Auf dem Kleylehof, einem aufgelassenen landwirtschaftlichen Gut, hat sich ein Bildhauer aus dem nahen Andau in einer Werkstatt-Halle sein Atelier eingerichtet. Fünf große Holzplastiken mit goldenen Kronen stehen kreisförmig hinter dem Atelierfenster. Schade, daß ich den Künstler nicht antreffe. In den gemauerten Scheunen sind Erntefahrzeuge abgestellt sowie ein rotgestrichener Zivilschutz-LKW aus der Steiermark.

Da auf meiner Karte ganz nah am Grenzverlauf ein Friedhof eingezeichnet ist, sich aber weit und breit kein Dorf befindet, mache ich meiner Neugier wegen wieder einmal einen vier Kilometer langen Umweg. Vorbei an einer Sandgrube finde ich nach langem Suchen, versteckt hinter eingezäuntem Jungwald, etwa 40 Gräber, die zum Teil mit frischen Herbst-Astern geschmückt sind. Einzelne Holzkreuze sind verfault und ohne Namensbezeichnung, andere hingegen neu gestrichen. Horváth, Nemeth, Savanyo oder Sulik lauten einige der Namen. Soweit ich die verwitterten Beschriftungen entziffern kann, fand 1958 die letzte Beisetzung an diesem abgeschiedenen Ort statt.

Vor dem Wind geschützt, mache ich beim Rückweg Rast an einem kleinen Wald und esse, dem Nachbarland verbunden, ein Stück ungarische Salami. Immer noch etwas fremd erscheint mir diese weite, flache Landschaft; ich muß mich erst daran gewöhnen. Hier an meinem schattigen Rastplatz sitze ich hundertdreißig Meter über dem Meeresspiegel und schaue über abgeerntete Felder immensen Ausmaßes.

Schauen bedeutet hier in sich ruhen und mit der Langsamkeit eins werden. Das Geschaute schielt an diesem Ort nicht nach Einschaltquote. Nirgendwo nervige, kurzgeschnittene Video-Clips, nirgendwo entertainmäßig präsentierte Wetter-Vorhersagen, nirgendwo krankmachende, musikalische Dauerberieselung. Schauen und hören ist ohne Antenne und Kabel möglich. Wir müssen uns das Vertrauen auf den eigenen Blick bewahren.

Ein noch nicht gelesener Weinberg schenkt mir unverhofft süße, rote Trauben zum Nachtisch. Die kleinen Holzwindrädchen sollten mit ihrem Knarzen sicherlich unerwünschte Traubenkoster abhalten. Verzeihung, Herr Besitzer!

Auf einer anstrengend zu gehenden, weichsandigen Straße erreiche ich Wittmannshof, ein Wirtschafts-Gut, in dem Arbeiter gerade einen mit „Schloßkellerei Halbturn" beschrifteten Hänger mit Wasser abspritzen.

Ich halte auf die jenseits der Grenze liegende Kirche des Ortes Albertkázmérpuszta zu. Die zwei Soldaten von gestern abend erzählten mir, daß in diesem Dorf nur noch dreißig alte Leute wohnen würden. Eine auf dem Feldweg liegende leere Zigarettenpackung „Memphis" mit ungarischer Steuerbanderole ortet mich richtig ein.

Kurz vor der Grenze schreibe ich im Wachhäuschen Nr. 242 einen auf die Innenbretter der Bude geschriebenen Wandspruch ab: „Kennst Du das Land, wo man Soldaten zu Strafgefangenen macht? Man nimmt ihnen auch Schönheit und Tugend, Burgenland, Du bist das Grab meiner Jugend". 200 Meter weiter ein windschiefer Unterstand, diesmal auf Holz gekritzelt Grenzschutz-Gedanken in Englisch: "A gun is a gun is a motherfucker gun / 30 bullets keep the Yugo on the run!"

Auf der Teerstraße nach Halbturn halten mich zwei „Bundesheerler" an. Einer der beiden überprüft geschäftig meinen Paß. Als er meine vielen türkischen und tschechischen Einreisestempel sieht, sagt er: „Paßt!"

Vor dem Dorf auf schmalen, aber langen Wiesenstücken vereinzelt kleine Tafeln. „Geförderte Weingarten-Stillegung" steht drauf. Die Budapester Straße geleitet mich ins Dorf, ein vor dem „Gasthaus zu den Linden" abgestelltes gelbes Post-Fahrrad führt mich in ein äußerst gemütliches Wirtshaus. Alle Gäste, ausnahmslos Männer, sind um die Theke versammelt, darunter zwei Briefträger, die alljährlich mit einer Gruppe vier Tage lang von Halbturn nach Mariazell marschieren. „180 Kilometer sind das!" vermerkt einer stolz. Man trinkt Weiß und Rot und lädt mich sofort zu einem Achtel ein. Heinrich, ein Versicherungs-Vertreter und Wochenend-Landwirt aus Tadten, fährt mich auf Quartiersuche ins nahe Frauenkirchen. Die Fremdenverkehrs-Saison endet allerdings genau mit dem heutigen Tag. Erst in St. Andrä ist mir im „Gasthaus Lang" das Glück endlich zugetan.

Vor dem „Gasthaus Votik" hängen auf einem Gestell der Ladefläche eines VW-Pritschenwagens erlegte Fasane. Im Lokal essen die Treiber, um zwei große Tische sitzend, ihre Mahlzeit und werden Mann für Mann vom Jagdleiter mit 200 Schilling ausbezahlt. Draußen im Speisesaal des gutbürgerlichen Gasthofes tafelt unter einem Lüster eine Tischrunde gepflegter Jägerschaft aus Wien mit ihren Frauen. Neu angekommene Gäste, edel und grün gewandet, werden begrüßt und vorgestellt, den Damen werden die Stühle zurechtgerückt. Die Szenerie erinnert mich an Buñuels Film

„Der diskrete Charme der Bourgeoisie". Ich esse einen Gamsbraten mit Knödel und warte vergeblich auf Fernando Rey.

Heimwege in diesen breitangelegten Angerdörfern erscheinen mir von einem Ortsende zum anderen nach erbrachter Tagesleistung oft wie beschwerliche Fernwanderwege durch schwarzes Licht. Die Sperrstundenzeiten der Lokale lagen auf meiner Tour bisher im Schnitt zwischen 9 und 10 Uhr abends. St. Andrä am Zicksee tanzt da nicht aus der Reihe; selbst die Sterne am Himmel halten sich daran.

Ich stelle mir einen Stuhl auf meinen Balkon, trinke ein „gebunkertes" Viertel und höre hinaus in die Dunkelheit. Irgendwo bellt ein Hund.

Mittwoch, 1. November (Allerheiligen)

„Bevor ich heute fortfahre, muß ich mir wenigstens noch Zündhölzer einstecken", sagt die Wirtin, schlüpft in ihren dunkelblauen Mantel und fährt zum Friedhof.

Auf einem klapprigen Steyrer Waffenrad fahre ich in das Vogel-Naturschutzgebiet Lange Lacke und Zicksee. Neben einer Sonderkrankenanstalt des Kriegsopfer- und Behindertenverbandes lockt mich das laute und aufgeregte Geschrei einer Vogelkolonie an. Am flachen Seeufer der Langen Lacke tummeln sich Regenpfeifer. Vor einem der vielen Wochenendhäuschen, ortsverbunden „Reihersiedlung" benannt, steckt ein Wiener Ehepaar Blumenzwiebeln in die Gartenerde.

In der Pizzeria „Zu den Zeiselbären" bekomme ich zusätzlich zu den Spaghetti noch Arlo Guthrie's Lied "City of New Orleans" serviert. Während der Musik fällt mir ein, daß ich heute, genau vor 14 Jahren, mit meinem Kabarettprogramm „Passauer Pfarrfamilienabend“ im Münchner „Fraunhofer-Theater“ Premiere hatte. Lange ist's her. Meine ersten Worte auf der Bühne habe ich als Begrüßung lateinisch vorgetragen: „Confiteor Deo omnipotenti, beatae Mariae semper Virgini...“ Oft habe ich dieses Stufengebet als Ministrant in der Stadtpfarrkirche St. Paul heruntergeleiert; im „Fraunhofer“ habe ich's dann nur anders betont.

Weiß gekleidete, kleine Ministrantinnen erinnern mich wieder daran, als diese am frühen Nachmittag die Pfarrgemeinde von St. Andrä von der Kirche zum Kriegerdenkmal geleiten. Zwei Fackelschalen lodern links und rechts der Namenstafeln, die in der Mitte ein Stahlhelm ziert. Schulkinder stimmen mit einem Gedicht auf die Feier ein: „Ihr strittet für die Heimat“. Heldenmut reimt sich dann auf Heldenblut, fern auf gern. Der Pfarrer betet vor, und die Gläubigen antworten gemeinsam, indem sie Gebete von Handzetteln ablesen.

„Die Kriegsopfergruppe St. Andrä“, sagt der Bürgermeister übers Mikrophon, „kann leider aus bestimmten Gründen die Gedenkfeier am Kriegerdenkmal nicht mehr mitgestalten. Deshalb übernimmt ab heuer die Gemeinde diese Aufgabe.“ In seiner freien Rede, die nur dann unterbrochen ist, wenn er den in seiner linken Hand versteckten kleinen Spickzettel überfliegt, unterstreicht er, daß niemand diesen sinnlosen Krieg wollte. „Gedenken wir auch jener 29 Burgenländer, die im Kampf gegen die Diktatur ihr Leben lassen mußten“, fügt er hinzu und legt einen Kranz nieder. Auf dem kurzgeschorenen Rasen des Ehrenmals intonieren Musikanten moderatissimo zweimal das „Lied vom guten Kameraden“.

Die Gemeinde singt noch einmal und zieht, für die armen Seelen im Fegfeuer betend, zum Friedhof hinaus. Die durch einen tragbaren Lautsprecher verstärkte Stimme des Vorbeters verhallt allmählich hinter der Kirche. Drei dunkel gekleidete Frauen mit schwarzen Kopftüchern bleiben zurück und suchen auf der Marmortafel nach Namen. Darüber steht in großen Buchstaben: „Unseren gefallenen Söhnen zur Ehre“.

Die Abend-Nachrichten melden einen Balkangipfel der kriegführenden Parteien des ehemaligen Jugoslawiens in den USA, ferner die Verhaftung eines ungarischen Taxifahrers in Unterpullendorf, der als Profi-Schlepper vier Türken über die Grenze bringen wollte, sowie das Fußballergebnis der Champions-League Steaua Bukarest gegen Borussia Dortmund 0:0. Im Waldviertel soll es morgen schneien, hier im Burgenland regnen.

Donnerstag, 2. November
Putztag an Allerseelen im Bahnhof St. Andrä. Eine Frau reinigt den Wartesaal und die Toiletten, draußen kehrt ein Bahnbediensteter gelbe Ahornblätter zwischen den Geleisen zusammen. Finstere Wolkenmassen ziehen vom Neusiedler-See her, als ich um halb neun Uhr den Zug Richtung Grenze besteige. Sopron heißt mein heutiges Tagesziel.

An der nächsten Bahnstation steigen zwei Mädchen aus und gehen Richtung Dorf; in Pamhagen, dem letzten Bahnhof vor der ungarischen Grenze, steigen die Zöllner zu. Der mit einer Tarnjacke bekleidete Ungar stempelt meinen Paß, der Österreicher blättert ihn ein bißchen durch und sagt: „Na, guat is'!", setzt sich zwei Abteile weiter, zündet sich eine Zigarette an und gähnt. Kurz vor der Grenze grüßt draußen ein Bundesheer-Posten den vorbeifahrenden Zug.

In Fertöszentmiklós bin ich der einzige, der aussteigt. Auffallend viele Trabis vor dem Bahnhofsgelände. Ich gehe auf der Rákóczi utca ins Dorf, vorbei an einem Schild: „Chow-Chow- und Perserkatzen-Züchter". Ich nehme den Bus über Nagycenk nach Sopron. Da der Bus voll besetzt ist, muß ich bei jeder Haltestelle den Rucksack auf meine Knie heben, um den Mittelgang frei zu machen. Am Straßenrand werden Schneegitter von einem LKW heruntergeschmissen und auf Lücke versetzt in einer Wiese aufgestellt.

In Sopron, das früher Ödenburg hieß und 1921 bei Ungarn verblieb, fallen mir Buchstaben-Kombinationen ungarischer Autokennzeichen auf: BRD, BDM oder DGB. In der Nähe des Busbahnhofes nehme ich in einem Gasthaus ein Zimmer.

Wie schon in Břeclav werde ich auch hier wieder Opfer eines Antiquariats und verlasse den Laden mit 50 Postkarten. Darunter sind drei Bild-Postkarten vom Juli 1899 mit Motiven aus dem Nibelungenring, geschrieben von einem Richard Preysing an „Seine Kaiserliche Hoheit Erzherzog Karl in Gossensass, Tirol". Auf welchem Weg werden wohl diese Karten hierher gekommen sein? Eine kolorierte Ansichtskarte aus Singapur und aus Venedig schicke ich vom Postamt Sopron nach Passau. In Grenzstädten ist eben nichts unmöglich.

Über ein paar Treppen gehe ich in eine Stehkneipe hinunter und habe instinktmäßig wieder einmal die richtige Wahl getroffen. Nur Einheimische trinken hier ihr Bier oder ihren Wein, den eine ältere Frau hinter der Theke mit einem Aluschöpfer aus einem Keramikbottich ins Glas schenkt. Unter Einheimischen zu sein bin ich deshalb froh, weil halb Sopron von Österreichern zugeparkt ist, die hier billig einkaufen wollen. Den Samstag möchte ich hier nicht erleben.

Sämtliche Geschäfte sind zweisprachig beschriftet, fast alle führen eine Wechselstube. Zwischen gestapelten Marlboro-Stangen hängen einheimische Salami-Stangen. Der Anzahl von Zahnarzt-Praxen nach zu urteilen, müßte sich in Sopron ganz Wien seine Karies behandeln lassen – nachdem vorher in einem der zahlreichen Optiker-Läden die Brillenstärke korrigiert wurde. Selbst neben der Bar des Vier-Sterne-Hotels „Pannonia" nistet ein Optiker-Shop. Was der sparsame, im Grenzgebiet lebende Österreicher auch aus Sopron importieren kann, sind Jeans, Wildschweinfelle und schachtelweise Torten, womit der Kreis zu der später vielleicht anfallenden Kariesbehandlung wieder geschlossen ist. Die östliche Ringstraße wirkt vor dem mittelalterlich geprägten Stadtkern wie ein k. u. k. Erlebnispark für Duty-Free-Shop-Süchtige.

Im Gegensatz dazu bildet die in ungarischer Sprache abgehaltene Rosenkranz-Gebetsstunde in der Benediktiner-Kirche ein Refugium für Einheimische. Im „Ciklámen-Tourist-Büro" wird eine Sylvester-Busreise mit 5-tägigem Aufenthalt in der Steiermark für 33.000 Forint – das entspricht etwa 310 Mark – angeboten. Wer sich diese Reise in den Süden nicht leisten kann, muß sich mit der Palme im Busbahnhof-Wartesaal begnügen. Täglich um 10 Uhr startet von hier ein Bus nach Istanbul.

Daß ich wirklich in Ungarn bin, bestätigt mir im „Gasthaus Selmeci“ der Salz- und Pfefferbehälter, der hierzulande um einen Paprikastreuer erweitert ist.

Im ungarischen Fernsehen läuft abends der Spielfilm „Kaspar Hauser“ von Werner Herzog, mit meinem geliebten, leider verstorbenen Clemens Scheitz, dessen CSU-Mitgliedsausweis mir vor Jahren Werner Winkler von der Münchener Kleinkunstbühne „Drehleier“ schenkte. Jörg Schmidt-Reitwein, der „Kaspar Hauser“ filmte, führte bei meinen ersten Kurzfilmen ebenfalls die Kamera.

Rundgang durch das nächtliche Sopron. Ein weißes Tesaband überdeckt auf dem Emailleschild von Haus Nummer 17 das Wort Lenin – die Straße heißt nun „Várkerület“.

Im Waschbecken meines Zimmers weiche ich noch ein paar Hemden ein. Dazu benutze ich wie immer „Rei in der Tube“, aber heute lese ich zum erstenmal bewußt den Aufdruck auf der gelben Verpackung: „Praktisch für die Reise und daheim“. Darunter sind auf einer stilisiert gezeichneten Weltkugel ein Schiff, ein Auto, ein Zug und ein Flugzeug abgebildet. Daß auf einer Schiffsreise so eine Handwäsche funktionieren mag, leuchtet mir ein. Handwäsche im Auto oder in der Bahn sehe ich schon etwas problematischer. Aber Wäsche waschen während einer Flug-Reise übersteigt meinen Horizont.

Freitag, 3. November
Auf dem Wochenmarkt nahe dem Busbahnhof werden im Außenbereich Textilien angeboten; Kraut, Zwiebeln und Paprika verkaufen die Händler direkt aus den LKW. Im überdachten Teil des Marktes sitzen meist ältere Frauen vor ihren Obst- und Gemüseständen, eine Gruppe pelzbemützter Soldaten verzehrt an einem Stehtisch heiße Würstel.

Ich besuche noch einmal die Benediktiner-Kirche und lese dort den Anschlag eines Paters Franz C. Endredy OSB. Anläßlich der Grenzöffnung 1989 schreibt er: „Damals fielen viele Menschen an der Grenze nieder und beteten weinend. Zum Dank an Gott für die Befreiung Ungarns und Ost-Europas ohne Blutvergießen, von dem die ganze Welt bedrohenden Kommunismus, renovieren wir diese Kirche als Votivkirche". Ich verlasse das Gotteshaus, eine ungarische Reisegruppe nimmt in den Sitzbänken Platz.

Im Büro von „Lokomotív-Tourist" erkundige ich mich nach Übernachtungsmöglichkeiten in den Grenzorten. Privatübernachtungen oder Pensionen, heißt es, gibt es nur in größeren Orten. Eine Angestellte erzählt mir, daß in Sopron neunzig Zahnärzte angemeldet sind, insgesamt aber im Stadtgebiet um die zweihundert praktizieren. „Ich habe Bekannte aus Zürich", sagt die freundliche Ungarin, „die zahlen für eine Zahnreparatur, Übernachtung und Essen ein Drittel des Preises von zu Hause in der Schweiz. Verständlich, daß sich die österreichischen Ärzte gegen ihre ungarischen Kollegen energisch wehren."

Mit „günstiger Kurs" locken private Geldwechsler die Touristen in der Árpád utca, einer Straße, die zu zwei Kaufhäusern führt, deren Parkdecks im Parterre voll mit österreichischen PKW belegt sind. Ich kehre wieder in meiner Stehkneipe ein und lasse mich lange von der Thekenbeleuchtung faszinieren. Zwei grüne Weinflaschen, deren Boden abgeschnitten wurde, konvertierten zu Lampenschirmen.

Ich studiere die Landkarte und entschließe mich – weil mich der Name neugierig macht – mit dem Bus in ein ehemaliges Kohlebergarbeiterdorf namens Brennbergbánya zu fahren. Nach einer halben Stunde Fahrt hat der Bus die zweihundert Meter Höhenunterschied bewältigt und hält vor einer Kirche. Deren Untergeschoß beherbergt seltsamerweise ein Gasthaus. Vor dem Lokaleingang stehen verloren zwei eiserne Loren, aus denen traurige Kiefern wachsen. Hier ist Endstation im wahrsten Sinne des Wortes.

Ein doppelgaragengroßes Häuschen, das sich als Postamt herausstellt, steht alleine und verlassen auf einem lehmbefestigten Platz. Gleich hinter dem Lebensmittelgeschäft endet eine Straßenüberführung aus bröckelndem Beton jäh in der Mitte. Verstreut im weiten Rund eines bewaldeten Talkessels liegen die kleinen Häuser der einstigen Bergarbeiter. Rechts oben, in westlicher Richtung, zeigt eine tiefe Waldschneise noch Spuren des einstigen „Eisernen Vorhangs".

Mittlerweile hat der Bus gewendet und steht wieder startbereit für die Retourfahrt nach Sopron. Zwei ältere Dorfbewohnerinnen geben mir in dialektgefärbtem Deutsch überraschend Auskunft zur Situation des Ortes. 1952, so erzählen sie, wurden nach 240 Jahren des Kohleabbaues die Zechen geschlossen. Österreicher, Ungarn, Tschechen, Slowaken und Serben besiedelten einst diese Gegend. 1945 und 1947 sollte ein Teil der Volksdeutschen, die aber die ungarische Staatsbürgerschaft besaßen, deportiert werden. „Die kommunistische Partei von Brennberg und Sopron verhinderte aber die Aussiedlung der Menschen, indem sie behauptete, daß dadurch der Kohleabbau gefährdet sei. Schließlich brauchte die Volkswirtschaft ja die Kohlen", ergänzt die überaus mitteilsame Frau. „Wir haben unser Dorf nur mit einem Spezial-Ausweis mit einer eingestempelten ‚2' betreten dürfen, und selbst im Bus hier herauf sind Zivil-Beamte gesessen." Sie beschreibt mir den Weg zum Friedhof und ruft mir nach: „Beim Fußballplatz können S' noch einen alten Luftschutz-Stollen fotografieren."

Die Teerstraße geht in eine Sandstraße über, eine Frau zieht auf einem Fahrgestell eine leere Gasflasche den Berg herauf. Unten im Tal sehe ich am Hang einen riesigen Friedhof. Eine mächtige Eiche streckt ihre kahlen Äste zum Himmel, oben zum Waldrand hin erinnert ein Gedenkstein für die in der Grube und für die im Krieg umgekommenen Bergleute. Milchram, Rosenstingl, Becher und Zimmerhansl notiere ich unter den deutschen Namen auf den Grabsteinen. Die Grabstätte einer Familie Fábián nennt von den drei Familienmitgliedern nur die Geburtsdaten, die Todesdaten fehlen noch. Am Friedhofs-Ausgang hängt ein zweisprachiges Schild: „Achten wir auf Ruhe und Reinlichkeit".

Lange bleibe ich beim Rückweg neben einer Telefonzelle stehen und überlege, ob ich jemanden anrufen sollte, weil es hier absolut abgeschieden und einsam ist. Ich lasse es aber bleiben, weil ich glaube, daß zu Hause niemand auf die Schnelle diese Stimmung hier nachvollziehen kann.

Oben am Berg kommt mir ein Lieferwagen entgegen, unübersehbar der Schriftzug ”Family Frost“. Er stoppt hinter der Kurve vor ein paar Häusern und läßt, einem Lockruf gleich, über Tonband für einige Sekunden lang eine Erkennungsmelodie erschallen. Nach dem Verstummen dieser „Frost-Fanfare“ jaulen Hunde in der nahen Umgebung.

Ich warte auf den Bus und beobachte einen Burschen, der mit übergestülptem Walkman auf seinem Moped stehend über die Böschungen knattert. Vor der Wirtshaustüre unter der Kirche parkt die leere Gasflasche. Daneben ein Missionskreuz mit der Inschrift: „Rette Deine Seele“. Im Buffet nebenan trinke ich noch einen Kaffee und entdecke zufällig zwischen den Spirituosen an der Theke eine deutsch und ungarisch geschriebene Ortsgeschichte Brennbergs von einem Nándor Becher.

Im Zimmer meines Gasthauses lese ich mit Interesse seine Dorfchronik. Mittlerweile ist es zwei Uhr früh. Auf den Geranien vor meinem Dachfenster liegt der erste Schnee.

Samstag, 4. November

Die Kälte hält den österreichischen Wochenend-Einkaufsrausch in Grenzen, über Sopron fegt dichtes Schneegestöber.

Ich rufe Herrn Becher an. Er lädt mich für Nachmittag nach Brennbergbánya ein. Fröstelnde Menschen drängen sich am Buffet des Busbahnhofs und wärmen sich mit Kaffee oder Schnaps. Ich stehe erwartungsvoll und glücklich in der Ecke und halte Ausschau nach der mir schon bekannten Bus-Linie 3.

Der „brennende Berg“, wie Brennbergbánya einst zur Gründerzeit hieß, liegt unter einer geschlossenen Schneedecke. Innerhalb 24 Stunden erlebe ich hier Herbst und Winter.

Herr Becher, ein pensionierter Lebensmittelhändler, wartet bereits an der Bushaltestelle und führt mich gleich an den zwei Loren vorbei ins Wirtshaus unter der Kirche. „Ich bin der Ferdinand“, stellt er sich vor, und schon stehen zwei Schnäpse am Tisch. Wir kommen gleich so ins Reden, als hätten wir uns schon immer gekannt. „Weißt, Rudi“, sagt er, „die Geschichten, die ich über unseren Ort aufschrieb, habe ich alle während meiner Tätigkeit im Lebensmittelgeschäft erfahren. Oft kam das aus Sopron gelieferte Brot nicht um 7 Uhr, sondern erst um 10 Uhr. Während dieser Zeit erzählten mir dann die wartenden pensionierten Kumpel, denen der Weg nach Hause ein zweites Mal zu weit gewesen wäre, ihre Erlebnisse aus früheren Tagen. Hier, in diesem Wirtshaus, wo wir jetzt sitzen, befand sich zur Zeit der Kohleförderung das Material-Lager der Zeche.“ Ferdinands Dialekt klingt für mich wie eine Mixtur aus Österreichisch, Bairisch und einem Hauch Tschechisch.

„Früher“, fährt er fort, „gab's bei uns ein reges Kulturleben. Wir ham g'habt Blaskapellen, Gesangsvereine, eine Jazz-Band, einen Schach-Club, eine Damen-Basketballmannschaft und einen Fußballverein, den im 49er Jahr die ungarische Fußball-Nationalmannschaft auf der Durchreise nach Österreich besuchte. Seit der

Schließung des Bergwerks ist leider alles aus. Früher hama hier g'habt 2.700 Einwohner, 1.200 sind's heute noch."

Wir gehen nach draußen, Ferdinand deutet auf ein Haus. „Dort oben war's Casino, später war's eine kleine Textilfabrik, heute ist's leer." Wir stapfen eine unbefestigte Straße hinauf und bleiben vor einem gemauerten Ziegelschornstein stehen. „Das war der Kamin vom Bad der Bergarbeiter. Hier ham s' täglich gebadet; ihre Familien durften einmal wöchentlich das Bad benutzen. Und gleich daneben stand das Spital mit Operations-Raum. Früher war immer ein Militärarzt hier, heute kommt der Doktor nur mehr einmal pro Woche nach Brennberg."

Von einem Hügel aus schauen wir über das weiße Tal. „Von drei Grenzkasernen waren wir umgeben und im Ort hama g'habt die AVO, das war die Geheimpolizei, für die hier 16 Mann abkommandiert gewesen sind. Denen hat manch einer was zugegeben, was er nicht gemacht hat, nur um wieder rauszukommen."

Ich frage meinen Begleiter nach dem Luftschutzbunker neben dem Fußballplatz. „Auf der Flucht vor den Russen", beginnt Ferdinand zu erzählen, „versteckte sich hier von November '44 bis März '45 in unserem Ort Franz Szálasi, der Führer der ‚Pfeilkreuzler', das waren die ungarischen ‚Hakenkreuzler'. Wegen der Fliegerangriffe wurde für ihn in dem 150 Meter tiefen Bunker ein eigenes Arbeitszimmer eingerichtet. Außerdem hatte er den ungarischen Kronschatz und die Stephans-Krone dabei."

An manchen Straßenrändern sind Gräben aufgerissen, Ferdinand klärt mich auf: „Hier werden Wasserleitungen verlegt, denn erst seit 1993 haben wir fließendes Wasser zu den Häusern, und erst seit 1993 gibt's Telefon-Privatanschlüsse. Unsere fünf Telefone, bei mir im Geschäft, auf der Post, in der Schule, beim Doktor und bei einem den Kommunisten sehr nahestehenden Privatmann wurden früher alle abgehört. Kaum hast du gewählt g'habt, hat's schon ‚Klack' gemacht. 1986 ham s' zusätzlich zum Stacheldraht noch eine sogenannte technische Sperre errichtet, die s' dann '89 wieder abgebaut haben." Bei diesem Satz lächelt der Chronist Becher.

Es schneit. Wir gehen einen rutschigen Steig hinauf zu einer Stelle, an der 1752 ein Hirte zum ersten Mal Kohle fand. Durch den Wald führt mich Ferdinand zu einer Steilböschung, die zwischen den dunklen Fichtenstämmen den Blick freigibt auf die kleine Siedlung von Alt-Brennberg. Vereinzelt steigt aus den Kaminen Rauch auf. Armut prägt das Aussehen vieler Häuser, irgendwo wird Holz geschnitten. „Dieser Ortsteil hieß früher ‚Brasilien', weil hier viele kinderreiche Familien wohnten." Ferdinand schmunzelt. „1873 wurde hier nach der Cholera-Epidemie der Friedhof angelegt, weil sich die Nachbargemeinde Agendorf weigerte, die Cholera-Toten zu bestatten." Ferdinand zieht sich seine Pelzmütze tiefer ins Gesicht und deutet auf eine leere Stelle zwischen den Häusern. „Dort unten stand das ‚Gasthaus Horváth', in dem die Nazis während des Zweiten Weltkrieges ein Munitionsdepot errichtet hatten. Aus Angst vor den '45 herannahenden Russen ham s' dann das Wirtshaus gesprengt."

Wir umgehen das Dorf auf Außenwegen und erreichen über einen Feldweg Ferdinands Haus. Das eigenwillige Gitter-Muster seines Gartenzaunes erregt meine Aufmerksamkeit. „Ja, Rudi", sagt er, „das waren Eisenplatten, aus denen eine Fabrik in Sopron Bremsteile für den russischen Lada herausgestanzt hat. Das Abfallblech ist dann billig kiloweise verkauft worden."

Im Haus begrüßt mich Frau Becher, die ebenfalls im Lebensmittelgeschäft gearbeitet hatte. Ich erfahre viel über die Flüchtlinge der ehemaligen DDR, die hier 1989 versuchten, über die Grüne Grenze nach Österreich zu gelangen. 1956, erzählt mir Frau Becher, sei hier die bekannte ungarische Schauspielerin Violetta Ferrari in den Westen geflohen. „Wie s' drüben war", ergänzt Frau Becher, „hat s' dann in ihrer ersten Rolle in einem Film ein stummes Mädchen spielen müssen, weil s' ja nicht Deutsch können hat."

Zum Abendessen serviert man mir noch einen wunderbaren gefüllten Paprika, und dann werde ich von Ferdinand, der nun mit der Arbeit an einer zweiten Orts-Chronik ab dem Jahre 1945 begonnen hat, durch den dunklen Winterabend zur Bushaltestelle geleitet. „Weißt, Rudi", sagt er im Gehen, „ruhig hama schon gelebt, aber dafür waren wir 40 Jahre hinter Stacheldraht." Über die vereiste Straße pfeift kalter, schneidender Wind. Ich verabschiede mich von meinem Weggefährten und besteige um 7 Uhr den Bus nach Sopron. Nándor, wie Ferdinand auf ungarisch heißt, winkt mir nach und verschwindet allmählich in der Dunkelheit.

Es war ein kalter Wintertag, aber um so herzlicher erlebte ich hier heroben unverhoffte Gastfreundschaft. Ferdinand, brennender Berg, Jó szerencsét! Glückauf!

Sonntag, 5. November

Im internationalen Wartesaal des Soproner Bahnhofs warte ich auf den Zug nach Deutschkreutz. Bei der Paßkontrolle verwickelt mich der österreichische Zöllner in ein Gespräch über Spiegelreflex-Kameras.

Deutschkreutz, Hauptstraße. Auf der Markise des Bürogeschäfts Aminger stehen groß die Worte: „Spiel - Hobby - Freizeit - Leder". An der Theke der „Gebiets-Vinothek", deren Weinkeller per Video überwacht wird, trinke ich am Vormittag ein Achtel Blaufränkischen. Ein FPÖ-Plakatständer verkündet: „Jörg Haider kommt, Oberpullendorf 11.11. 11.30 Uhr".

Eine düstere Wolkendecke liegt über den Weinbergen, glücklicherweise herrscht Rückenwind, der die Schneeflocken vor mir hertreibt, denn Gegenwind wäre heute bei dieser Windstärke fatal. Eine weiße Plastiktüte weht über die nasse Teerstraße und verheddert sich in kahlen Rebstöcken. Ein mit Fasanen beladener VW-Pritschenwagen biegt links in einen Feldweg. Zwei Jäger mustern mich aus ihrem vorbeifahrenden Jeep. Ob sie mich für einen Vorboten des Weihnachtsmanns halten? Ich ziehe meine Wollhandschuhe aus Litschau an.

„Gendarm Josef Böhm und Gendarm Johann Kastler am 10.06.46 im Dienste gefallen" steht auf einem Gedenkstein nahe des Waldrandes.

Neben der Schranke eines Forstweges ersucht die Forstverwaltung auf einem Gebotsschild die „lieben Waldbesucher", nur in der Zeit zwischen 8 bis 16 Uhr Pilze zu sammeln; maximal zwei Kilo, heißt es weiter.

Es ist halb zwei, die Autos fahren aber bereits mit Abblendlicht. Das Gehen im Schneetreiben wird zur

Meditation. Ich höre nur meine Schritte und den pfeifenden Wind, der mich auf seinen Flügeln über die weißen Felder fliegen läßt. Ich schließe die Augen und lasse mich tragen.

Nikitsch. Zwei junge, vom Schnee überzuckerte Bundesheersoldaten marschieren wie große Gartenzwerge Richtung Kroatisch Minihof. Nur ihre Skibrillen und ihre Schnellfeuergewehre erinnern an die Wirklichkeit der Grenznähe. Die Straßenschilder des Dorfes sind deutsch und kroatisch beschriftet.

Im „Buschenschank Balogh" erfahre ich den Grund dafür: „Vor circa 450 Jahren wurden hier unter dem ungarischen König Kroaten angesiedelt", erklärt mir der Wirt. An Garderobenhaken aufgespießt hängt ein Ankündigungsplakat des Nachbarortes Kleinwarasdorf mit der Tanz-Musikgruppe „Mir", zu Deutsch: Friede. Ein Käsebrot liest sich auf der zweisprachigen Speisekarte „Kruh sa sirom".

Hier in diesem Heurigen-Lokal spielen Männer an zwei Tischen Karten, sie unterhalten sich ausschließlich in kroatischer Sprache. Auf den Fensterbänken brennen farbige Kerzen. Aus dem Lautsprecher tönt die Musik eines kroatischen Sängers mit dem Titel: „Ne dirajte mi ravnicu!" Frei übersetzt heißt dies: „Nehmt mir meine Heimat nicht!"

Der Wirt führt mich bei Schneetreiben ins nahe gelegene Heimat-Museum, dem eine Keramik-Werkstatt angegliedert ist. Der Keramiker und Hausbesitzer heißt Kostyan, und unsere Begegnung endet nach vielen Stamperln Zwetschgen-Schnaps. Kostyans Bruder, der Tabak anbaut, fährt mich anschließend über Kroatisch Minihof nach Lutzmannsburg, wo ich im „Gasthaus Pacher" übernachte. Der Wirt serviert mir ein großes Gulasch und entschuldigt sich schmunzelnd mit den Worten: „Ich muß wieder zurück zum Kartenspieler-Tisch. Hoffentlich gewinne ich heute", sagt er und schaut mich eindringlich an. „Wissen S', wir haben hier so wenig Gäste."

Ich sitze in einem Wirtshaus und habe ein Bett, aber ich weiß nicht, wo ich bin. Auf dem Stoffuntersetzer meines kleinen Tischchens vor dem Doppelbett steht eine Vase mit künstlichen Rosen. Ich öffne das Fenster, horche auf den Gesang des Windes und verkrieche mich unter meiner grün-weiß-gestreiften Bettdecke.

Montag, 6. November

„Israels Ministerpräsident Rabin Opfer eines Attentats in Tel Aviv", lauten die Schlagzeilen der Zeitungen in der Trafik. Am Postamt schicke ich ein Päckchen weg und telefoniere. Es ist kalt, aber es schneit nicht mehr.

Auch Lutzmannsburg (900 Einwohner) entpuppt sich bei Tageslicht als eines der typischen langen Angerdörfer. Zwischen den beiden Häuserzeilen der Hauptstraße erhebt sich die 1848 erbaute evangelische Kirche, auf deren Portalseite unter der Uhr ein weithin sichtbarer Spruch verkündet: „Bis hierher hat uns der Herr geholfen. 1. Sam. 7, 12".

Am Ortsende, unmittelbar vor der ungarischen Grenze, besuche ich die neugebaute Familientherme „barbablub", die mit 31 Grad aus der Erde sprudelt. Völlig überraschend kommt meine bisher ungenutzt mitgetragene Badehose zum Einsatz. Im „Restaurant Adebar" diskutiert eine männliche Planungsgruppe mit

Architekten, die hier ein „Hotel Kaiser“ errichten wollen. An der Stirnseite des Tisches hämmert eine Sekretärin in die Schreibmaschine. Durch die Glastrennwand sieht man auf die große Wasserrutsche, die unter großem Gejohle von einer ungarischen Schulbusgruppe in Beschlag genommen wird.

Auf der vor mir liegenden „Speisen- & Getränke-Karte“ fehlt beim Wort Speisen der Buchstabe „i“, was zu einer neuen Sinngebung führt. Im Restaurant und bei der Badeaufsicht fast nur ungarisches Personal. Ich schwimme, lasse mich von warmen Wassersprudeln massieren und schlafe eine Stunde im Liegestuhl.

Am Parkplatz vor der Therme lehnen am Telefon-Häuschen ein Gewehr und ein Funksprechgerät. Aus der Kabine höre ich einen jungen Bundesheersoldaten auf Tirolerisch fragen: „Isch de Mama do?“ Sein wartender und frierender Kollege gesteht mir, daß er nichts sehnlicher erwarte als das Dienstende an der Grenze.

Am Nachmittag besichtige ich das private Heimat-Museum, das der 75-jährige Junggeselle und Heimatdichter Ernst Weber betreibt. Er geleitet mich durch die Räume, die mit alten landwirtschaftlichen Gerätschaften angefüllt sind. Zimmergroß ein von ihm selbst erstelltes Modell von Alt-Lutzmannsburg mit strohgedeckten Häusern. Mit Original-Familien-Tracht eingekleidete Schaufensterpuppen stehen lebensgroß in der ehemaligen Wohnstube seiner verstorbenen Eltern.

Hinten im Stadel offenbart mir der Heimatdichter seinen ganzen Stolz: Einen Steyrer Diesel-Traktor von 1951. „Vor zwei Jahren ist meine 98-jährige Mutter gestorben, die ich immer gepflegt habe. Das Heiraten habe ich versäumt, und jetzt bin ich halt alleine. Schön

bei Lutzmannsburg, Burgenland 1995

Alleebaum

Bahnhofs Wartesaal
Köszeg, Ungarn 1995

Marschall Titos Uniform

Bus-Wartehäuschen
bei Černeče, Slowenien 1996

Jagdmuseum
Marchegg, Niederösterreich, 1995

Ehemalige Bergarbeiter-Siedlung
Brennbergbánya, Ungarn 1995

Hoteleingang

Fremdenzimmer
Lavamünd, Kärnten 1996

Dorfstraße
Olmod, Ungarn 1995

Sargwagen
Libeliče, Slowenien 1996

Ruhender Grenzstein

Jüdischer Friedhof
Kittsee, Burgenland 1995

Vinothek-Freiterrasse

Karawanken-Blick
Zell Pfarre, Kärnten 1996

Selbstportrait
Ober-Haag, Mühlviertel (OÖ), 1994

ist das nicht“, sagt er nachdenklich und führt mich in sein karg eingerichtetes Wohnzimmer. An der Wand ein naiv gemaltes Bild seines verstorbenen Ponys namens „Rih“, daneben ein Foto, das ihn als Soldat im Zweiten Weltkrieg zeigt, im Eck eine alte Fotografie seines Großvaters. Schrank, Couch, Fernseher und Ofen ergänzen den Raum. Mittig angeordnet der Tisch, darauf ein Büchlein „Lehre der Dichtkunst“, am Boden stehend eine Schreibmaschine. „Als Bub hab' ich viel Karl May gelesen“, sagt Herr Weber, „jetzt versuche ich gerade unsere Familien-Chronik zu erstellen.“

Im „Gasthaus Pacher“ berichten mir der Wirt und der hiesige Leiter des Postamtes, daß in Lutzmannsburg nach dem Ungarn-Aufstand in den ersten November-Tagen des Jahres 1956 bis zu 1.200 Menschen über die Grenze gekommen seien: „In der evangelischen und katholischen Schule wurden s' damals untergebracht, und vom Roten Kreuz und von der Feuerwehr sind s' versorgt worden. Postbusse ham s' dann nach Wien gebracht. Alle dreihundert Meter hama entlang der Grenze rot-weiß-rote Fahnen aufgestellt, damit die Flüchtlinge aus Ungarn g'wußt ham, wann s' auf österreichischem Territorium san. Das beleuchtete Zifferblatt unserer evangelischen Turmuhr war ihnen vor allem nachts eine hilfreiche Orientierung.“

Wie erwähnt, der Spruch auf der Kirchen-Portalseite heißt: „Bis hierher hat uns der Herr geholfen“.

Dienstag, 7. November

Auf Vermittlung meines Hauswirtes und Winzers, Herrn Pacher, der einen hervorragenden Blaufränkischen keltert, besuche ich auf der anderen Straßenseite den pensionierten Musiklehrer und Geschichtsforscher Heinz Ritter.

Umgeben von Regalen mit Hunderten von Ordnern, Büchern, Kassetten und Diakästen sitzt er vor seinem Computer und überträgt altes Notenmaterial der hiesigen Gegend auf den Bildschirm. Sein engagiertes Arbeiten stellt er unter das Motto „Dorferneuerung von innen". „Wissen Sie", sagt er, „mich interessiert, worüber die Leute früher gelacht und geweint haben, wie sie gelebt haben und welche Probleme sie hatten."

Er steckt sich eine Zigarette an. „Ich will Ihnen anhand dieses Hauses hier in Lutzmannsburg einmal die Situation eines Grenzlandes erläutern. 1913 wurde meine Mutter in diesem Haus als Ungarin geboren, denn bis 1921 war ja das Burgenland ungarisch. Ich wurde hier 1939 als Deutscher geboren und meine Kinder, 1970 und später geboren, sind Österreicher.

Er bittet mich zu seinem Bildschirm, zeigt mir eine in Noten gesetze Polka und läßt diesen per Computer abspielen. „Das ist alles in Ordnung", sagt er zu mir, „aber das Tempo war früher meistens viel langsamer als heute angenommen. Von der Gruppe, die diese Polka spielte, besitze ich ein altes Foto. Als ich einmal einen Musikwissenschaftler an der Wiener Musik-Hochschule gefragt habe, was die denn für ein Tempo gespielt hätten, bekam ich zur Antwort: ‚Schau dir die Kleidung und die Schuhe auf dem Foto an, dann weißt du das Tempo.'"

Ich bitte Ritter um die Noten eines hiesigen Landlers und erhalte den Ausdruck eines Hochzeits-Anführtanzes. Mittlerweile per Du, gibt er mir dazu folgende Erläuterung: „Der erste Tanz mit der Braut gehörte immer dem Brautführer, der dann nach strenger Rangordnung die Braut an den nächsten Tänzer übergab. Der vorletzte Tänzer war ihr Vater, und erst am Schluß durfte der Bräutigam mit seiner Frau tanzen."

Wir wechseln den Raum und setzen uns im ersten Stock ins Wohnzimmer. Bei gespritztem Rotwein erzählt mir Heinz Geschichten von Lutzmannsburg. „Nach dem Ungarn-Aufstand sind allein bei uns hier im Ort von Oktober '56 bis April '57 an die 33.000 Flüchtlinge durchgezogen. Gleich darauf haben s' den Zaun wieder errichtet. Damals, 1956, blieb bei uns ein Ungar namens F. im Ort hängen, der immer noch da lebt. Vor circa zehn Jahren, wie der Zaun dann schon einige Löcher hatte, radelt dieser F. an die Grenze, schmeißt sein Fahrrad über den Zaun, fährt weiter nach Zsira und besucht dort vor lauter Heimweh seine Mutter und das Dorfwirtshaus. Wie er dann zurück nach Österreich wollte, ham s' ihn an der Grenze g'schnappt. Er wurde 12 Monate eingesperrt, die Wachsoldaten 24 Monate."

Ich erinnere mich, diesen F. gestern abend im blauen Arbeitsgewand an der Theke beim „Pacher" gesehen zu haben. Mir war seine ungarische Sprache aufgefallen, und vor allem seine Ähnlichkeit mit dem tschechischen Schauspieler Labuda, der in Jiří Menzels „Heimat, süße Heimat" den LKW-Fahrer spielte.

Heinz kommt auf die Medien zu sprechen. „Oft fragen mich die Leute vom Fernsehen, wie's das geben könne, daß wir mit den Kroaten keine Probleme haben. Darauf sage ich immer: Wir leben mit den Kroaten seit 450 Jahren zusammen und genauso vertragen sich hier die Evangelischen mit den Katholischen. Es gibt nur dann ein Problem, wenn ihr kommt und eines draus machen wollt."

Zum Thema „Konfession" gibt Heinz folgende Karwochen-Geschichte zum Besten: „Vor einigen Jahren läutet wie üblich die Glocke der evangelischen Kirche zu Mittag, setzt kurz aus und läutet wieder, was bei uns ‚ausläuten' heißt und bedeutet, daß im Ort jemand gestorben ist. Mir war aber nichts bekannt, daß jemand gestorben sei und deshalb bin ich rüber zur Nachbarin und hab s' gefragt. ‚Ja', sagt sie, ‚eine Katholikin ist g'storben'. *Unsere* Glocken ham deswegen geläutet, weil Ostern ja bekanntlich die Glocken der katholischen Kirche nach Rom fliegen."

Wir steigen in sein Auto, ich hole noch schnell meinen Rucksack beim „Pacher" – mittlerweile sind aus der von mir geplanten Stunde vier Stunden Geschichte und Heimatkunde geworden – und fahren über die Rabnitz hinauf zur katholischen Kirche, die auf dem Fundament einer ehemaligen Burg steht, umgeben von einem Schutz-Erdwall. Auf der Fahrt dorthin erzählt mein Geschichtsforscher, daß in Lutzmannsburg das erste „Norm-Postamt" Österreichs in Betrieb genommen wurde. „Hat sich aber nicht durchgesetzt, der Baracken-Bau", lächelt Heinz süffisant.

Über Feldwege geht's Richtung Staatsgrenze. Auch hier steht auf dem österreichischen Grenzstein die Jahreszahl 1922.

Wir stoppen in Klostermarienberg. „Hier", sagt Heinz, „stehen wir auf historischem Boden, denn hier betraten am 29. März 1945 um 11.05 Uhr die ersten russischen Soldaten österreichischen Boden."

Eine Bäuerin aus Lutzmannsburg beschreibt diese Tage wie folgt in einem Dokument aus Heinz Ritters Archiv: „1945. Am 28. März mußten wir alle fort um 2.00 Uhr nachts, weil die Russen kamen, am Karfreitag, am 30. März um 9.00 Uhr, sind sie gekommen in Lutzmannsburg. Wir sind nach Oberrabnitz gefahren, am Ostermontag fuhren wir wieder zuhaus am 2. April. Abgebrannt sind wir nicht, aber was wir angetroffen haben, ist nicht zum Sagen. Geraubt und gestohlen wurde überall, das Vieh weggetrieben, ein ganzer Jammer war das! Die Kinder sind am 12. Oktober von der Flucht zuhaus gekehrt, sieben Monat waren sie in Bayern, in Ering, das waren kummervolle sieben Monat! Der liebe Gott behüte uns noch einmal vor solchem Unglück! Das werden wir nie vergessen!"

Heinz bringt mich noch zu meinem heute geplanten Tagesziel über Rattersdorf in die kleine ungarische Grenzstadt Köszeg. In einem Café bemüht sich ein angeheiterter, pensionierter Gymnasial-Direktor telefonisch um ein Quartier. Wir brechen schießlich die Suche nach dem angebotenen freien Zimmer in einem Knaben-Internat ab. „Wenn's Probleme geben sollte, ruf' mich an", sagt Heinz beim Abschied und fährt zurück nach Österreich. Ihn getroffen zu haben, war für mich wieder einmal großes „Grenz-Glück".

Der Rezeptionist im „Irottkö Hotel" teilt mir das Zimmer Nummer 225 zu. Die maßlos überdimensionierte Eingangshalle mit ihren noch real existierenden, aber leidenschaftslosen sozialistischen Dekorbemühungen verbreitet eine derart innenarchitektonische Kälte, daß es mir selbst beim Denken an das frostige Wort „Ostblock" noch wohlig über den Rücken läuft.

Mittwoch, 8. November
Ich streife durch die mittelalterlichen Straßen von Köszeg und fotografiere die baufällige jüdische Synagoge. Vor einigen Haustüren des Ortes stehen Stühle als stumme Verkäufer, sie tragen Tüten voller Äpfel. Ein leeres Marmeladenglas, mit einem Schlitz im Deckel, zeigt handgeschrieben den Preis an: 30 Forint.

Ich besteige den Bus nach Horváthzsidány, weil ich in dieser Nachbarortschaft den kroatischen Pfarrer besuchen möchte, der das jenseits der Grenze liegende Nikitsch mitbetreut.

Bei geöffneten Türen läßt der Busfahrer den Motor warm laufen, so daß wir Insassen gegen eine Rauchvergiftung ankämpfen müssen. Seit Tagen wieder einmal spärlicher Sonnenschein, hin und wieder reißen die Wolken auf und lassen blau den Himmel durchblitzen. Beiderseits der Straße Apfel- und Marillenplantagen.

In Horváthzsidány, Horváth heißt übersetzt Kroate, locken mich angerostete Gartenstühle auf einer Wirtshaus-Terrasse ins Lokal. Ältere Männer mit Baskenmützen sitzen an zwei Tischen verteilt und trinken gespritzten Weißwein. Der Raum ist karg eingerichtet, der Kunststeinboden gesprenkelt, das Radio spielt englische Schlagermusik. Auf der leeren Thekenvitrine ein alter Aufkleber der Sozialistischen Demokratischen Partei, halb überklebt von einer neuen Coca-Cola-Werbung. Ich trinke Weißwein, einen Kaffee und bestelle aus der Plexiglas-Tortenglocke zwei trockene Hörnchen. LKW-Fahrer stürzen auf die Schnelle eine Cola hinunter. Meine Zigaretten-Drehmaschine begeistert einen am Kachelofen lehnenden Alten so, daß ich ihm eine Filterlose drehen muß.

Am Ortsende, das von kleineren Neubauten eingesäumt wird, grunzt mich aus dem Gehegestall eines sogenannten „Privat-Restaurants“ ein Wildschwein an.

Gegenüber der zweisprachigen Ortstafel Kiszsidány fotografiere ich einen alten Mann, der um zwölf Uhr Mittag die Glockenseile einer kleinen Kirche zieht. „Jeden Mittag um zwölf Uhr und abends um sechs Uhr fahre ich mit dem Fahrrad hierher und läute die Glocken“, erzählt er mir nach dem letzten verstummten Ton in gebrochenem österreichischen Dialekt. Der Pfarrer, gibt er Auskunft, wohne nicht hier, sondern in Horváthzsidány.

Ich gehe den Weg zurück, die Wildsau grunzt erneut, und halte auf die Dorfkirche zu. Am Friedhof zwei frisch ausgehobene Gräber; viele der Bestatteten heißen Horváth, Nemeth oder Toth. Vereinzelt ersetzen Fanta- und Essigplastikflaschen fehlende Vasen, fast überall nur kleine verwitterte Holzkreuze, die mit Kränzen behängt sind.

Pfarrer István Dumovits empfängt mich sehr herzlich. Er führt mich sofort in den Weinkeller seines Pfarrhauses und kredenzt mir Meßwein aus dem Faß. Dazu saugt er den Weinheber an und füllt uns zwei Gläser. Mir ist wie in einem Traum. Der gut 50-jährige katholische kroatische Pfarrer spricht Ungarisch, Kroatisch, Russisch und ein wenig Deutsch.

Sein Hund begleitet uns über die Kellertreppen hinauf in seinen Wohnraum, der mit Heiligenfiguren vollgestellt ist. „Ich unterrichte hier in Schule und betreue viele Kroatisch sprechende Gemeinden auch drüben an der österreichischen Graniza. Einmal Jahr Wallfahrt nach Mariazell. Sechzehn Kilometer am Tag“, fügt er hinzu, als ich ihm erzähle, daß ich die Grenze abwandere.

Auf dem mit einem Teppich bedeckten Tisch stehen Gips-Madonnen in verschiedenen Größen, auf einem Schrank ein kroatisches Fähnchen, zwischen den beiden Fensternischen ein Klavier. Eine Dornenkrone sticht mir ins Auge, sie hängt am Türgriff eines Schrankes. Unweigerlich muß ich an meine eigene Dornenkrone in Oberammergau denken, welche die örtliche Polizei nach meinem Jesus-Auftritt bei den Passionsspielen 1984 einige Monate im Waffenschrank aufbewahrte.

„In Kirche nächstes Jahr neuer Boden, alter Boden kaputt", sagt Pfarrer Dumovits. Ich spende, verabschiede mich von dem gastfreundlichen Priester und fasse den Entschluß, entlang der Grenze über Olmod zurück nach Köszeg zu gehen.

In greifbarer Nähe vor mir, in südlicher Richtung, die zwischen 800 und 900 Meter hohen Berge des Günser Gebirges. Eigenartiges Licht am Horizont. Die Sonne ist verschwunden, heftiger Wind kommt auf. Diese natürliche Energie nutzt ein Bauer beim Miststreuen draußen auf dem Feld.

Die Teerstraße führt talabwärts. Ein leerer Bus überholt mich, fünf Minuten später kommt er mir mit einem Fahrgast wieder entgegen. Rechts der Straße, die genau parallel zur ungarisch-österreichischen Grenze verläuft, erstreckt sich auf einer Länge von dreihundert Metern ein alter Schützengraben, den heute Autoreifen, Kühlschränke, verrostete Fässer und zerbeulte Autokarosserien füllen. Direkt gegenüber liegt Klostermarienberg. Hier drang vor fünfzig Jahren die Rote

Armee auf österreichisches Gebiet vor und blieb zehn Jahre lang Besatzungsmacht.

Telegrafenmasten führen über braunes Ackerland in das kleine Dorf Olmod, weißer Rauch eines offenen Feuers zieht durch die Hauptstraße und nebelt die hinter Obstbäumen geduckten Häuser ein. Unterhalb der Friedhofskirche eine Bushaltestelle mit Wendeplatte, nirgendwo eine Menschenseele zu sehen. Erst ganz oben am Friedhof bemerke ich einen Mann, der vor einem Grab steht. Er fragt mich auf Kroatisch, ich antworte auf Deutsch, und da wir uns beide nicht verstehen, krame ich meine letzten Brocken Tschechisch hervor. Zumindest wird so viel klar, daß es hier kein Wirtshaus gibt. Um Verständigung bemüht gehen wir ein Stück des Weges gemeinsam, er neugierig, was ich in diesem verlassenen Nest mache, ich begierig darauf, in diesem von der Grenze wahrlich stillgelegten Ort Menschen zu treffen.

Plötzlich öffnet er die Türe vom Haus Nummer 13 und winkt mich unter Schweigen in einen Innenhof. Ein zweiter, etwas dickerer Mann erscheint, der seinen Hund beschwichtigt. Die Männer tuscheln, und schon sitzen wir bei schummerigem Licht am Tisch einer engen Bauernstube bei einem Glas Rosé, der aus einer Plastikflasche eingegossen wird. Wie überall in den Grenzgebieten ist auch hier das Leben von einem einzigen Wort erfüllt: „WARTEN“.

Auf dem Weg nach Köszeg Beton-Strommasten, die einst den „Eisernen Vorhang“ mit „Energie“ versorgten. Mittlerweile hat sich die Nacht des Tages bemächtigt, selbst die beiden Fahrstreifen des Sandweges sind nur schwer zu erkennen. Plötzlich huscht ein Licht über den Weg. Ich schalte meine Taschenlampe ein, damit ich für eine etwaige Militär-Kontrolle wahrnehmbar bin. Ein mulmiges Gefühl beschleicht mich, und ich kann etwas von der Angst nachempfinden, die Flüchtlinge bei ihren illegalen Grenzübertritten verspürt haben müssen. Jedes Knacken im Wald wird zu einem Knakken unter dem Tritt eines Soldatenstiefels. Wieder ein huschendes Licht, diesmal von rechts nach links. Doch niemand kommt mit Taschenlampen auf mich zu. Ich erreiche die Teerstraße und erkenne, daß die Autoscheinwerfer der vorbeifahrenden PKW diese Lichthuscher verursachen.

Ich biege rechts ab, gehe auf der linken Straßenseite mit eingeschalteter Taschenlampe. „Wildwechsel" heißt es auf einer Gebotstafel. Ein Bus kommt mir entgegen, „Köszeg" lese ich auf dem beleuchteten Schild über dem Führerhaus. Folglich würde ich genau in die verkehrte Richtung gehen. Aber vergessen Busfahrer nicht oft auch, diese Tafeln umzudrehen? Ich überprüfe noch einmal in Gedanken meine Richtungsänderungen und setze meinen Weg fort. Nach zwei Kilometern erscheinen unten im Tal die ersten Lichter der Stadt.

Am Bahnhofs-Kiosk kaufe ich mir ein Bier und setze mich in den leeren Warteraum. Erfüllt von den Erlebnissen raste ich und spüre keine Zeit. Der stille Warteraum wird mir zum Andachtsraum.

Donnerstag, 9. November

In der deutschsprachigen Beilage des Fremdenverkehrs-Prospekts stellt sich Köszeg wie folgt vor: „Der Tag der Befreiung von Köszeg ist der 29. März 1945.

Seitdem entwickelt sich die früher für veraltet geltende Kleinstadt. Die Industrie blüht auf, es begann die Wiederherstellung der Denkmäler und heute zeigt sich die Stadt in voller Schönheit".

Bei Schneeregen fotografiere ich vom Heldenturm aus die verschlungene Dächerlandschaft der Stadt. In einem Buchladen kaufe ich mir einen Katalog mit ungarischen Wahlplakaten aus der Zeit von 1945 bis '48. Ferner werde ich Besitzer eines Deutschlehrbuches für Ungarn aus dem Jahre 1969, in dem Deutschland typischerweise nur über DDR und SED definiert wird.

Übersetzungsbeispiel von Seite 145, Titel: „Ein junger Staat – der Staat der Jugend".

„*Walter Mayer*: Dort kommt Maria, die Tochter eines Freundes meiner Eltern, in FDJ-Kleidung. Guten Tag Maria!

Maria: Guten Tag, Walter!

Walter: Erlaube mir, dir meinen ungarischen Freund vorzustellen!

Peter: Mein Name ist Peter Kovács.

Maria: Angenehm, ich bin Maria Eiler.

Walter: Wohin gehst du, Maria?

Maria: Wir haben um vier eine Versammlung. Ein Abgeordneter hält einen Vortrag über die Arbeit der Volkskammer, über das System der Volksvertretung und über die Verwaltung der Rechtspflege in unserem Staat".

Einige Seiten vorher steht unter der Rubrik „Zum Lesen und Lächeln" folgender Witz aus sozialistischer Zeit. Überschrift: *Im Gasthaus*. „Gibt es Fisch?" fragt der Gast. „Nur freitags. Aber wir haben ein Zimmer frei, wenn Sie warten wollen."

Vom Hotel hole ich meinen Rucksack und gehe an den vorstädtischen Plattenbausiedlungen bergauf Richtung Grenzübergang Bozsok. Beim Dorf Cák steige ich in den Bus, weil wieder Regen einsetzt. In Velem endet die Straße, der Bus wendet und läßt Schulkinder aussteigen. Auf Kaminen hie und da Storchennester.

In Bozsok steige ich als letzter und einziger Fahrgast aus. Der Bus wendet wieder und fährt retour nach Köszeg.

Am Zollamt fragt mich der ungarische Beamte nach meiner Herkunft, der österreichische Zöllner erkundigt sich, ob ich „etwas" mitbringe.

Die nächsten Kilometer hinauf nach Rechnitz fasse ich kurzerhand den Entschluß, meine diesjährige Reise mit dem heutigen Tag zu beenden. Irgendwie habe ich das Gefühl, daß ich diesem Ort unterlegen bin. Gegenüber der Ortstafel Rechnitz steht ein leeres Bundesheer-Grenzwachhäuschen mit der Aufschrift: „Friedhofs-Hütte". „Er hat Euch nicht belogen", verkündet wenig später ein Wahl-Plakat mit dem Konterfei Jörg Haiders.

Am Postamt erkundige ich mich nach dem nächsten Bus nach Oberwart. „Beeilen S' Ihnen", sagt der Schalterbeamte, „eigentlich müßt' er schon draußen stehen."

Ich eile hinaus, hebe meinen Rucksack in den Bus und sage zum Chauffeur: „Oberwart, bitte!" Er kassiert und antwortet mit kommißtonähnlicher Höflichkeit: „Das nächste Mal steigen S' vorne im Ort ein!" Einen Moment lang bin ich verdutzt, aber dann suche ich mir einen Platz und verstaue meinen Rucksack. Der Busfahrer schaltet das Autoradio ein, draußen zieht die Landschaft an mir vorüber. Ich gehe nicht – ich sitze –

und werde gefahren. Es wird einige Zeit dauern, bis ich zu Hause „richtig“ angekommen sein werde.

Vier Wochen war ich unterwegs, dennoch erscheinen mir diese dreißig Tage wie ein einziger langer und glücklicher Tag.

3

5. Mai - 1. Juni 1996

Rechnitz - Zell Pfarre

Sonntag, 5. Mai

Nach fünfmaligem Umsteigen bin ich gestern nachmittag wieder in Rechnitz angekommen. Ich wohne am Hauptplatz in der „Pension Freingruber“, im Zimmer Nummer vier; Betten-Normmaß 1,90 Meter. Mein Raum ist ruhig und bescheiden, geschmückt wird er von einem in Öl gemalten Nelken-Bild eines J. Mayer. Mein Zimmer-Fernseher empfängt ORF 1 und 2, den ungarischen Sender sehe ich nur flimmernd und ohne Ton.

„Zwei, die für Euch den Kopf hinhalten“, heißt es auf einem FPÖ-Plakat. Rechnitz zählt 3.500 Einwohner. In einem Seitenweg nahe des alten jüdischen Friedhofs lese ich als Signatur an eine Gartenmauer hingesprayt die Parole: „Wir wehren uns!“ Darunter stehen die SS-Runen. In den Telefonzellen ist nach über sechs Jahren immer noch die Länder-Vorwahlnummer der DDR zu finden: 0037. Auch die ČSSR existiert noch für die österreichische Post. Rechnitz irritiert mich.

Heute vormittag gehe ich Richtung Süden zum sogenannten Kreuz-Stadel, in dessen unmittelbarer Nähe kurz vor dem Einmarsch der Russen 180 ungarische Juden erschossen wurden. Das Massengrab der Hingerichteten wurde trotz mehrmaliger Grabungen bis heute nicht gefunden. Im Herbst 1944 hatte man Juden aus einem Lager in Köszeg nach Rechnitz deportiert, wo sie Panzergräben im Rahmen des Ostwall-Baues gegen die anrückende Rote Armee ausheben mußten. Seit drei Jahren liegt eine mit hebräischen Schriftzeichen versehene Granitschwelle vor dem Eingangstor des Kreuz-Stadels. An der nahe vorbeiführenden Straße steht ein Schild: „Rechnitz grüßt seine Gäste“.

Einen Kilometer weiter südlich liegt im Schatten des Raiffeisen-Silogebäudes der zum Teil aufgelassene Bahnhof. Eine Weichenschiene trägt die Prägung: Trzynietz 1941. Am Ende der Schienenstrecke, die einst nach Ungarn weiterführte, steht heute ein verwitterter Prellbock. Neben einer Hecke entdecke ich ein junges Rehkitz, das wie eine Katze zusammengerollt im Gras liegt. Ein schwarzes Auge schaut mich müde an, der kleine braune Körper atmet stoßweise. Ein Anblick, der mich vor Glück dahinschmelzen läßt.

Auf den Bahnschwellen gehe ich Richtung Schachendorf, vom Himmel sticht die Sonne. Am Ortsrand erinnert mich der Baustil eines noch unverputzten Einfamilienhauses an den Filmklassiker „Vom Winde verweht". Einige Häuser weiter schauen zwei Storchenpaare von einem Schornstein herunter. Vor dem Kaufhaus Wolf parkt ein VW mit dem Kennzeichen: Oberwart, Wolf 2. Im Schaufenster der Trafik lädt ein kroatisch-sprachiges Plakat zu einer Disco-Party ein.

Am Bahnhof warte ich auf den allsonntäglichen Sonderzug mit Dampflokomotive nach Rechnitz. Gleich hinter dem Bahnhofsgelände liegt der Fußballplatz. Der Vereinskassier erklärt mir, daß die Vierzehn- und Fünfzehnjährigen bereits in der Reserve spielen müßten, weil hier im Ort eine Jugend-Mannschaft fehle. Ein älterer Zuschauer unterbricht unsere Unterhaltung mit der Bemerkung: „Ich zahle nur, wenn ich bei einer Niederlage der Schachendorfer das Geld wieder zurückbekomme."

Nach kurzer Zugfahrt zurück nach Rechnitz treffe ich am Bahnhof zwei Bundesheer-Soldaten, die auf Haflingern reitend die Grenze kontrollieren. „Von vier

Uhr früh bis abends sechs Uhr haben wir Dienst, dann müssen wir noch eine Stunde die Pferde pflegen." Ich fotografiere die beiden und werde ihnen im Sommer die Fotos nach Hause schicken. Sie begleiten mich noch ein Stück des Weges und galoppieren dann mit ihren umgehängten Gewehren über die flachen Feldwege davon. Über den gelb blühenden Rapsfeldern wirbelt Staub auf.

Sonntagsruhe liegt über der burgenländischen Weite, aus einem halbverputzten Rohbau grüßt mich von einem holzverschalten Balkon junges Glück; Kinderwäsche trocknet im Wind.

Im „Gasthaus Cserer" esse ich zu Abend. Auf meiner grünbedruckten Papier-Serviette lese ich, daß hier im Hause Gustav Pick geboren wurde, der Texter und Komponist des Wiener Fiaker-Liedes „I führ zwa harbe Rappen".

Im Gastraum meiner Pension werden im Fernseher, der auf einem großen Kühlschrank steht, tschechische Eishockey-Spieler gezeigt. Sich umarmend feiern sie ihren Gewinn der Weltmeisterschaft in Wien. Im Nebenraum des Cafés sitzen bei Schummerlicht Gleichaltrige auf leeren Bierkisten und bedienen schweigend Spielautomaten. Freizeit-Totschlagen Sonntagabends an der Grenze. Ich falle müde ins Bett.

Montag, 6. Mai

Heute werde ich die ungarischen Dörfer entlang der Grenze abfahren. Die Aushilfs-Bedienung vom „Gasthaus Cserer" leiht mir freundlicherweise ihr Mountain-Bike.

Zollamt Schachendorf. Kurze Kontrolle, Stempel in den Reisepaß. Wenige Meter nach dem ungarischen Zollgebäude stehen zwei weibliche Angestellte von „Savaria Tourist“ unter freiem Himmel hinter einer Blechtonne, davor ein Schild: ”Exchange“.

Narda heißt mein erster Ort. Auf einem Betonstrommast ein bevölkertes Storchennest, ansonsten wirkt das kleine Dorf ausgestorben. Eine zum Teil abgeholzte Linden-Allee führt weiter in den Nachbarort Felsöcsatár.

Ich raste im Schatten eines Bus-Wartehäuschens. Mir gegenüber ein mit Coca-Cola-Reklame zugeklebtes Schaufenster einer Getränkehandlung, die gerade mit Süßwaren beliefert wird. Zwei Frauen schieben an den Vorgärten der einstöckigen Häuser ihre Kinderwagen vorbei.

Ich orientiere mich an der „ausgesteckten“ Wegmarkierung zu einem Buschenschank oben in den Weinbergen. Sándor, der Besitzer, spendiert mir als Begrüßungstrunk einen Barack. Ich sitze wie auf einem offenen Schiffsdeck, nur eben nicht auf dem Wasser, sondern inmitten der Rebstöcke, deren Blätter gerade die Größe von Kronenkorken erreicht haben. „Heute Montag wenig, aber Wochenende 150 Leute, 70 % Esterreicher“, sagt Sándor und gibt mir den Schlüssel zur Kapelle oben am Weinberg.

„Ave Maria“ steht über dem Eingang, im Inneren der Kapelle sucht ein Vogel verzweifelt eine Öffnung, um wieder ins Freie zu gelangen. Links vom Altar ein halboffener Holzschrank mit Gerätschaften zum Putzen, aber auch zum Messe-Lesen: ein Besen, Kerzen-Löschhörner, ein gerahmtes Marienbild, ein dickes lateinisches Meßbuch und eine leere Flasche Inländer-Rum.

Unter dem Ortsschild von Vaskeresztes hängt ein zweites Schild mit der Aufschrift: „Großdorf". Hinter der Kirche, an der die Pinka vorbeifließt, liegt in stiller Abgeschiedenheit ein alter Friedhof. Deutsche Familiennamen überwiegen auf den Grabsteinen. In vorderster Reihe blühen zwei Tulpen vor einem morschen Holzkreuz. Ich entziffere die abblätternde, schwarze Schrift: „Hier ruhen drei Deutsche Soldaten". Darunter die Jahreszahl „1944".

Horvátlövö. Die zusätzliche Ortstafel trägt hier einen kroatischen Namen: „Hvratske Šice", zu Deutsch: „Kroatisch-Schützen". Wieder ein Storchennest. Ein Omnibus mit Zielrichtung Szombathely kommt mir entgegen. Ein paar Meter rechts von mir, nur durch einige Meter Schilf getrennt, verläuft die Grenze zu Österreich.

Kurze Rast an einem Wehr; im Ufergebüsch stapeln sich aus früherer Zeit Beton-Panzerplatten. Mein Picknick besteht aus Apfel, Käse und Wasser. Am Ufer hoffen zwei Fischer auf ihr Angler-Glück.

Bei der Einfahrt nach Pornóapáti (Pernau) links eine aufgelassene Grenzkaserne mit Hundezwinger und vergitterten Fenstern. Vor der Kirche eine Heiligensäule, darunter in Deutsch auf einer Tafel die Inschrift: „Gestiftet durch die Arbeiter in Amerika, 1906".

Ich schiebe bergauf, ein Pferdefuhrwerk kommt mir entgegen, oben an der Kreuzung nehme ich den Feldweg nach Ják. Kaputte Telefonleitungen begleiten mich ein Stück durch den Wald. Der von Traktorreifen zerfurchte, harte und trockene Lehmweg läßt mich meine Arschbacken deutlichst spüren. Fahrradsättel können mörderisch sein! Endlich wieder ein Waldweg, ringsum Vogelgezwitscher. Plötzlich steht eine Hirschkuh vor mir auf dem Weg; sie läßt mich auf zwanzig Meter herankommen und springt dann kraftvoll ins Unterholz.

Am Waldrand treffe ich einen Imker mit einer Rauchlampe, der an seinen Bienenstöcken arbeitet. Aus einer Plastikflasche bietet er mir seinen restlichen Kaffee an. Der Mann stammt aus dem nahen Ort Nárai. „Hier nix Polizei an der Grenze, nur in Esterreich", sagt er lächelnd und beschreibt mir mit Zick-Zack-Bewegungen seiner Hände den Weg nach Ják.

Endlose Felder liegen vor mir, ich holpere wieder über knochenharte Ackerwege. Endlich die beiden Türme der romanischen Kirche von Ják. Arbeiter im Blaumann radeln in Zweier- und Dreier-Gruppen gemütlich nach Hause. Hier gehört dem Fahrradfahrer noch die ganze Breite der Straße. Das Tempo der sich gleichmäßig ruhig drehenden Zahnkränze ist für mich ein Synonym hiesiger Lebensart. Ein alter Mann mäht vor seinem Haus einen kleinen Grünstreifen, weiße Monoblocksessel vor einem Gasthaus sind spärlich besetzt. 17 Uhr. Ich trete in die Pedale und erreiche bei starkem Gegenwind den Grenzübergang Szentpéterfa/Eberau nach einer Stunde. Eine Beamtin der Gendarmerie prüft meinen Paß, der Zollbeamte schreit mir nach: „Was, nach Rechnitz wollen S' noch?" Ich lasse die Frage unbeantwortet und schalte auf kleinere Gänge um.

Unterbildein, Oberbildein, Deutsch-Schützen. In Eisenberg eine Cola und eine Selbstgedrehte. Ich schiebe den Berg hinauf, dann endlich geht's bergab. Burg, Schandorf, Schachendorf, Ankunft Rechnitz um halb neun Uhr. Ich stelle das entliehene Fahrrad in der Judengasse ab und eiere im wahrsten Sinne des Wortes zu meiner Pension. Die Dusche wirkt wie eine Erlösung auf diesen heißen Tag.

Spätes Abendessen im „Gasthaus Pomper". Hier sind seit 1992 Soldaten des Bundesheeres einquartiert. Von der Straße aus erkenne ich in den erleuchteten Zimmern Doppelstockbetten, auf einigen Fenstersimsen lüften Lederstiefel.

Im Lokal nehme ich eine der Ansichtskarten von der Wand und lese einen Urlaubsgruß an die Besitzerin, die den Soldaten an der Theke gerade beim Dart-Spielen zuschaut: „Liebe Anni! Viele Grüße aus Mallorca sendet Dir Gertie. Haben schönes Wetter, Sonne 26 Grad, Wasser klar, hohe Wellen. Essen gut, Hotel sauber. Tschüs Gertie".

Dienstag, 7. Mai

Mit dem Einkaufs-Bus um 8.40 Uhr nach Szombathely. Unter den fünfzig Personen bin ich mit Abstand der jüngste Fahrgast. Am Zollamt stempelt der ungarische Beamte im Bus stehend jeden Reisepaß mit solcher Wucht, daß es ihm beim Niederdrücken der Stempelmaschine jedesmal seine mit drei Sternen dekorierte rechte Schulterklappe hochreißt.

Wie so oft in ehemaligen Ostblock-Städten, schützen auch hier an der Peripherie Plattenbauten die 90.000-Einwohner große Stadt Szombathely, die zur Römerzeit „Savaria" hieß. In der Fußgängerzone höre ich beim Essen zwei älteren Damen zu: „Ich war heute beim Friseur. Färben und Dauerwellen 200 Schilling, daheim 600 Schilling", sagt die eine und befühlt stolz ihre Frisur. Völlig unbeindruckt kontert die andere: „Ich fahr' deswegen schon sechs Jahre hierher."

An den Markthallen vorbei bei sengender Hitze zum jüdischen Friedhof. Oft finde ich in Stein gemeißelt den Vermerk: „1944 in Auschwitz". Von einer im Schatten stehenden Telefonzelle aus rufe ich in Passau Christel, Mutter und Walter im „Scharfrichter-Haus" an. Ich schlendere zum Bahnhof und lerne im Steh-Bistro einen Ungarn kennen, der in einem schwedischen Krankenhaus als „Funktionskontrollant" für Ventilatoren arbeitet. Er breitet eine Landkarte aus und erzählt mir, daß er im nächsten Jahr mit dem Fahrrad durch die Ukraine fahren will. Über den Bahnhofs-Lautsprecher wird die Abfahrt des Zuges nach Budapest durchgegeben. Wie nah plötzlich die Ferne wird!

Ähnlich wie in Sopron auch hier viele Zahnarztpraxen. Vor den Hauseingängen werben mit Gebissen verzierte Hinweistafeln auf Deutsch: „Wir warten auf Sie!"

Auf der Rückfahrt nach Rechnitz Zwischenstop in Schachendorf beim „Gasthaus an der Grenze". Die aussteigenden Frauen tragen in ihren Taschen ungarischen Salat, Käse und Blumenpflanzen nach Hause.

Abends am Wirtshaustisch erfahre ich, daß beim Kampf um Rechnitz in den letzten Kriegstagen 800 Russen und 150 Deutsche getötet wurden. Etwa 100 Russen begrub man am Vorplatz der katholischen Kirche. Da sich hier aber eine Trinkwasserstelle befand, mußten die Rechnitzer schließlich ihr Wasser abkochen.

Später wurden die Russen exhumiert und am Friedhof neu bestattet. Ihre letzte Ruhe haben sie auf einem Soldatenfriedhof in Fürstenfeld gefunden.

Mittwoch, 8. Mai

Während ich meinen Rucksack packe, klopft es an meiner Zimmertüre. Ich öffne. Zwei Gendarmen stehen vor mir: „Grüß Gott, wir führen fremdenpolizeiliche Ermittlungen durch.“ Überrascht reiche ich ihnen meinen Reisepaß. „Was machen Sie?“ fragen sie mich. „Ich gehe jedes Jahr zu Fuß die Grenze ab, vor zwei Jahren habe ich in Passau damit begonnen.“ – „Ist das nicht ein bißerl zu weit?“ fragt mich der Ältere. Er blättert in meinem Paß, der Jüngere macht sich Notizen auf einem kleinen Block und fragt: „Sind Sie mit dem PKW unterwegs?“ – „Nein“, sage ich, „ich hab' doch gerade erzählt, daß ich zu Fuß unterwegs bin, aber gestern war ich mit dem Bus in Szombathely.“ Der Ältere überprüft daraufhin meinen ungarischen Einreisestempel, aus seinem Walkie-Talkie krächzt eine Stimme. Noch einmal erkläre ich den beiden den Grund meines Hierseins: „Ich gehe zu Fuß der Grenze entlang und fotografiere.“ Der jüngere Gendarm notiert daraufhin halblaut murmelnd auf seinem Block: „Fotodok“. Mit dieser Erkenntnis zufriedengestellt, gehen beide dann die Treppe hinunter.

Was könnte der Grund für meine fremdenpolizeiliche Überprüfung gewesen sein? Wer von den Rechnitzern weiß, daß ich hier in der „Pension Freinguber“ einquartiert bin? Vermutlich haben wohl meine Fragen nach einer Erlaubnis zum Fotografieren des Bundesheeres einen überwachsamen Staatsbürger auf den Plan gerufen.

Schandorf. Es regnet, schwarze Wolken ziehen von Süden herauf, vereinzelt Donnergrollen. Ich ziehe mir den roten Regenponcho über. Beim Dorf-Café, zu dem ein Lebensmittelgeschäft gehört, lehnt eine Tafel. „Wir sind ihre Nahversorger". Mitleidige Blicke streifen mich aus den vorbeifahrenden Autos. Über die geflickte nasse Teerstraße kriechen Regenwürmer, doch zu beiden Seiten des Mittelstreifens endet offenkundig und plattgefahren ihr Leben. Ein Storch fliegt Richtung Schachendorf, der Wind dreht auf Süd-Ost.

Burg. Beim Camping-Platz überprüfen mich zwei junge Bundesheerler. Einer entschuldigt sich mit den Worten: „Wir müssen das tun, denn dort oben im Jeep" – er deutet Richtung Hauptstraße – „sind unsere Vorgesetzten." Er blättert im Paß und schreit dann laut in das Funkgerät: „Weg frei!"

„Taten statt Worte" heißt die Losung der burgenländischen Grünen auf einem Wahlplakat. Eine Daniela Graf steht mit einem Spaten bewehrt auf einem grün-schwarzen Plakat. Reichsarbeitsdienst, geistert es durch meinen Kopf. Mit dieser depressiven Werbung wird Frau Graf bei den Landtagswahlen keinen Blumentopf gewinnen, selbst wenn ihr dieser als Grüner zustehen würde.

Ich überquere das Flüßchen Pinka. Der Himmel reißt auf, Mücken umschwärmen mich auf dem steilen Weg durch den Wald hinauf nach Eisenberg. Rot und gelb-orange ist dieser sogenannte Weinweg markiert. Weinbergschnecken kreuzen den kleinen Laubpfad und bestätigen mir, daß ich auf dem richtigen Weg bin.

Über eine Böschung blicke ich in die schwindelerregende Tiefe eines Steinbruchs. Meine Schweißtropfen mischen sich mit den von den Blättern fallenden Regentropfen. Was müßte das für einen herben Tropfen geben! Ich höre einen Kuckuck und nehme sein Rufen auf Tonband auf.

Endlich oben auf dem Eisenberg. Vor mir die Weinberge des südburgenländischen Hügellandes. Nicht enden wollender Blick in die ungarische Tiefebene hinein: Vaskeresztes und Horváthlövö liegen vor mir. Gelb, braun und grün gestreifte Felder ziehen sich über ungewohnte Weite. Im „Buschenschank Werderitsch“ gibt's einen „Weißen Spritzer“.

Talabwärts in den Ort Eisenberg. Oft ist die Straße von den heruntergewaschenen Obstblüten weiß übersät. Ich rieche an einem blauen Fliederbusch und lasse mich von seinem Duft betören.

In meiner heutigen Herberge, der Frühstückspension Fusz – am Ortsrand gelegen –, wird gerade das Dach neu eingedeckt. Über meinem Bett hängt ein Poster mit einem weinenden Mädchengesicht und davonfliegenden Blättern. Titel: "September Love“.

„Gasthaus Kainz“. Im holzgetäfelten Jägerstüberl erlebe ich abends im Fernsehen das Fußball-Europacup-Endspiel Rapid Wien gegen Paris St. Germain. Schon einmal, bei den Friedensverhandlungen 1919, wurde Österreich in St. Germain in seine Grenzen verwiesen.

Beim Nachhausegehen heben draußen auf den Dorfweihern die Frösche zur großen Nachtmusik an. Ich öffne mein Fenster und proste mit Blaufränkischem den unermüdlich quakenden Musikanten zu.

Donnerstag, 9. Mai

Nachts Regen, bedeckter Himmel am Morgen. Ich gehe durch die Deutsch-Schützener Weinberge. Die älteren Rebstöcke schauen an manchen Hängen wie nach vorne gebeugte Kamele alle in eine Richtung.

In St. Kathrein empfängt mich ein überdachtes „Touristendenkmal“: Ein großer Leiterwagen, beladen mit drei Weinfässern. Auf dem Boden eines der Fässer präsentiert sich die Fremdenverkehrs-Lyrik des Ortes: „Ein frohes Lied, ein Gläschen Wein, ist der Gruß von St. Kathrein“.

Bergauf, dann links ab in die Pinkataler Weinstraße. Kurz vor der Waldlichtung neben der Straße ein zugebundener durchsichtiger 10-Liter-Plastiksack mit grünfarbig schillernden Därmen, Fettstücken und anderen Tierinnereien. Fleischfliegen umschwärmen gierig den aufgequollenen Schlachtabfall.

Güterweg Winten-Bergen. Plötzlich Regen aus heiterem Himmel, für einige Minuten hagelt es. Ich wechsle noch schnell meine Jacke, werfe mir den Poncho über und flüchte unter die Bäume. Die Straße wird in Sekundenschnelle zum Bach. Unter heftigem Donner zieht das Gewitter nach einer Viertelstunde weiter Richtung Ungarn. Die von den Äckern herausgespülte Erde überschlammt die schmale Teerstraße.

Kulm. Ein junges Mädchen fährt mit seinen Roller-Skates stolz auf dem asphaltierten Gehweg in den Nachbarort Eberau. Das geschlossene A&O Geschäft offeriert handgeschrieben auf einer schwarzen Tafel: „Knorr Suppenwürfel, 15 Schilling“.

Wieder zurück nach Kulm, über lehmvermurten Güterweg an Gaas vorbei nach Maria Weinberg. Zwei

Frauen auf Fahrrädern überholen mich und fragen im Vorbeifahren: „Ganz alleine?"

In einer Linkskurve ein Wirtshaus-Schild mit dem Namen „Gasthaus Hui". Ich gehe um die Kurve und sehe im Gastgarten einen Chinesen sitzen, der Zeitung liest. Zweihundert Meter weiter zwischen Kiefern ein Weiher, davor – heute, am 9. Mai – ein Schild: „Baden und Eislaufen verboten!"

Im „Buschenschank Gabriel" probiere ich um 17.20 Uhr den ersten Uhudler meines Lebens. Diese nichtkultivierte, leicht rosafarbene Rebsorte schmeckt mir, aber Grüner Veltliner oder Weißburgunder sind mir lieber.

Nächster Stop am Weinmuseum, das der ehemalige Bürgermeister von Moschendorf, Stefan Behm, betreibt. Es gibt wieder Uhudler. An der Theke, die Hand in den Hosenbund seines kleinen Spitzbauches gespreizt, der katholische Pfarrer von Moschendorf. Er verabschiedet sich mit den Worten: „Ich muß noch mit meinem Buben spazieren gehen," meint aber seinen Hund damit. Zu mir sagt er: „Wir haben Sie vorher bei Maria Weinberg gesehen, hatten Sie da nicht einen Stahlhelm auf?" – „Das war mein Hut," entgegne ich ihm und bekomme Unterstützung vom Alt-Bürgermeister hinter der Theke: „Ich hab's Ihnen eh gesagt, Herr Pfarrer, das ist kein Bundesheerler, das ist ein Wanderer." – „Ich komme aus Passau", sage ich zum Pfarrer. „Dann sagt Ihnen sicher die Firma Schreibmayr etwas." – „Ja", antworte ich, „die stellen Pokale und kirchliche Kunstgegenstände her." – „Genau", erwidert der geistliche Herr, sichtlich erleichtert, daß ich über meine Heimatstadt Bescheid weiß. „Eine sehr preiswerte Firma. Ich hab' schon einmal bestellt bei denen". Er bricht auf, reicht mir die Hand, sagt: „Herr Chef, Grüß Gott!" und verläßt das Haus des Weines.

„Wir haben schon viel Prominenz hier g'habt", vertraut mir Herr Behm an. „Heute zum Beispiel waren die Vertrauensleute der Gewerkschaft der burgenländischen Gendarmerie zu Gast." Später erzählt er mir, daß er als junger Bursche 1944 hier in der Nähe mit zwei ukrainischen Fremdarbeiterinnen einen Bunker ausheben mußte. „Wir haben ihn wieder voll restauriert, und am 29. Dezember wird dort fest eingeheizt." Er telefoniert wegen meiner Übernachtung nach Moschendorf, wo ich mich abends im „Gasthof Noe" einquartiere. „Seltsamerweise ist heute abend nichts los", entschuldigt sich die Wirtin, „wahrscheinlich deshalb, weil morgen nachmittag hier im Ort eine Beerdigung stattfindet."

Kurz vor halb zwölf suche ich im Dorf nach einer Telefonzelle. Im selben Moment geht im gesamten Ort die Straßenbeleuchtung aus. Mir ist's, als erwarte man einen Fliegerangriff. Gott sei Dank brennt das Neonlicht in der Telefonzelle netzunabhängig weiter. Meine kleine Taschenlampe hilft mir, beim Zurückgehen den Weg zu finden.

Ich öffne mein Zimmerfenster und horche hinaus in die absolute Stille der Nacht: kein Motorenlärm, kein Hundegebell, kein Grillenzirpen. Moschendorf ist nachts das Nichts im Nichts. Ich lösche das Licht, setze mich auf das Fensterbrett und gleite in Gedanken lautlos durch die schweigende Nacht.

Freitag, 10. Mai
Frühstück. In großer U-Form aufgestellte Tische warten gedeckt im kargen Nebenraum auf die nachmittägliche Totenzehrung.

Geteerter Radweg parallel zur Hauptstraße Richtung Heiligenbrunn. Der rührige Alt-Bürgermeister von Moschendorf ruft mir von seinem Auto aus zu: „Wollen S' mitfahr'n bis Strem?" Ich winke dankend ab und zweige ab auf einen Waldweg, stehe aber nach zwei Kilometern vor einem umzäunten Sumpfgebiet. Das ganze also wieder zurück. Ich hätte doch mitfahren sollen.

Heiligenbrunn. Die Sonne löst jetzt allmählich den bewölkten Vormittag ab. Zwei Bundesheerler mit Haflingern erzählen mir am Ortsrand, daß sie von ihrem Oberstleutnant, bei dem ich Anfang November letzten Jahres in Pama wegen einer Fotoerlaubnis anfragte, bereits unterrichtet seien, daß ich wieder die Grenze entlang ginge. „Wir haben Sie gestern nachmittag schon vom Auto aus gesehen", sagt einer der Soldaten zu mir. Die Kontrolle funktioniert also.

Im „Gasthof Krutzler" fragt mich ein angeheiterter Jugend-Spieler eines niederösterreichischen Fußball-Vereins: „Trinken S' noch was?" und stiftet mir ungefragt einen gespritzten Apfelsaft. Ein Soldat telefoniert an der Theke und erzählt mir dann am Tisch, daß sie mit ihren Infrarot-Kameras nachts bis auf zehn Meter jede Feldmaus tanzen sehen könnten.

Vorbei an strohgedeckten, weiß-gestrichenen Häusern mit Uhudler-Hinweisen bergauf nach Reinersdorf. An der Postbus-Haltestelle hängt in Kinderhöhe ein Kaugummi-Automat. Oben am Berg, zwischen

Kirche und Friedhof, behauptet sich unübersehbar die mit einem Kreuz geschmückte Aussegnungshalle. In die Seitenwand des kleinen Vorraums sind gelbgetönte, zur Kreuzform aufeinandergemauerte Glasbausteine eingelassen. Laut Friedhofs-Gebührenordnung kostet die Einzelgrabstelle in der „Reihe Reserviert" 300 Schilling.

Ein Storch überquert stolzierend die Straße; ich stelle meinen Rucksack in einem hölzernen Bus-Wartehäuschen ab, um Meister Adebar zu fotografieren, als ein weißer Golf hält. Am Steuer eine Frau, am Rücksitz zwei weiße Pudel: „Fahren mit, Bus weg!" Diesmal schlage ich das Angebot nicht aus und lasse mich vier Kilometer mitnehmen. „Ich stamme aus Brünn und fahre nach Güssing", sagt die Fahrerin. Ich erzähle ihr kurz von meiner letztjährigen Tour durch Südböhmen und bedanke mich auf Tschechisch. Überrascht ruft sie mir beim Aussteigen zu: „Mluvíte česky?" Vor lauter Aufregung fällt mir hier an der ungarischen Grenze „Auf Wiedersehen" auf Tschechisch nicht ein. Ich ärgere mich, da fällt's mir wieder ein, aber da ist die Frau mit den Pudeln schon weg.

Aus Brünn stammte auch mein geliebtes Fräulein Marie, die bei uns zu Hause im Geschäft und im Haushalt arbeitete und mich als Kind fünf Jahre lang aufzog. Ich hatte sehr geweint, als sie von uns ging. Vielleicht war sie die Urheberin meines „Böhmischen Virus'" – auch wenn Brünn in Mähren liegt.

Inzenhof. „Texas Bar" heißt eine vor zwölf Jahren aufgelassene Kneipe, deren Fenster mit Brettern vernagelt sind. Im „Gasthaus Kurta" versucht der Wirt verzweifelt, telefonisch einen Ersatzmann für den abgesprungenen Fußball-Schiedsrichter aufzutreiben, der am Sonntag das Spiel pfeifen sollte.

Wieder eine „Bergwertung“, hoffentlich die letzte für heute. Löwenzahnsamen schwirren wie Fallschirme durch die Luft und landen auf meinem schweißnassen Gesicht. Einen Straßenpfosten funktioniere ich zum Fotostativ um und portraitiere mich per Selbstauslöser. Mein mitgeschlepptes Stativ ruht noch immer ungebraucht im Rucksack. Ein Gendarm fährt in rasantem Fahrstil mit seinem Privatauto nach Hause. 18.05 Uhr. Ein pünktlicher Beamter.

Ein Schild: „Achtung Staatsgrenze Wegmitte“. Am Grenzstein C. 96-13 setze ich mich für einen kleinen Imbiß hinter einer Zollwachhütte auf die Bank.

Zwei Kilometer bergab, dann endlich das Ortsschild: Heiligenkreuz im Lafnitztal. Unterkunft im „Gasthof Pummer“, Einzelzimmer Nummer 8. Die bilderlosen Wände sind weiß gestrichen, auf dem Tischchen steht ein kleiner Fernseher, aber ein Stuhl fehlt. Unten im Hof spielen zwei Bundesheer-Soldaten Tischtennis. Auch in ihrer Freizeit tragen sie am linken Ärmel ihres grünen Uniform-Hemdes die rot-weiß-rote Stoffbinde. Im Saal neben dem Gastraum wieder eine U-förmige Tischanordnung, diesmal für eine Hochzeit. Am Tresen des Gasthofs verabschiedet sich kurz vor Mitternacht der zukünftige Bräutigam von einem Oberwachtmeister des Bundesheeres und spricht für die morgige Brautentführung ein striktes Fahrverbot für die Hochzeitsgäste aus.

Samstag, 11. Mai
Ein Schild in meiner Wander-Richtung verheißt ein für die Gegend exotisches Ziel: „Nightbar ‚Bar de Paris‘ 3 km“. Nach einer Viertelstunde erfolgt die übliche Fragestellung aus einem Auto der Zollwache: „Wo geh’n ma denn hin?“

Vor mir die Riesenbaustelle für die zukünftige Fabrik der Firma Lyocell: Hochkräne, LKW, Raupenfahrzeuge, ringsum riesige Erdbewegungen. Ich kürze über das Klärwerk ab, überquere das Flüßchen Lafnitz, südöstlich vor mir der ungarische Grenzübergangsort Szentgotthárd. Die Teerstraße verläuft auf einer Länge von zwei Kilometern parallel zur Grenze.

Ein olivfarbener VW-Transporter hält, zwei Bundesheer-Soldaten stürzen mit ihren Gewehren auf mich zu, einer fragt in forschem Ton: „Woher kommen Sie?“ –„Vom Klärwerk“, antworte ich. Er stutzt kurz, brummelt ein nachdenkliches „Ach so“ und springt mit seinem Kameraden wieder in den Mannschaftsbus. Der Fahrer grinst hinter vorgehaltener Hand ob des fernsehreifen Auftritts seiner Kollegen und winkt mir beim Wegfahren freundlich zu.

Mogersdorf. Hühnergulasch gegenüber der Kirche im „Gasthaus Gottsnahm“. Drei Arbeiter am Nebentisch unterhalten sich auf Slowenisch. Der Bürgermeister des Ortes gibt mir im Lokal Tips für die heutige Strecke, den Wirt mit dem himmlischen Namen Gottsnahm fotografiere ich draußen im geweihgeschmückten Nebensaal, in dem heute Vormittag das Firmessen stattfand.

Ein Haus weiter ein Bundesheer-Stützpunkt; ein Wachsoldat beschreibt mir den Weg zum Bahnhof.

Mogersdorf ist die letzte Haltestelle vor Ungarn. Die Bahnstrecke Szentgotthárd-Graz verläuft hier als gerade Linie durch die ebene Landschaft. Im Warteraum verzaubert mich eine farbige Kinderzeichnung mit dem Titel „Unsere Bahn".

Nahe dem Grenzfluß Raab entdecke ich Relikte des alten ungarischen Stacheldrahtzaunes. Der rudimentäre Drahtverhau wirkt sieben Jahre nach seiner Demontage auf mich bereits museal.

Über Äcker zurück zur Straße. Aus einem Seitenweg taucht ein Gendarmerie-Auto auf und wartet mein Vorbeikommen ab. Die junge Beamtin bleibt hinter dem Steuer sitzen, ihr Kollege steigt mit Funkgerät aus und kommentiert mein Erscheinen mit den Worten: „Na, wie ein Illegaler schaut er ned aus!" Darauf der die Ausweiskontrolle umgehende Standardsatz, Anrede erste Person Plural: „Wo kumma denn her?" Ich entscheide mich das Wort „Klärwerk" nicht noch einmal zu strapazieren und antworte: „Vom Gottsnahm."

Weichselbaum. Im „Gasthaus Kampel" trinke ich einen gespritzten Apfelsaft. Durch eine offen stehende Türe schaue ich in den leeren Frühstücksraum, den eine mediterrane Phantasie-Landschaft an den Wänden verschönert. Anerkennend stellt der Wirt fest: „In einem Tag hat das der Maler hingemalt." – Genre: Pizzeria-Painting.

Bahnhaltestelle Weichselbaum. Ein lehnenloser Stuhl dient in dem Wellblechunterstand als Wartesitz. Zufällig hält in diesem Moment der Zug Richtung Graz. Der Schaffner öffnet die Tür, niemand steigt aus, niemand steigt ein. Er hebt die grüne Kelle – Westernstimmung im Osten.

Schotterweg entlang der Bahnlinie. Die Sonne setzt mir zu, ich schlängele mich im Schatten der Uferbäume raabaufwärts. Das Flußgeräusch macht die Hitze annehmbarer.

Die Grenzkontrolle nähert sich diesmal strampelnd, überprüft mich per Fernglas und radelt in Gestalt von zwei Bundesheerlern auf Mountain-Bikes auf mich zu. Einer der Soldaten ist jener forsche Typ vom Vormittag. „Funkt der mich an", sagt er zu mir mit keuchendem Atem, „daß er eine verdächtige Person mit Rucksack gesehen hat, mehr aber kann er nicht erkennen. Sag' ich zu ihm, soll ich dir sagen, wie er ausschaut? Männlich, um die Vierzig, Schnauzbart, Hut, umgehängte Kamera und roter Rucksack." Kurze Pause. „Und jetzt sehen wir uns schon wieder." Irgendwie habe ich das Gefühl, daß der junge Oberwachtmeister aus Villach froh darüber ist, auch mal seine menschliche Seite zeigen zu können. Er steckt sich eine Memphis an und erzählt von seinem Opa, der in Kärnten des öfteren über die Grüne Grenze gegangen ist. Ich beschreibe ihm kurz meine bisherige Wanderung und schaue in ein neugieriges Gesicht. Doch dann schmettert er mir beim Wegfahren diesen Satz hin: „Wenn's nach mir ginge, hätte ich den Draht stehengelassen und unter Strom gesetzt, denn das wäre billiger als unser Einsatz hier."

Neumarkt a. d. Raab, „Gasthof zum Grenzwirt". Wieder einmal scheint es unmöglich, ein Quartier zu bekommen. Hannes, der wochentags in Wien arbeitet, fährt mich ins nahe St. Martin. Beim „Getränkemarkt Steinmetz" ist zum Glück noch ein Zimmer frei.

Gegen 21 Uhr gehe ich hinauf nach Doiber in eine Pizzeria. Auf dem Weg dorthin begegne ich vor einer

Telefonzelle einem verschüchterten Schwarzen. Ich grüße ihn, er nickt mit dem Kopf, ich gehe weiter. Im Wirtshaus ärgere ich mich, daß ich ihn nicht angesprochen habe, aber irgendwie stand er so völlig unerwartet vor mir im Dunkeln. Ich bestelle eine Pizza Prosciutto, neben mir spielen zwei ältere Frauen und zwei Männer Karten. Aus dem Nebenraum dringt irgendsoeine „Stadel-Sendung" und verteilt Muttertagsgrüße. Schwermut befällt mich beim Verlassen des Lokals, als ich zu guter Letzt noch ein eingestadeltes „Ave Maria" höre.

Draußen schweigt die Nacht, den Schwarzen unten an der Telefonzelle beim Kriegerdenkmal sehe ich nicht mehr. Fallweise rasseln an manchen Fenstern der einzeln stehenden Häuser die Rollos herunter. Das private Innenleben schottet sich uneinsehbar ab. Tagsüber Gardisette, abends Jalousette.

In St. Martin treffe ich keinen einzigen Menschen auf der Straße, selbst das Wirtshaus ist geschlossen. Es ist 22 Uhr.

Sonntag, 12. Mai

Der Hausbesitzer Steinmetz schaut aus dem Fenster, aus Südosten treiben dunkle Wolken über St. Martin. „Wenn's in Klagenfurt regnet", sagt er wetterkundig, „ist der Regen garantiert drei Stunden später hier bei uns." Zehn Minuten später schüttet es. Nach Herrn Steinmetz' Theorie müßte es folglich um 7.10 Uhr in Klagenfurt geregnet haben.

Eine nasse Straße führt mich bergauf durch den Wald. Plattgewalzt liegt ein Feuersalamander in den

Teer gedrückt, wenig später scheuche ich ein weiteres, noch lebendes Tier von der Straße in das Laub des Unterholzes. Apropos Salamander! Ich erinnere mich, daß in den 50er Jahren im Schuhhaus Feile in Passau eine Maschine stand, die unsere Kinderfüße in Schuhgrößen umrechnete. Wahrscheinlich war's ein Röntgenapparat.

10.30 Uhr. Plötzlich einsetzender Autoverkehr bergauf. Ich vermute, daß unten in St. Martin die Kirche aus ist.

Oberdrosen. Im Feuerwehr-Haus hält der Jugend-Nachwuchs eine Übung ab. Mit grünen Uniformen bekleidet und blitzende Metallhelme auf dem Kopf, schrauben die jungen Burschen unter dem Diktat einer Stoppuhr Schläuche zusammen, die sie dann an eine rote Motorpumpe anlegen. 48 Sekunden beträgt die heutige Bestzeit für diese Aktion. Militärisch stellen sie sich in Habt-Acht-Haltung auf, salutieren, dann schreit einer: „Gerät überprüft?" – „Gerät in Ordnung!" schallt die Antwort zurück, und das Ganze beginnt unter den wachsamen Augen eines erwachsenen Feuerwehrmannes von neuem. 52 Sekunden dauert es diesmal. Nach einer kurzen Pause abermalige Wiederholung. Ich fotografiere die Truppe beim Üben; sie spenden mir ein Bier, weil gegenüber das „Wirtshaus zum Dreiländer-Eck" schon seit 1. Januar für immer geschlossen ist. Nach Abschluß der Übung fahren sie mich in ihrem Feuerwehrauto hinauf zum „Gasthaus Lang", das einsam und abgeschieden oben am Berg nahe dem Dreiländer-Eck liegt.

Wir sitzen gemütlich beisammen, und im Nu stehen zwei „Mischer" (Wein mit Soda) vor mir. Einer der

Spritzenmänner feiert heute müde seinen 25. Geburtstag, ein anderer schaut irgendwann mal auf seine Uhr und stöhnt: „Deifi, ich muß noch Blumen pflücken für'n Muttertag." Und wieder steht ein von der Feuerwehr Oberdrosen gestifteter „Mischer" vor mir. Am Thekenrand fällt mir in dieser Abgeschiedenheit eine Ansichtskarte von einem sonnenschirmüberfluteten Strand der Insel Rhodos auf. Ich gestehe, hier im „Gasthaus Lang" ist's mir heute lieber.

Hohlweg entlang der slowenischen Grenze. Rotweiß-rote Stangen bilden zusammen mit den Grenzsteinen die Wegmarkierung. Ich spüre deutlich meine „Mischer". Mitten im Wald die sonntags geschlossene Grenzkontrollstelle Tauka. In einer Garage neben einem kleinen Bauernhof wäscht ein Mann sein Auto, das Kennzeichen MS steht für Murska Sobota. Demnach befinde ich mich also auf slowenischem Gebiet. Nach 400 Metern sehe ich wieder die rot-weiß-roten Stangen. Zwei bellende Hunde schießen plötzlich hinter einem Anwesen hervor und springen mich mit gefletschten Zähnen an. Ich bekomme es mit der Angst zu tun, forciere meinen Schritt, laufe aber nicht und bin heilfroh, als sie endlich von mir ablassen. „Sakradi", sage ich halblaut zu mir und schnaufe befreit durch.

Es folgt eine Abzweigung nach rechts. Ich vergleiche die Grenzstein-Numerierung mit der, die auf meiner Karte eingetragen ist, und gehe deshalb geradeaus weiter. Links des Grenzweges trocknen in einem Behälter aus Holzlatten slowenische Maiskolben.

„Grenzgasthof-Mertschnigg". Am Hauseck ein weiß gestrichener Grenzstein mit schwarzer Inschrift: „Oe, I, 83, – St. Germain 10. Sept. 1919". Das Gasthaus ist zum Bersten voll von Muttertags-Ausflüglern, deswegen stelle ich vor dem Eingang meinen Apfelsaft und den Kleinen Braunen auf eine Papiertonne, weil hier die Luft besser verträglich ist. Ein korrekt mit Krawatte gekleideter Chauffeur entsteigt dem tadellos gewienerten Bus "Vienna Sightseeing Tours".

Eineinhalb Kilometer bis Bonisdorf. Den Stadelberg hinauf, dann wieder runter und vorbei an einem grünschlickigen Weiher voller Kaulquappen. "Astral of England" steht auf einem ausgemusterten Wohnanhänger, der sicher auch schon bessere Stand-Plätze gesehen hat.

Wieder Regen entlang der Grenzstraße am Edelsbach. „Sechs Schilling", haben sie mir oben im Wirtshaus erzählt, „kostet drüben in Slowenien ein Liter Benzin, zwölf in Österreich." Zahn-Touristen nach Ungarn, Tank-Touristen nach Slowenien.

Kalch. Der letzte burgenländische Ort, dann geht's im Endspurt bereits auf steiermärkischem Weg hinauf nach Sichauf. Ich stehe unter einem blühenden Apfelbaum, der von Misteln überwuchert ist. Leider kann ich niemanden küssen. Der Regen wird stärker.

St. Anna am Aigen. Es schüttet... Vom Wirtshaus nehme ich mir drei belegte Brote und eine Flasche Wein mit auf mein Zimmer bei Familie Schäfmann. Die freundliche Hauswirtin wäscht mir in der Maschine meine Wanderkleidung. Das slowenische Fernsehen berichtet, daß der Papst nächsten Sonntag zu Besuch nach Maribor kommen wird.

Zwei Uhr nachts. Ich öffne das Fenster und schaue traumversunken hinaus in die Unfaßbarkeit der Dunkelheit. Auf dieses Schauen bin ich süchtig geworden.

Montag, 13. Mai
Mein Zimmer gleicht einer Wäsche-Trockenkammer. Meine gestern abend gewaschene Kleidung hängt auf Kleiderbügeln, an Türzargen und von Deckenlampen herab. Wegen des Dauerregens werde ich heute die siebzehn Kilometer nach Bad Radkersburg mit dem Bus fahren. Die zwei Stunden bis zur Abfahrt nutze ich für einen Streifzug durch St. Anna.

Im Postamt kaufe ich mir eine Telefonkarte, wechsle mein Geld in kleine Scheine und besuche die Kirche. Dort klappt eine grauhaarige alte Frau in Kittelschürze die hochgestellten Kniebänke in rhythmischen Geräuschen herunter. Klack-klack-klack, hallt es durch den halbdunklen Kirchenraum.

In der Vinothek treffe ich auf eine zwanzigköpfige Männer-Delegation, bestehend aus Vertretern der Bezirkshauptmannschaft Feldbach, der örtlichen Gendarmerie, der Zollwache und uniformierten Polizisten der slowenischen Nachbargemeinden. „Es hätte eine Grenzwanderung werden sollen“, klärt mich der Fahrer des Bezirkshauptmannes auf, „aber der Regen hat uns einen Strich durch die Rechnung gemacht. So sind wir halt in die Vinothek gewandert.“

Der Vinotheks-Leiter hält ein Kurzreferat über den Weißburgunder und schenkt den Beamten die Probiergläser voll. Ein aberwitziges Bild, wenn Gendarmerie, Zollwache und Polizei uniformiert am Vormittag Wein verkosten. Der Fahrer eines slowenischen Dienstautos rennt die Treppe herunter und reicht einem Herrn im Anzug das Handy. „Dobro, dobro, dobro“, versucht dieser das Telefonat abzuwehren; akustisch vermengt sich seine Stimme mit den eingeschalteten Funkgeräten der österreichischen Gendarmerie. „Um acht Uhr früh haben sie mich angerufen", erzählt mir der Chef der Vinothek, „daß ich heute am Ruhetag von 10 bis 12 Uhr aufsperren soll."

Halb eins. Vor dem Lebensmittelgeschäft gegenüber der Bushaltestelle, auf einer sogenannten „Händler-Schürze", die Schlagzeile der Tageszeitung: „Gen-Kartoffeln in Tulln wieder ausgegraben".

Im Bus nach Bad Radkersburg zeichnen Schulkinder mit den Fingern Kreise, Linien und Namen auf die beschlagenen Fensterscheiben. Ich steige als letzter Fahrgast aus.

Am Hauptplatz in Radkersburg schreit mir der Fahrer nach: „Im ‚Gasthof Murstüberl' können S' gut übernachten!" Er hat recht, das Zimmer ist geräumig und klar eingerichtet. Dürers „Betende Hände" beschützen die rechte Hälfte meines Doppelbettes. Ich werde in der linken schlafen.

Ich hole mein postlagerndes Paket mit Filmen ab und schließe mich kurzerhand einer Stadtführung an, die vor dem „Hotel Kaiser von Österreich" endet. Führungen wollen gekonnt sein, vor allem, wenn Kurgäste müde sind.

Abends besuche ich die Parktherme und lasse mir im Thermalbecken – ursprünglich sollte hier einmal nach Erdöl gebohrt werden – von warmen Sprudeln meinen Rücken massieren. Seit gestern spüre ich am rechten Knie wieder meinen 1980 operierten Meniskus, der mir damals beim Basketball-Training gerissen ist. Im Schwimmbecken empfiehlt mir ein Badegast, die Stadt Maribor anzuschauen. Möglich, daß mich dort der Papst trifft.

Dienstag, 14. Mai
Die „Kleine Zeitung“ berichtet in einem Einspalter, daß an der burgenländischen Grenze von Januar bis April diesen Jahres 1.400 illegale Einwanderer aufgegriffen wurden, vierzig Prozent mehr als im Vorjahr.

Regen. Am Friedhof bleibe ich vor der Grabplatte eines Franz Sommer stehen, über dessen eingemeißelte Berufsbezeichnung – „Weingutbesitzer und Weinhändler“ – langsam eine Weinbergschnecke zieht. Im Wartesaal des Bahnhofs lese ich ein Angebot der ÖBB: „Sonderzug zum Papstbesuch in Slowenien am 19. Mai. Rückfahrkarte ab Graz: 190 Schilling“.

Vorbei am „Café Seinerzeit“ und an der „Mickl-Kaserne“, wo vom Exerzierplatz her Soldaten-Lieder klingen. An der Fassade des Finanzamtes warnt ein Schild: „Parken auf eigene Gefahr“. Daneben, unter einer großen Buche, eines von den zwei in Österreich aufgestellten russischen Ehrendenkmäler von 1945. Radkersburg erhielt 1978 die Europa-Goldmedaille für Denkmalschutz.

Jetzt, am Nachmittag, fahre ich mit einem Leihrad über die Grenze nach Gornja Radgona, einem kleinen Städtchen drüberhalb der reißenden Mur. Von hier sind es 146 Kilometer nach Zagreb, 36 nach Maribor. Im Postamt gibt es den Papst nicht nur auf Sondermarken, sondern auch für umgerechnet sechs Mark als Abziehbild auf Kerzen.

Ich setze mich am Busbahnhof vor ein Café und schaue bei einem Cappuccino den an- und abfahrenden Bussen zu. Die „Petrol-Tankstelle“ an der Ortsausfahrt ist von den Tank-Touristen jenseits der Grenze stark überlastet.

Ortschaft Mele. An der vielbefahrenen Straße wirbt die Firma Hankook-Reifen unübersehbar mit langen Frauenbeinen für Profilstollen. Knapper kann ein schwarzer Minirock aus Gummi nicht ausfallen. Die slowenischen LKW fahren hier auf der engen Straße einen wahrhaft „heißen" Reifen.

Über Radenci zurück zum Übergang bei Sicheldorf. Kurz vor dem slowenischen Zollgebäude stoppe ich an einer Gostilna. Drei Österreicher schleppen sich gerade aus dem Wirtshaus, einer von ihnen will in seinem Übermut mit aller Gewalt ein Geländer geradebiegen, doch der Wirt hindert ihn daran. Trotz Ruhetags bittet er mich in sein Lokal und kredenzt mir auf seine Rechnung ein Achtel Wein nach dem anderen. Immer wieder betont er: „Ich nix Mikrowelle, ich machen alles Natur. Ich gut verdiene", er zeigt nach draußen auf die Straße, „weil hier an Grenze ist gute Spur."

Er holt wieder ein Achtel Wein von der Theke, die von einem Pin-up-Kalender geschmückt wird. Die Eistheke rüttelt sich kurz durch, die Volksmusik aus dem Radio wird deshalb für einen Moment schwächer. Ich erzähle ihm von meinem Gang der Grenze entlang. Plötzlich schaut er mich starr an und sagt: „Tausend Prozent, du bist Militär, tausend Prozent! Du Spion, aber trotzdem mein Gast." Er reicht mir seine Hand, weil er mit mir wetten will, daß ich „vom Militär" sei. Erst als ich ihm erkläre, daß mich die Grenze historisch interessiere, beruhigt er sich, prostet mir zu und entschuldigt sich. Vielleicht hat ihn auch mein Fotoapparat irritiert. Wer weiß, was er schon alles erlebt hat.

Kurz vor acht Uhr. Zwischen den beiden Zollämtern leuchtet vor den jetzt leeren Parkplätzen die grüne

Neon-Reklame des Duty-Free-Shop's. Neben einem Papierkorb liegt eine nasse Sex-Illustrierte namens „Schlüsselloch". Titelzeile: „Wuppertal Teil 1, von Dildos und weißen Brüsten".

In Bad Radkersburg lehnt sich ein betrunkener Bundesheer-Soldat an die Fassade eines Eck-Cafés und würgt ...

Mittwoch, 15. Mai

Der Besitzer des „Mur-Stüberls" bricht mit Freunden zu einer Radtour per Auto nach Ost-Tirol auf. „Weißt", sagt er zu mir, hektisch noch einen Kleinen Braunen schlürfend, „auch wenn ich jetzt vier Tage Radl fahr', komm' ich beruflich nicht los. Immer wenn ich in einer Gastwirtschaft drinnen sitz', schau' ich s' mir an, wie s' eingerichtet ist und wie s' geführt wird."

Wieder passiere ich die Mur-Brücke, die 1969 von Bundeskanzler Jonas und Marschall Tito eingeweiht wurde. Der slowenische Polizist drückt mir mit einem Lächeln den Stempel in meinen Reisepaß. Bei der Kirche von Gornja Radgona biege ich rechts ab.

Podgrad. Am Straßenrand ein von Bäumen überwachsener Bunker. Dreihundert Meter sind es von hier zum Grenzfluß Mur. Ich verlasse die Hauptstraße nach Maribor in Richtung Apače. Neben einem Gewächshaus ein abgestellter französischer Eisenbahnwaggon ohne Räder und Puffer mit der Aufschrift: *Inter Frigo*. Ich hingegen schwitze, und mein Schatten wird, bedingt durch den Stand der Sonne, immer kleiner.

Lutverci. Auf einer Länge von zwei Kilometern wird die Fahrbahn hier völlig neu aufgeschüttet und verbreitert, Straßenwalzen fahren über das lockere Sand- und Steingemisch. Es ist ein end- und schattenloser Weg, der mich durch die Mittagshitze führt.

Krumme Holzmasten leiten Telefondrähte nach Segovci. Aus Rundeisen geschweißt stehen die Buchstaben des Ortsnamens auf dem Wellblech-Dach des Bus-Wartehäuschens. Ich stelle kurz meinen Rucksack ab und esse einen Apfel.

Apače. Schulkinder spielen vor dem Kulturhaus, im dahinterliegenden Friedhof, der von mehreren Gemeinden benutzt wird, stehen deutsch und slowenisch beschriftete Grabsteine.

Den auf meiner Karte eingetragenen Feldweg nach Črnci gibt es leider nicht – er endet an einer leeren Rinderkolchose. Also wieder zurück auf die harte Teerpiste. Der Schweiß rinnt mir in Bächen vom Gesicht, und ich fühle, daß ich im Kopf nicht frei bin, weil ich beim Gehen ständig auf die mir entgegenkommenden Autos achten muß. „Tag der slowenischen Teerstraße" nenne ich meinen heutigen Gang.

Fast in allen Dörfern fertige Rohbauten, aufgestockte oder angebaute Einfamilienhäuser. Die Farbe ist ziegelrot und symbolisiert hier die neue slowenische Aufbruchstimmung. Hin und wieder fallen mir verlassene Häuser auf.

Žepovci, Žiberci. Unter dem schattenspendenden Vordach einer Gostilna goutiere ich beim Essen das südliche Flair. Die Wirtin spendet mir einen Schnaps mit eingelegter Feige und überreicht mir den Haus-Prospekt, dem ich folgende Passage entnehme: „Unsere Kapazität reicht für den Empfang eines Busses im Winter und zweier Busse im Sommer".

Die Teerstraße ist aufreibend, die letzten Kilometer lasse ich mich deshalb von zwei Burschen im Audi zur Grenze nach Cmurek fahren und schaue dort den Zöllnern bei ihren Abfertigungsritualen zu. Paßkontrolle, Kofferraum öffnen lassen, Kofferraum schließen lassen, kurzes Gespräch, dann Paßrückgabe. Manchmal weist ein PKW-Fahrer eine Rechnung vor und muß dann trotz aufgesetzter Unschuldsmiene dem Zöllner ins Amtsgebäude nachfolgen. Mit dem geschulterten Rucksack zwänge ich mich zwischen den Autos über die schmale Mur-Brücke hinüber auf die österreichische Seite.

Mureck. Vor dem Elektrogeschäft Moik stehen auf dem Bürgersteig zwei Waschmaschinen zum Verkauf. Der Geschäftsinhaber steht breitbeinig vor seinem Laden, ich frage ihn nach einer Übernachtungsempfehlung im Ort: „Warten S' einen Moment", sagt er, „ich sperr' eh um sechs gleich zu, dann fahr' ich Sie zum ‚Hotel Reineldis'."

Die Empfehlung stimmt, der architektonische Charme aus den 60/70er Jahren auch. Die gesprenkelten Steintreppen zum ersten Stock sind gesäumt von verschiedensten Grünpflanzen. An der Innenseite meines Zimmerschrankes hängt ein handgeschriebener Zettel: „Pro Person 230 Schilling".

Ich dusche mir die Hitze aus dem Körper und genieße später auf einer Sitzbank neben dem kleinen Bahnhof die Kühle des Abends. Froschgequake erfüllt die Luft. Ich strecke meine müden Beine aus und schaue über die leeren Geleise.

Donnerstag, 16. Mai (Christi Himmelfahrt)
Mureck ist heute Austragungsort der Staatsmeisterschaften im Speedway; es geht um den internationalen Preis der Steiermark. Seitlich der Sandbahn wehen tschechische, slowenische, ungarische und österreichische Fahnen, auf der Rasenfläche gegenüber dem Zieleinlauf steht unbeachtet das Siegertreppchen. Die jungen Fahrer in ihren farbigen Lederdressen starten um elf Uhr zu den Trainingsläufen. In den Boxen hinter der Zuschauer-Tribüne wird geölt, geputzt, werden Reifen gewechselt. Aus den Auspuffrohren dampft unter ohrenbetäubendem Lärm der blaue Dunst des Methanols.

Jeweils vier Fahrer starten zu den Trainingsrunden, bei denen sie auf den Geraden bis zu 90 km/h erreichen. Roter Sand spritzt am Ausgang der Kurven über die Holzbande. „Hier sind schon alle Weltmeister bis auf Egon Müller gefahren“, erzählt mir der vollbärtige Organisator. Als ich erwähne, daß ich aus Passau stamme, fügt er schmunzelnd hinzu: „Ja, ja, zwischen Suben und Passau hab’ ich vor acht Jahren gearbeitet. Wir haben da entlang der Autobahn die Notruf-Säulen errichtet.“

Das vormittägliche Training ist beendet, eine Ruine von einem LKW glättet mit einer Bodenschiene den aufgewühlten Sand. An den beiden Kurven legt das Rote Kreuz Tragbahren bereit, im Fahrerlager bittet ein Zehnjähriger mit Filzstift um Autogramme auf sein weißes T-Shirt. Die vier Frauen hinter dem Würstelstand warten gelangweilt auf Kundschaft.

Ich gehe hinunter zur Mur. Mückenschwärme umkreisen mich im dampfigen Wald der Flußauen. In eine alte Buche sind die Buchstaben KK in ein Herz monogrammiert. Neuerlich dringt von der Sandbahn-Arena aufheulender Motorenlärm durch die Bäume.

Der weiche Waldboden geht über in geteerten Radwanderweg. Scharen von Radlern kommen mir entgegen. Christi Himmelfahrt ist Feiertag und Vatertag und deshalb Radwandertag. Um es kurz zu machen, über Design-Geschmack von Fahrradbekleidung läßt sich streiten.

Auf slowenischer Seite, jenseits der Mur, eine Fabrik namens „Paloma". Zwei Tauben, es könnten auch Wellensittiche sein, so genau kann ich es nicht erkennen, bilden das Logo dieser Firma.

Vierhundert Meter weiter, zwischen Zollhäuschen und Kiosk, die wegen Hochwassers gesperrte Mur-Fähre. Wenige Gehminuten weiter ein auf die schmale Teerstraße mit weißer Farbe hingepinseltes Wort: „Ziel". Ich fotografiere dieses Wort. Noch weiß ich nicht, wo bei dieser dritten und letzten Etappe an Österreichs Grenze mein Ziel sein wird. Es gibt viele Wege. Der gewählte Weg wird der richtige sein. Umwege bringen immer eine Überraschung; man muß sie nur zu Ende gehen, denn schon im Moment des Beschreitens wird der Umweg zum richtigen Weg.

Ich biege links ab auf den rot-weiß-rot markierten Waldweg, am Boden erkenne ich Abdrücke von Pferdehufen. An manchen Stellen sind die ausgefahrenen tiefen Rillen des Karrenweges mit zerbrochenen Dachziegeln aufgefüllt. Meine Schritte hören sich kurzzeitig an, als würde ein Dachdecker über Schindeln gehen, dann schmatzen die Schuhsohlen wieder auf dem feucht-nassen Waldweg. Teerstraßen sind der Tod des

Gehens. Ich spüre, daß es mir heute besser *geht*, weil die Erde unter meinen Füßen schwingt.

Schmalster Trampelpfad muraufwärts, knapp neben dem reißenden braunen Fluß. Links zum Wasser hin Brennesselgestrüpp, rechts dschungelähnlicher, undurchdringlicher, von besitzergreifendem Sachalin-Knöterich unterwanderter Wald. Ich schwitze wie ein Stier, alle Augenblicke wische ich mir mit dem feuchten Taschentuch übers triefnasse Gesicht. In den Bäumen lautstarkes Vogelgezwitscher. Ich bleibe stehen, stelle meinen Rucksack ab und horche. Am Flußufer, beim Grenzstein VII, 33, entdecke ich einen Betonrundling, auf dem ich nur das Wort „Triest“ entziffern kann.

Donner grollen, als ich die Autobahnbrücke bei Spielfeld unterquere. Beim Buschenschank der Familie Schober in Gersdorf kehre ich ein, die Hofterrasse ist gut gefüllt von bereits lustigen Radlfahrern. Ich sitze an der Theke, warte auf mein Essen und studiere ein vom Garderobehaken durchbohrtes Plakat: „Vier Tage Zeltfest in Spielfeld. 9. Juni, 11 Uhr: Es moderiert der bekannte Humorist ‚Grenzland-Mandy‘“. An der umlagerten Theke läßt sich ein Vatertags-Ausflügler in Biker-Dress zwei gespritzte Weiße in seine Isostar-Flasche einfüllen. Am Bahnhof treffe ich ihn im Zug nach Leibnitz wieder.

Nach fünfzehn Kilometern Fahrt Richtung Graz sperre ich in der „Pension Kärtnerhof“ das Einzelzimmer Nummer 20 auf.

Im vollbesetzten Pub über dem „Café Hubmann“ am Hauptplatz trinke ich mein Abschluß-Achtel, aus den Boxen dröhnen, nicht anders als vor zwanzig Jahren, Barry White und Tom Jones. In einem Textil-

Geschäft lese ich ein handgeschriebenes Plakat: „Hallo Firmlinge, tolle Kleidung zu tollen Preisen!"

Freitag, 17. Mai

Mit dem Zug ins nahe Maribor, mit 200.000 Einwohnern die zweitgrößte Stadt Sloweniens. Kurz nach der Grenze müssen alle Fahrgäste wegen Gleisbauarbeiten in einen Bus umsteigen. Die österreichischen Zollbeamten sitzen geschlossen auf der letzten Bank und diskutieren heftigst über Fußball.

Die Altstadt Maribors, mit mittelalterlichem Stadtkern an der Drau gelegen, wirbt auf Großplakaten mit dem Portrait des Papstes für seinen in zwei Tagen bevorstehenden Besuch. Auf der Straße um die Kirche Stolna werden neue Zebrastreifen aufgetragen, Arbeiter kehren die Parkanlagen, aus dem ersten Stock eines Wohnhauses hängt eine lange, gelb-weiße Fahne. In der Fußgängerzone sitzt ein Verkäufer hinter einem Berg von Papst-Kerzen, aber das Geschäft geht schlecht. Hier sind die Kerzen bereits um 50 Tolarjev billiger als im Postamt von Gornja Radgona. An einem der Papst-Infostände erhalte ich für Sonntag eine Eintrittskarte, die mir förmlich aufgedrängt wird. Block D 3 ist mein Standort auf dem Flugplatzgelände, auf dem um zehn Uhr die Messe mit dem Heiligen Vater über die große Bühne gehen soll.

In der kleinen Franziskaner-Kirche lehnt unter dem Papst-Poster beim Hochaltar ein Besen, eine Video-Leinwand steht vor einem der vielen Beichtstühle, leises Orgelspiel erfüllt den halbdunklen Kirchenraum. Es ist angenehm kühl hier drinnen, die gespendeten roten Öllichter verbreiten eine mystische Stimmung. Ein alter grauhaariger Mann im blauen Arbeitsanzug berührt mit seiner Hand die Füße einer aufgestellten Christusfigur und bekreuzigt sich. Auf einem Anschlagbrett des Seitenausgangs kündigt eine slowenische Firma bereits im Vorhinein eine Videokassette von sechzig Minuten Spieldauer über den Papstbesuch an. Bei einer Vorbestellung bis 25. Mai gebe es zehn Prozent Rabatt auf den Preis, lockt der Aushangzettel.

Während der großen Mittagshitze besuche ich das Regional-Museum, das in einer neonbeleuchteten Vitrine eine Original-Uniform von Marschall Tito zur Schau stellt. Durch einige der Ausstellungs-Räume zieht abenteuerlicher Geruch von Mottenkugeln. Ich muß dabei immer an Beerdigungen im Dorf meiner Großmutter in Oberösterreich denken, wenn beim Toten-Essen im Wirtshaus die Bauern in ihren selten getragenen schwarzen Anzügen herumsaßen. Vom ersten Stock des barocken Treppenaufganges aus, einer Kopie von Schloß Mirabell in Salzburg, fotografiere ich auf der anderen Straßenseite das „Kino Partizan“.

Auf der Rückfahrt nach Leibnitz lese ich im Intercity „Eumona“ das Faltblatt „Zugbegleiter“. Überschrift: „Keine Chance dem Diebstahl! Vorsicht vor besonders aufdringlichen Mitreisenden, die Ihnen Kaffee oder Zigaretten aufdrängen möchten; diese könnten präpariert sein“.

In Leibnitz treffe ich abends den Leiter der Foto-Galerie im Retzhof, Klaus Hartl, der in der Stadt als Lehrer tätig ist. In einem gemütlichen Buschenschank nahe Leibnitz lassen wir den Tag ausklingen. Der kühle Wind erinnert mich an Urlaubstage auf der Insel Cres.

Samstag, 18. Mai

Wie in einem Nobelhotel liegt meine gewaschene Wäsche fein säuberlich zusammengelegt vor meiner Türe. Nie hatte ich Blasen vom Gehen an den Füßen, jedoch oft vom Wäschewaschen an den Händen. Deshalb schätze ich diesen Service besonders.

Mit dem Auto lasse ich mich wieder Richtung Grenze nach Gamlitz fahren. Neben der Kirche ein Kriegerdenkmal, von einer zerstörten Haubitze gekrönt, darunter in großen Lettern das Datum: „3. Juli 1866". Damals fand dort in der Schlacht von Königgrätz die Kavallerie-Batterie 7/VIII den „Heldentod". „Der Mitwelt zur Richtschnur, Österreichs Jugend zum Ansporn sein", heißt es weiter auf einer Tafel.

Vor der Kirche zupft ein schwarzgekleideter Herr verwelkte Tulpenblätter und erzählt mir, daß heute nachmittag zwei Hochzeiten stattfänden.

Ich folge der Markierung des 03er-Weitwanderweges und tauche damit ein in die südsteirische Bergwelt der Windischen Bühel. Zweihundert Meter beträgt der Höhenunterschied hinauf nach Sernau. Kunstvoll geschnittene Obstbäume wechseln sich ab mit steil gelegenen Weinbergen, über einer Marillenbaum-Plantage sind feinmaschige Netze gespannt. Der Wind macht mir die Hitze erträglich. Hier werden die Hügel zu Bergen, und hinter jeder Kurve eröffnet sich ein neuer Blick in die Landschaft.

Beim Buschenschank der Familie Söll bin ich mit Blick in den Himmel im Paradies auf Erden angekommen. Das Schauen hier oben über die Berge und Täler ist ein Geschenk. Meinem Glücksgefühl zu Ehren trinke ich ein Stamperl Kriacherl-Schnaps und esse eine

„Zimtschnecke" mit Kürbiskernen. Zwei Achtel verstehen sich von selbst. Noch bin ich der einzige Gast auf dieser wunderbar gelegenen Freiterrasse mit etwa dreißig Sitzplätzen. Die Besitzerin erzählt mir, daß hier vor kurzem ein Marathonlauf vorbeigeführt habe.

Würziger Wiesenduft begleitet mich bergauf, auf den Hängen liegt das erste gemähte Gras dieses Jahres. Aus einem abseits gelegenen Haus unten im Tal trägt der Wind Trompetenstöße herauf, sie klingen, als würde die österreichische Kavallerie noch einmal zum Angriff gegen die Preußen blasen. Gelassen antwortet auf diese Fanfarenklänge aus weiter Ferne ein Kukkuck. Mountain-Biker begegnen mir, mit dem Fuß schieße ich Föhrenzapfen von der Straße ins Gras. Es geht bergab.

Fötschach. In der Ruhe des Nachmittages schläft sitzend auf einer schattigen Hausbank ein altes Muatterl.

Leutschach. Ich komme gerade recht, als um 17 Uhr ein Brautpaar die Kirche verläßt. Skiclub-Mitglieder des Bräutigams bilden ein Spalier mit Slalomstangen, die Braut muß mit Skistöcken ihren frisch angetrauten Ehemann, der auf Skiern steht, über eine Ziellinie ziehen. Diese Aktion wird von vier Musikanten mit dem „Schneewalzer" unterstützt. Im Reigen der Hochzeitsgäste fällt mir der Träger einer weißen Uniformjacke auf, dessen linke Brust von Orden nur so überquillt. Etwas verlassen stellt er sich später mit seiner Schirmmütze zu den Musikanten. Ich ordne ihn dem Kameradschaftsbund zu.

Wieder bergauf Richtung Grenze, vorbei an Hopfenfeldern. Beim Buschenschank auf dem Bauernhof der Familie Sternat in Remschnigg sind leider alle Zimmer belegt. Ich bleibe trotzdem drei Stunden lang sitzen und bekomme wieder diese paradiesischen Gefühle. Diesmal trinke ich einen Apfelschnaps darauf, der hier Maschanzkerl-Schnaps heißt. Drei Wanderer aus Mureck treffe ich und eine zehnköpfige Ausflugsgruppe aus Tulln, die sich hier ebenfalls verwöhnen lassen.

Gegen 22 Uhr fährt mich Herr Sternat durch den nächtlichen Wald in die nahe gelegene „Privatunterkunft Schwarzl". „Wissen S'" , sagt er auf der kurzen Fahrt dorthin, „wir sind stolz auf unseren Hof. Wir werden nicht reich, aber dafür brauchen wir für die Fremden auch kein Dirndl und keinen Trachtenanzug anziehen."

Sonntag, 19. Mai

Am „Puschnigghof" habe ich in der Einöde inmitten bewaldeter Berge übernachtet. Der Hausherr kredenzt mir nach dem Frühstück einen Stachelbeerschnaps und Most.

Fünfzigminütiger Aufstieg durch den Wald zum „Alpengasthof Pronintsch", in 684 Metern Höhe an der Grenze gelegen, und zwar in jeder Beziehung. Schweißtriefend schleppe ich meine 20 Kilo Gepäck mühsam den Berg hinauf. Jahreszahlen mit Namensabkürzungen in Buchenrinden geritzt, ersetzen hier die Eintragungen in Gipfelbücher.

Kräftiger Wind fegt über die Anhöhe, die Wirtin kocht das Mittagessen für die zu erwartenden Ausflügler, der spartanisch eingerichtete Gastraum bietet Platz für vierzig Leute. Hinter der schlichten Theke fotografiere ich die aufgereihte Familie, Vater, Mutter und Sohn.

Gleich hinter dem Gasthof beginnt der Höhenweg entlang der österreichisch-slowenischen Grenze. Ein Hinweisschild macht mich darauf aufmerksam, daß der kleine Grenzverkehr nur für Inhaber österreichischer oder slowenischer Ausweise gilt, und zwar in der Zeit von Sonnenaufgang bis Sonnenuntergang. Die Staatsbezeichnung „jugoslawisch“ ist neu überklebt mit dem Wort „slowenisch“.

Ich gehe über weichen Wiesenboden, hinter einem Weggatter grasen auf einer Alm Kühe. Unbarmherzig sticht trotz der Wolken die Sonne herunter. Ein Wegkreuz mit abgebranntem Grablicht erzählt vom Tod eines Zwanzigjährigen: „Hier beim Langlauf sprach der Herr das große Amen über Norbert Strohmeier, gestorben am 30. Dezember 1984“.

Eine Lichtung gibt den Blick frei hinunter nach Arnfels, der Wanderweg wechselt verschiedentlich auf slowenisches Gebiet.

Zollhütte Arnfels/Kapla, dahinter eine von Birken zugewachsene verlassene Grenzkaserne.

Most-Rast in einem Bauernhaus; Obstbäume wachsen vor dem kleinen Grundbesitz. Die wettergegerbte alte Bäuerin in hellblauem Kittelschurz setzt sich zu mir an den Tisch und erzählt: „Je nach dem, wie streng der Kommandant der Grenzkaserne gewesen war, sind zu Titos Zeiten die Serben zu uns die hundert Meter rüber gekommen und haben ordentlich getrunken.“ Sie winkt ihrem slowenischen Nachbarbauern, der gerade die Grenze entlang geht. „Ein wirklicher Ehrenmann“, sagt sie, „wenn alle so wären wie der, bräuchten wir keine Polizei.“ Gewitzt fügt sie hinzu: „Er könnte ja rüberkommen, bis Sonnenuntergang hätte er ja Zeit!“

Da der Nachbar aber „drüben“ bleibt, geht ihr Slowenisch sprechender Schwiegersohn mit zwei Flaschen Bier zu ihm hinauf in den Wald. Das ist der kleine Grenzverkehr bei Frau Tertinek.

Des Grenzseins müde steht einen Kilometer weiter, auf einer hölzernen Rastbank, ein ausgegrabener Betongrenzstein mit der Bezeichnung XI, 261. Kurze Zeit später ist meine Wanderkarte „Arnfels“ im wahren Sinn des Wortes abgegangen; ich stecke sie in den Rucksack.

Wieder ein kleines Zollhaus, dahinter abermals versteckt eine einsame Grenzkaserne, die noch ein Schild mit den alten jugoslawischen Farben schmückt.

Schilder mit der Aufschrift: „Pozor! Državna meja“ (Achtung! Staatsgrenze) begleiten mich auf dem Weg zum „Gasthaus Wutschning“. Wegen Einweihungsfeierlichkeiten der hofeigenen Kapelle ist das Gasthaus voll von Besuchern; sie sitzen großteils in Tracht in den überhitzten Räumen, obwohl draußen der schönste Tag herrscht. Vor der überdachten Gartentheke räumt eine Frau zwei Kerzen und das Tischkreuz von einem provisorischen Altar. Zündhölzer und das Glas mit Weihwasser läßt sie stehen.

St. Pongratzen, 900 Meter hoch gelegen. Genau durch die Mitte der Kirche verlief einst die Staatsgrenze, später wurde das ganze Areal Jugoslawien zugeschlagen, nachdem die Kirche zeitweise auch als Pferdestall verwendet worden war. Hubenlenz, Waldgregor und Mudl heißen hier heroben die Einödhöfe. Irgendwo im Wald, bei einem 1955 errichteten Wegkreuz, bezeichnen in den Boden geschlagene Pfosten aus Eisenbahnschienen, durch ein dickes Drahtseil verbunden, den Grenzverlauf. Teilweise wie bei einem Hindernislauf, überquere ich vom Schneebruch entwurzelte Bäume, die kreuzweise über dem Weg liegen. Auf meinem dunkelblauen Hemd bilden sich die ersten Ränder von eingetrocknetem Schweiß. Mein Gesicht fühlt sich vom Schwitzen rein und weich an.

Endlich geht's aus einer Höhe von 1.000 Metern wieder bergab. Heidelbeersträucher überwuchern die zwei Meter breite Grenzschneise. Die tiefstehende Sonne blendet mich, was bedeutet: die Richtung stimmt – nach Westen. Ein kleiner Schluck aus der Wasserflasche, dann eine Lichtung. Die großen Berge dahinter legen sich im blauen Abendlicht schlafen. Seit drei Stunden habe ich auf dem einsamen Weg zum Radlpaß niemanden getroffen. Ich wäre dem Schicksal überlassen gewesen, wenn mir etwas zugestoßen wäre.

Beim slowenischen Grenzstein mit der alten Kennzeichnung SFRJ XIII, 66 stoße ich am Waldrand noch auf ein altes Hinweisschild mit zwei Richtungspfeilen. Der linke Pfeil weist nach Österreich, der rechte nach Jugoslawien.

Radlpaß, „Gasthaus Kälberhansl". „Wegen Malerarbeiten ist hier leider kein Zimmer frei", sagt die Wirtin und organisiert mir eine Mitfahrgelegenheit per PKW hinunter nach Eibiswald. Im „Gasthof Drei Eiben" bekomme ich das letzte freie Zimmer. Im gemütlichen Lokal der Familie Simperl lerne ich den Kaufmann Uwe F. aus Hamburg kennen, der hier in der Nähe ansässig geworden ist.

Mittlerweile ist es halb drei Uhr nachts, ich hätte gerne noch etwas zu trinken und erschlage vor dem Bettgehen eine Stechmücke.

Montag, 20. Mai

Borussia Dortmund ist neuer deutscher Fußballmeister, steht in der Zeitung, auf dem Münchner Marienplatz feierten 20.000 ihren FC-Bayern als Vizemeister, in Maribor kamen 100.000 zum Papst. Hier in Eibiswald regnet es.

Aus einem Prospekt erfahre ich, daß Kaiser Josef II. 1784 die rechtliche Grundlage für den Betrieb von Buschenschänken schuf. Er erteilte die Erlaubnis für jedermann, die von ihm selbst erzeugten Lebensmittel, dazu Wein und Obstmost zu allen Zeiten des Jahren zu beliebigen Preisen zu verkaufen und auszuschenken.

Nahe der Kirche stöbere ich im Laden des Uhrmachers Lierzer herum, der nebenbei mit Trödel handelt. Ich kaufe drei gläserne Schnapsflaschen von der Form, wie sie bei meinem Lieblingsmaler Morandi auf dessen Stilleben zu sehen sind. Ferner erstehe ich noch einige alte Holzwerkzeuge, wovon eines einer afrikanischen Maske ähnelt. „Wenn meine Frau erfährt, zu welchem Preis ich Ihnen die Flaschen verkauft habe, wird sie mich erschlagen“, sagt der Uhrmacher bei meiner Verabschiedung. Im Karton trage ich die Sachen auf mein Zimmer, verpacke alles mit viel Zeitungspapier, lege meine belichteten Filme dazu und werde morgen alles nach Hause schicken.

Gemütlich lasse ich den Nachmittag verstreichen, schreibe Karten an Freunde und lasse mir die Wäsche waschen.

Beim Abendessen erzählt mir der rüstige 86-jährige Wirt Josef Simperl, daß er 1947 den Gasthof mit seiner Frau wieder aufgebaut habe. „Mit ihr“, fährt er stolz fort, „hätte ich auch an einem nackerten Felsen eine

Existenz gründen können." Kurze Zeit später setzt sich Frau Simperl mit einem Apfel so an unseren Tisch, als würde die Geschichte von Adam und Eva neu aufgelegt. Liebevoll streicheln sich die beiden gegenseitig die Hände. Mir wird warm ums Herz. „Morgen", sagt die Wirtin zu mir, „können S' erst ab acht Uhr frühstücken, weil ich vorher noch Orgel spielen muß."

Dienstag, 21. Mai

Gang zur Post, gebe das Paket auf und hebe Geld ab. Ein sonniger Tag mit Wolken zeichnet sich ab.

Die Wirtsleute verabschieden mich musikalisch: Frau Simperl spielt auf dem Klavier, ihr Mann singt „Wenn der weiße Flieder wieder blüht", „O sole mio" und das „Wolga-Lied". „Unser Repertoire sind meist Operetten", fügt die Wirtin hinzu und spendiert mir einen Kräuterschnaps.

Uwe F. fährt mich mit seinem Kombi Richtung Grenze zu seinem Haus hinauf. Aus dem Autoradio erfahre ich vom Welt-Milchtag, den der Sender mit einem Hörer-Quiz feiert. Eine Frau aus Bad Aussee errät das Wort „H-Milch" und gewinnt 1.000 Schilling.

Der knapp 70-jährige Uwe, ein begeisterter Wanderer, zeigt mir sein Haus und anschließend Fotos von seinem Lofoten-Kutter „Kaysa", den er in zwei Jahren auf Wasserstraßen von Hamburg in die Adria überführen möchte. „Ich liebe die See und die Berge der Steiermark. Der Nord-Süd-Weitwanderweg vom Nebelstein im Waldviertel hat mich und meine leider vor kurzem verstorbene Frau hierhergeführt. So ist es halt", sagt er – und hält inne.

Wir fahren zur Kirche nach St. Lorenzen, einem stillen Ort mit ein paar Häusern. Zwischen den Holzkreuzen des Friedhofs schmückt ein älteres Ehepaar ein Familiengrab. Die Luft hier oben schmeckt rein und würzig. In einer abseits gelegenen Kriegerkapelle entdecke ich einen verrosteten Wehrmachts-Stahlhelm, in einer kleinen Grube davor liegt ein verrottetes Gewehr. „Vergiß uns nicht!“ steht an das Eingangsgitter geschrieben.

Aus einem Mitteilungskästchen der Kirche entnehme ich ein Infoblatt, in dem die Stadtpfarrgemeinde Graz Anfang Juni zu einem Sommerfest in St. Lorenzen einlädt. Der Reinerlös dieser Veranstaltung, heißt es weiter, werde unter anderem für die Rückkehraktion bosnischer Flüchtlinge in ihre Heimat verwendet.

Wir fahren an grün gestrichenen Panzersperren vorbei, in der Ferne sieht man den „Großen Speik“ mit dem Nato-Horchposten auf dem über 2.000 Meter hohen Gipfel. Am Sobother Stausee machen wir halt. Beim Rasthaus St. Vinzenz stehen zwei Gendarmen ans Brückengeländer gelehnt und schauen gebannt den Fischen im Wasser zu.

Oben in Soboth essen wir im alten „Gasthof Messner“ zu Mittag. Zum erstenmal in meinem Leben esse ich eine Brennesselcreme-Suppe. Mit ihrem leichten Knoblauchgeschmack schmeckt sie mir ausgezeichnet. Zum Hauptgericht gibt's dann Löwenzahnsalat mit Kernöl. Zwei Stunden sitzen wir zusammen, die Gesprächsthemen gehen vom Wandern über Privates bis hin zum Vertrieb von Industrieglas. Ein Honiglikör beschließt unser zufälliges Zusammentreffen, Uwe fährt weiter zum Forellenfüttern.

Ich entschließe mich, hier zu übernachten, und finde über dem Bett wieder ein Ölbild des Malers J. Mayer vor, dessen Nelkenbild schon in Rechnitz mein Zimmer schmückte. Heute mutet er mir einen rosafarbenen Bergsee zu.

Soboth liegt 1.070 Meter hoch, zählt 492 Einwohner und 155 Gästebetten. Der Fremdenverkehrsprospekt beschreibt das Dorf als „Bergbauerngemeinde in verkehrsarmer Mittelgebirgslage".

Kurz vor sechs sind im „Kaufhaus Tschuchnigg" bereits die grünen Sonnenrollos in den „Nah & Frisch" Schaufenstern heruntergegangen, auf dem asphaltierten Vorplatz steht verloren ein Fahrradständer. An einem alten Holzstadl gegenüber dem „Gasthof Deutsches Grenzland" hängen zwei leere, abgewrackte, mit Hasengitter gesicherte Schaukästen. Der linke gehört dem Österreichischen Kameradschaftsbund, der rechte der ÖVP. Insignien einer einst aktiveren Zeit: von rostigen Reißnägeln durchstoßene farbige Papierfetzen.

Auf einem Hügel zwischen meinem Gasthof und dem Kaufhaus schauen 54 Birkenkreuze gefallener und vermißter Soldaten aus dieser Region ostwärts. Auch hier dominiert auf den Inschriften das Wort „Rußland". So schließt sich der Kreis zu dem am Vormittag gehörten Lied: „Es steht ein Soldat am Wolga-Strand ".

Mittwoch, 22. Mai

Starker Regen; so statte ich dem Gemeindeamt einen Besuch ab, um in der Heimat-Chronik zu lesen: „Im 16. Jahrhundert wurden von den Herrschaften im Gebiet Südwest-Steiermark Hausnamen, sog. Vulgonamen für die Urbare festgelegt. So haben sich bis heute slawische Hausnamen wie Trattinegg, Skorjanz und Jelen erhalten, oder deutsche wie Grabenhiesel, Petersimerl und Longdoni.

Im 18. Jahrhundert existierten hier einige Glashütten, die Spiegel bis nach St. Petersburg lieferten.

Nach dem ersten Weltkrieg wurde das Gebiet um Soboth (Tal der Bäche) durch jugoslawische Truppen besetzt. 1920 bekannten sich die Einwohner zu Österreich und verloren dadurch das wirtschaftlich und verkehrstechnisch sehr wichtige Hinterland an der Drau. Am 20. Oktober 1920 kam Soboth endgültig zu Österreich, als die SHS (Serben, Kroaten, Slowenen) aufgrund des Friedensvertrages von St. Germain die besetzten Gebiete in Kärnten und in der Steiermark räumen mußten. Somit wurden zehn Bauern durch Grenzziehung an Jugoslawien abgetreten. Ende 1944 besetzten Tito-Partisanen den Gendarmerieposten Soboth".

Mehr war geschichtlich nicht zu erfahren, weil bei Kriegsende Archivunterlagen einem Brand zum Opfer gefallen waren.

Am frühen Nachmittag, die Regenschauer haben nachgelassen, fahre ich mit einem Rad ins Tal hinunter, nach Laaken, einer Streusiedlung von Bergbauern. Seit 30 Jahren wandern hier mehr und mehr Menschen ab, die Häuser verfallen, werden von Wienern als Wochenend-Domizil genutzt oder – gehören einem der drei hiesigen Großgrundbesitzer. Auf der sieben Kilometer langen Schotterstraße, die zum Teil noch mit alten Gneisplatten gepflastert ist, kommt mir nur das Lieferauto der Post entgegen.

Das „Gasthaus Strutz“ ist leider geschlossen. Auf einem nahen steilen Acker sehe ich zwei Frauen in gelber Regenkleidung: eine pflanzt Kartoffelsetzlinge, die andere schiebt einen Schubkarren über die nasse Wiese. Als sie mich sieht, setzt sie den Schubkarren ab und ruft: „Wollen S' was trinken?“ und sperrt mir kurz darauf ihr Wirtshaus auf.

Ich trinke Tee mit Rum und schaue durch das Fenster dem heftigen Regen zu. Nur der gelbe Löwenzahn an den Hängen heitert meine Stimmung auf. Ein Hof mit dem Hausnamen Herman, zweihundert Meter entfernt, steht bereits auf slowenischem Gebiet. Die Wirtin will wegen der Wettervorhersage die TV-Nachrichten einschalten, aber es läuft eine amerikanische Serie mit dem Titel: „Reich und schön“. Nach etwa zwei Minuten, ich esse gerade ein deftiges Speckbrot, schreit eine Frauenstimme via Fernseher laut durch den Gastraum: „Ich will und brauche die Zärtlichkeit eines Mannes!“

Brücke über die Feistritz; ab jetzt muß ich bergauf schieben. Fliegen laben sich an einem überfahrenen Feuersalamander. Einsam steht ein Sammelbriefkasten mit sechs Fächern am Straßenrand. Den Klappdeckel ziert das geprägte Adler-Wappen mit Hammer und Sichel und gesprengten Ketten. An einer Straßenböschung blühen zaghaft blaue Lupinen. Ein provisorisch gefertigtes Verkehrs-Hinweisschild macht auf Viehtrieb aufmerksam, die von ungelenker Hand draufgemalte Kuh ist ausstellungsverdächtig.

Zurück im Gasthof lege ich mich ins Bad und sehe später im Fernsehraum Juventus Turin im Elfmeter-Schießen über Ajax Amsterdam siegen. Zum erstenmal während meiner Grenzwanderung lese ich die Notizen der letzten Tage und träume mich in das Unterwegs-Sein hinein.

Donnerstag, 23. Mai

Um zehn Uhr hört der Regen endlich auf.

Der Beamte im Postamt Soboth telefoniert gerade, als ich eintrete, faßt sich aufgrund meines Wartens aber immer knapper: „Ja, ja, mhm, ja, mhm, naja, aber – a so, ja, ja, a so, ja." Mit dem Satz „Gut, daß wir darüber gesprochen haben", beendet er das Telefonat. Die Sechs-Schilling-Sondermarken, die ich bei ihm kaufe, tragen den Titel „Österreichische Arbeitswelt".

Wanderweg 560. Mitten im Wald, an einem reißenden Bach, ramponierte Fundamente einer alten Mühle. Nach etwa einer Stunde gebe ich auf, das heißt, ich verlasse den Wald und wechsle hinauf auf die Bundesstraße, weil mich heute dieses Wald- und Wiesenweg-Gelatsche nervt. Dabei würden meine Schuhe klatschnaß und das ergäbe dann Blasen; schließlich habe ich heute noch über 20 Kilometer vor mir.

„See-Café" am Sobother-Stausee. Jetzt in der Vorsaison wirkt das Gebäude am Wehr wie vom Mars entliehen. Ich trinke einen Verlängerten. Auf dem beigelegten Schokolade-Stückchen steht: „Guten Tag. How are you?" – „Heute bin ich nicht gut drauf!" antworte ich dem Schokoladerippchen, wickle es aus dem Papier und esse es auf.

Die Bundesstraße bergauf. Eine Tafel begrüßt mich: „Willkommen in Kärnten". Im Schweiße meines Angesichtes bin ich jetzt auf einer Höhe von 1.347 Metern.

Ich gehe die Straße Richtung Ettendorf. Vereinzelt rot-gelb-rote Schneestangen, an den Bergbächen blühen Sumpfdotterblumen. Von nun an geht's bergab. Zwischen den Bäumen hindurch sehe ich unten im Lavanttal die glitzernde Drau, im Süden staffeln sich die Silhouetten der Karawanken.

Serpentinenstraße. Ein Auto der Gendarmerie fährt an mir vorbei; heute bin ich wohl unverdächtig.

„Gasthof-Pension Lambertus-Hof", 800 Meter hoch gelegen; gegenüber eine Kirche. Zu meinem üblichen gespritzten Apfelsaft probiere ich einen angesetzten Kalmuswurzel-Schnaps. Die Wirtin berichtet mir, daß sie früher einmal im Krankenhaus Schärding gelegen sei. „Wenn ich weg könnte", sagt sie, „dann würde ich auch in Passau wohnen."

Ein Moped-Fahrer knattert auf seiner Puch bergauf, ein Grillen-, Kuckuck- und Gockelkonzert begleitet mich talwärts den Lamprechtsberg hinunter. Im Gegensatz zu gestern in Laaken ist hier der Löwenzahn schon abgeblüht, die Kirschbäume tragen bereits grüne Früchte. Hinter einem Zaun blöken mich Schafe an; ich blöke zurück.

Rot-markierter Forstweg, der weiche Boden streichelt meine Füße. Unvermutet erschreckt mich in dieser Stille des Waldes von hinten ein Jogger. Die Situation erinnert mich an meine früheren Waldläufe durch das Ilztal. Zu Gymnasialzeiten hatte ich damit meine defizitären Mathematik-Leistungen kompensiert. Da Kondition zwar beim Laufen, aber leider nicht im Vor-Abitur gefragt war, hatte dies einen Schulwechsel zur Folge. Im Nachhinein betrachtet war das aber dann der bessere Weg.

Sechs Uhr abends, herunten auf 350 Metern. Parallel zur Lavant und zum Bahngleis, Feldweg nach Lavamünd. Kirchenglocken läuten am Anfang und am Ende des Ortes. Die Raiffeisen-Tankstelle bezeichnet sich als „Letzte Tankstelle vor der Grenze".

Ich übernachte im „Gasthaus Torwirt" und trinke nebenan beim „Adlerwirt" noch ein paar Achtel. Im Schaufenster der Gaststätte hängt ein Plakat des örtlichen Busunternehmers Cimenti: „Wir fahren wieder nach Medjugorje".

Freitag, 24. Mai

Fahrt mit dem Rad zum Bahnhof Lavamünd, dessen Personenverkehr nach St. Paul zum 1. Juni eingestellt wird. Die Türen des Warteraums und des Bahnhofsvorstandes sind abgesperrt. Möglicherweise schon seit 1990, denn diese Jahreszahl steht mit Kreide neben den Buchstaben K+M+B an einen Türstock geschrieben. Auf den Gleisen stehen mit Schleifholz beladene Waggons des hier angesiedelten Sägewerks Staudacher.

Sechs Kilometer drauabwärts, beim Duty-Free-Shop nach dem österreichischen Grenzübergang, springt mir ein großes Transparent ins Auge: „Vi kupujete, mi nagradimo. Sie kaufen, wir belohnen". Die Container am Parkplatz quellen über von leeren Zigaretten-Kartons, die Autofahrer schleppen vollgepackte Marlboro-Plastiktüten zu ihren Fahrzeugen.

Durch die automatische Türe betrete ich den Duty-Free-Shop, um mir 150 Schilling wechseln zu lassen. Kosmetikduft peinigt meinen Geruchssinn in diesem vollklimatisierten Raum. Perfekt geschminkte, uniform gedresste Frauen mit Marlboro-Aufnähern auf ihren weißen Blusen begrüßen mich mit einem auf Verkaufsseminaren antrainierten Lächeln. Der glatzköpfige Geschäftsführer gibt mir für mein Geld 1.800 slowenische Tolarjev, durch den Lautsprecher erfolgt eine Durchsage in Slowenisch. Der Raum vermittelt mir das Gefühl, als stünde ich am Flugschalter und müßte nur noch einchecken.

Drei Kilometer bis Dravograd, das bis zur Grenzziehung 1920 Unterdrauburg hieß. Die gelben Straßenbegrenzungslinien bestätigen, daß vor der Republik Slowenien die EU-Außengrenze verläuft. An der OMV-Tankstelle namens „Istrabenz" kostet der Liter Euronormal 69.90 slowenische Tolarjev, das sind knapp 80 Pfennig. Ich sehe vor den Zapfsäulen ausnahmslos österreichische Autos mit den Kennzeichen WO für Wolfsberg.

Auf dem anderen Ufer der Drau steht ein riesiger Neubau kurz vor der Fertigstellung. Die Leuchtschriften „Casino" und „Relax" sind bereits montiert. Dahinter, etwas höher gelegen, der Bahnhof Dravograd. Im Wartesaal grau gestrichene Zweier-Sitzbänke auf Bruchsteinplatten. In den Ecken Stehaschenbecher neben dunkelbraun gestrichenen Heizkörpern. Es riecht nach demselben Reinigungsmittel wie früher in den DDR-Eisenbahn-Waggons. In diesem Raum könnte man auch auf die Ewigkeit warten, allerdings mit der Chance, daß dieses Warten nachmittags viermal per Ausruf unterbrochen würde.

Zurück nach Lavamünd auf der anderen Flußseite, denn dort ist die Straße weniger befahren. Kurz hinter Černeče ein Altersheim, dann einen Kilometer weiter die Mülldeponie von Dravograd. Hinter einem Holzzaun Berge von Müllsäcken, aufgetürmte Rostautos, Waschmaschinen und Kühlschränke. Dieser Platz kennt kein Erbarmen.

An einer Bus-Haltestelle wird Johannes Paul II. angekündigt. Unter dem päpstlichen Poster klebt ein italienisches Zirkusplakat. Der Zirkus stammt aus: Rom.

Kleine Fischerhütten mit Stegen säumen das Ufer der Drau, aus manchen Feldern ragen Kletterstangen für die Bohnen.

Grenzort Libeliče. Oben am Berg des Dorfes eine Kirche mit Friedhof, unter dem Torbogen abgestellt ein schwarzer, mit Moped-Reifen bestückter Schiebewagen für Särge. Zufällig treffe ich den Pfarrer, Herrn Franc Kraner, der gerade eine Maiandacht beendet hat. „Eigentlich bin ich Pfarrer in Černeče", sagt er und sperrt mir freundlicherweise den mittelalterlichen Karner auf, in dem sich Tausende von Knochen stapeln. „Hier wurden irgendwann einmal die exhumierten Überreste von Toten aus der umliegenden Gegend gesammelt." An den braunfarbigen Knochen haben sich glitzernde Kristalle gebildet. Ich habe den Wartesaal zur Ewigkeit heute doch noch gefunden. Als ich dem Pfarrer den bisherigen Streckenverlauf meiner Grenzwanderung beschreibe, sagt er in gebrochenem Deutsch: „Ein Pfarrer von hier war zwei Jahre in Mauthausen, später in Libeliče gestorben." Auf einem der Grabsteine lese ich das Wort: „Aušvic" (Auschwitz).

Vorbei am alten großen Pfarrhof zum Grenzübergang. „Da ham S' aber noch Glück g'habt", sagt der österreichische Zöllner lächelnd. „Denn um sieben Uhr", klärt mich der junge, Deutsch und Slowenisch sprechende Beamte auf, „sperr' ich zu, und drüben der Kollege auch. Jede der beiden Zollamtsstellen ist nur mit einem Beamten besetzt. Sowas gibt's in Kärnten nur zweimal."

Im „Gasthof Torwirt" erfahre ich beim Abendessen, daß am Sonntag der örtliche Männergesangs-Verein „Grenzwacht" mit dem gemischten Chor ein Frühlingskonzert gibt. Ebenfalls am Pfingstsonntag wird im zehn Kilometer entfernten Benediktiner-Stift St. Paul anläßlich des Dankgottesdienstes „Tausend Jahre Österreich" Mozarts „Spatzenmesse" aufgeführt.

Samstag, 25. Mai

Tank-Touristen quälen sich durch den langgestreckten Ort Richtung Grenze. WO – WO – WO fragen mich die Autokennzeichen aus Wolfsberg. Die Turmuhr der Marktkirche zeigt auf allen vier Zifferblättern gänzlich verschiedene Zeiten an; womöglich ein Beispiel dafür, mit welch unterschiedlichen Zeiten ein Grenzort leben muß. Das im Dezember 1948 gegründete Kino wird derzeit teilweise abgerissen und zu einem Kulturhaus umgebaut. Das Bühnenpodium und die gegenüberliegenden Lichtschächte des Film-Vorführraumes sind noch erkennbar. Leider finde ich im Bauschutt kein einziges Requisit, das an die frühere Kinozeit hier an der Drau erinnert hätte.

Am Bahnhof besteige ich den Triebwagen nach St. Paul. Der Triebwagenführer öffnet an der Bahnhofsfrontseite einen mit „F" gekennzeichneten Kasten und telefoniert. Ich zahle während der Fahrt vorne im Führerhaus, ein Jugendlicher und ich sind und bleiben bis St. Paul die einzigen Fahrgäste. Nächster Halt ist Lavamünd Markt, dann Ettendorf, dann Altacherwirt. Eine Bank, vor eine Bogenlampe gestellt, symbolisiert hier die Haltestelle. Dann folgt St. Georgen, kurz vor eins fährt der Triebwagen in St. Paul ein.

Beim Stationsvorsteher deponiere ich meinen Rucksack und gehe durch die Samstagnachmittags-Ruhe des Ortes Richtung Stift. Auf dem Weg dorthin lasse ich mir im Friseurgeschäft Schwarz die Haare schneiden.

Schräg gegenüber dem Salon schreibe ich folgenden Text von einer Haus-Gedenktafel ab: „Unter Führung von Sanitäts-Leutnant Hans Hochl haben tapfere Abwehrkämpfer am 27.12.1918 diese Schule von den Südslawen befreit".

Vier etwa 15-jährige Punks mit blau aufgezuckerter Mittelbürste bemühen sich, mit dem Ghettobluster standesgemäß cool durch den Ort zu schlurfen. Ein mitgetragener Armeeschlafsack deutet auf ihre heute angestrebte Unabhängigkeit hin.

Nach einem Museumsrundgang setze ich mich in die Stiftskirche und wohne der musikalischen Probe für den morgigen Dankgottesdienst bei. Vom Chor über mir höre ich den Dirigenten sagen: „Bei Takt 13 einsteigen, bei den Sechzehnteln aufpassen, sonst kommen wir ins Laufen. Danach machen wir das Gloria."

Im Lavanttaler Obstbaumuseum, das hier in einem Seitentrakt des Stiftes eingerichtet ist, erfahre ich, daß das Obst über den Winter in Kellerregalen auf getrocknetem Farn gelagert wurde, um damit der Fäulnis entgegenzuwirken.

In der „Galerie der Mostbarkeiten" probiere ich anschließend Getränke wie Apfelsaft mit Himbeeren,

Most und Birnen-Schnaps, die von „Selbsterzeugern“ hergestellt werden. Im kühl designten Probierraum bieten wie in einer Vinothek siebzehn landwirtschaftliche Betriebe ihre „Mostbarkeiten“ an.

Auf dem Rückweg zum Bahnhof kurzer Abstecher Richtung Sportplatz, der zum pfingstlichen Treffpunkt der Kids geworden ist. In einem Bierzelt findet dort ein Open-Air-Konzert statt, monoton klingt die Musik durch die blau-gelb gestreifte Plane. Im Schatten der Banden-Werbung entlang des Fußballfeldes kauern die Jugendlichen aneinander, um vor der Sonne Schutz zu suchen. Hier treffe ich auch wieder auf die vier Punks mit dem Ghettobluster.

Viertelstündige Bahnfahrt nach Bleiburg. Im „Hotel Breznik“, meiner Übernachtungsstation, wird Hochzeit gefeiert. Später werde ich Zeuge, wie der junge Bräutigam entführt und dann unter Anführung einer Musikkapelle von der Braut wieder ins Hotel zurückgeholt wird. Eine Traube von Hochzeitsgästen folgt dem Paar, Böller krachen auf der Straße. Ich frage die Bedienung, ob ich später noch etwas zu trinken bekomme. „Kein Problem“, erwidert sie mir, „heute samma sicher bis sechs Uhr früh da.“ Geräuschvolle Erinnerungen an die Vinárna im „Hotel Kárník“ in Znaim werden plötzlich in mir wachgerufen.

Pfingstsonntag, 26. Mai

Von der attraktiven Freundin des Wirtes leihe ich mir das Fahrrad für eine kleine Ortsbesichtigung: Kriegerdenkmal, Baustelle beim Freibad, Grenzlandheim mit Kino.

Vom Bahnhof fahre ich weiter nach Gonowetz zu einem Flohmarkt. In einem Karton finde ich alte Ansichtskarten von Orten im Mühl-, Wald- und Weinviertel, durch die ich im Herbst '94 gewandert bin: Kollerschlag, Hardegg, Elsern, Raabs an der Thaya, Drosendorf. Bilder gehen mir durch den Kopf, manch vergessene Begegnung wird wieder wachgerufen. Auch von Döllersheim im Waldviertel finde ich eine Schwarzweiß Dorfansicht, ein Ort, den es heute nicht mehr gibt, weil Hitler ab 1938 diesen und noch weitere 41 Orte zwangsentsiedeln ließ, um hier den Truppenübungsplatz Allentsteig anzulegen. Nach einer dreiwöchigen Winter-Wanderung, meine fast lebensgroße hölzerne Přibramer Madonna im Leiterwagen hinter mir herziehend, kam ich nach Neupölla am Rande des Truppenübungsplatzes. Dort endete meine Reise. Diese Tour im Jahre '87 war sicher der Keim für mein jetziges Projekt entlang der Grenze. Der Gang am Heilig-Drei-Königstag durch die einsame, verschneite und frostklirrende Panzerlandschaft hat sich damals unauslöschlich in mein Gedächtnis gebrannt.

Pirkdorfer See bei Feistritz. Hier, am Fuße der über 2.100 Meter hohen Petzen, liegt um den künstlich angelegten kleinen See ein Camping-Platz. Ich sitze im überdachten Vorgarten des Gasthauses und schaue den Regenwolken zu, wie sie die bewaldeten Berghänge allmählich einhüllen. Die Camper ziehen vorsorglich schon ihre Vordächer zu, und mit einem Schlag wirken Zelte und Wohnwagen wie eine winterfeste Schrebergarten-Kolonie.

Der Nachmittag verfinstert sich bedrohlich, und wie zu erwarten war, prasselt Regen herunter. Die zugeklappten Coca-Cola-Schirme deuten wie Wegweiser in den Himmel. Das Gurgeln in den Regenrinnen schwillt stärker an, es blitzt, Donnerschläge krachen, die Kreideschrift auf den schwarzen Speisetafeln wird immer unleserlicher und verschwindet schließlich völlig. Regentropfen spritzen explosionsartig in den Wasserpfützen auf, donnernde Paukenschläge grollen über das Jauntal.

Wie gewohnt will ich auf meine Armbanduhr sehen, aber – meine Uhr ist weg! Anstelle der Uhr nur helle Hauttönung auf meinem braungebrannten linken Handgelenk. Wahrscheinlich habe ich sie beim Schultern des Rucksacks mit dem Träger heruntergerissen. Irgendwo wird sie hier im Gras liegen und noch monatelang ihre Zeiger bewegen. Über 20 Jahre hat sie mich begleitet. Irgendwann wird sie stehenbleiben, aber – die Zeit wird weitergehen.

Pfingstmontag, 27. Mai

Heute gehe ich denselben Weg, den ich gestern schon mit dem Fahrrad gefahren bin. Unterwegs fotografiere ich entlang der B 81 auf dem hellen Asphalt schwarze Linien aus Teer, mit dem Straßenschäden ausgebessert worden sind. Zusammen mit den weißen Mittelstreifen ergeben sich spannende Figurationen.

Beim Flohmarkt in Gonowetz erkundige ich mich nach zeitgeschichtlichem Material und erhalte tatsächlich für 20 Schilling vom Altwarenhändler Dobrovnik eine Ausgabe der einst in Wien erschienenen Zeitung „Das kleine Volksblatt“ vom Dienstag, dem 17. Mai 1955. Überschrift der Titelseite: „Das war Österreichs großer Tag. – Im Belvedere in Wien unterzeichneten am Sonntag Punkt 11.30 Uhr die Außenminister Molotow, Mac Millan, Dulles, Pinay, die Botschafter der vier Großmächte in Oesterreich und Außenminister Ing. Dr. Figl den Staatsvertrag". Auf Seite drei bemerkt der Chronist: „Ein Blick in den Saal, in dem sich keine einzige Frau befand, ließ die ungeheuere Spannung fast körperhaft empfinden".

Ein paar Zeilen weiter heißt es dann: „Die ganze Zeremonie hatte kaum drei Minuten gedauert. Mit größter Aufmerksamkeit war ein merkwürdiger Mann mit größter Konzentration dieser Szene gefolgt: Professor Sergius Pauser, der, mit einem umfangreichen Malkasten neben sich, das Ereignis in einer farbigen Skizze festgehalten hatte".

Auf der Kino- und Theaterseite des Blattes kündigt das „Kinoforum" Wien einen Film an. Titel: „Der letzte Akt".

Feistritz. Besuch des Jahres-Kirchweihfestes beim Feuerwehrhaus. Diesem gegenüber stehen zwei Schießbuden und ein Spielzeugstand einsam im Regen. Der Bäcker räumt wegen Unrentabilität seine süßen Backwaren bereits in seinen Lieferwagen, die Schießbuden-Besitzerin klagt ob ihrer Gallensteine über ein versalzenes Kotelett.

Im gut gefüllten Festzelt spielen die „Jauntaler" trotz Regens ihre Eigenkomposition „Spaziergang am Strand". Hinter den Musikern hängen die Fahnen Österreichs und Kärntens. Frauen und uniformierte Feuerwehrmänner hantieren emsig hinter der 50 Meter langen, von Besuchern umlagerten Theke. An der Bar werden Obstler, Rüscherl und Babalu angeboten. Ein

Versicherungs-Vertreter klärt mich dabei über sein Geschäftsgeheimnis auf: „Ich habe viele Kunden, vornehmlich Grenzgänger. Schau, wenn ich irgendwo bin und mit jemandem ins Gespräch komme, gebe ich ihm meine Visitenkarte, denn", er macht dabei einen tiefen Lungenzug an seiner Zigarette, „Versicherung ist Vertrauenssache." Einen Augenblick später bin auch ich Besitzer seiner Visitenkarte. „Funk' mich mal an, wenn du wieder in der Gegend bist", ruft er mir beim Abschied zu und geht mit seinem piepsenden Handy ins Freie.

Mein Weg führt mich die Feistritz entlang, aber es schüttet so heftig, daß die Straße nach Pirkdorf zum Bach wird. Bei einer Garage stelle ich mich unter. Der Wind nimmt zu, alles ist grau in grau; keine Hoffnung auf Wetterbesserung. Plötzlich werden jetzt am Nachmittag die Straßenlampen eingeschaltet. Damit ist wohl das Schlechtwetter amtlich bestätigt.

Beim Gehen im Regen kommt mir eine Melodie in den Sinn, so daß ich mein Tonband auspacke, mich unter die Bäume stelle und zum Herniederprasseln der Regentropfen aufs Band singe. Die Gefahr, daß mich dabei jemand sehen könnte, ist bei dieser alpenländischen Sintflut äußerst gering.

Pirkdorf/Breška ves. Seit Bleiburg sind die Ortstafeln deutsch und slowenisch beschriftet. Ich habe das Gefühl, als würde die Feistritz durch meine Schuhe fließen.

Wackendorf/Večna ves. Der mitleidvolle Blick eines Jeep-Fahrers streift mich. Hätte er auch noch das blubbernde Quietschen in meinen Schuhen gehört, er wäre sicher in Tränen ausgebrochen.

Globasnitz/Globasnica. Ich orientiere mich kurz, gehe auf die Kirche zu und erhalte im „Gasthaus Hudl“ ein Zimmer. Vor dem heißen Duschen ein Obstler, dann Fönen der durchnäßten Schuhe, Auswringen der Socken, Regenumhang und Wanderkarten trocknen. Während all dieser wässrigen Aktionen schauen mir von der Wand Fische aus einem gerahmten Stilleben zu.

Beim Abendessen erzählt mir die Wirtin, daß sie in Ljubljana bei der Papstmesse mit dabei gewesen sei. „Die Organisation auf dem Gelände war bestens“, berichtet sie, „aber dann, wie die Hunderttausend alle auf einmal aufgebrochen sind, hätten wir beinahe unseren Bus nicht mehr gefunden.“

Auch hier im Ort braucht man nach Mitternacht eine Taschenlampe, um durch das Dorf zu gehen. Dem Globasnitzbach, der vor meiner Veranda vorbeifließt, höre ich noch lange zu.

Dienstag, 28. Mai

Um fünf Uhr werde ich wach, weil ein Nachbar seine Schweine auf einen LKW verlädt.

Der heutige Tag verspricht schön zu werden. Im Friedhof fotografiere ich nahe dem Karner einen Grabstein, 1970 aufgestellt für Partisanen, die 1941 bis 1945 im Kampf gegen den Faschismus gestorben sind. Mitten im Ort hat sich ein Allround-Handwerker sein Haus als Schloß en miniature gebaut. Zwanzig Jahre habe er daran gearbeitet, erzählen mir Dorfbewohner, und sei immer noch nicht fertig.

Im „Gasthaus Šoštar“ treffe ich Dragan, einen Kellner, den es 1991 als bosnischen Flüchtling aus Mostar hierher verschlagen hat. Zuerst wohnte er in einer Gemeinschafts-Unterkunft, jetzt hat er im Hause ein Zimmer. „Diese Familie ist wie Heimat für mich“, sagt Dragan in gebrochenem Deutsch, und fügt nachdenklich hinzu: „Meine Vater und meine Mutter fünf Jahre nicht gesehen.“ Er deutet auf ein goldenes Kreuz an seiner Halskette: „Von meiner Schwester.“ Oft steht er von seinem Stuhl auf und wählt am Musikautomaten slowenische Musik. Ich schenke ihm meine unbenutzte Telefonkarte, die ich in Maribor gekauft habe.

Kurzbesuch im „Antiken Museum“, das im ersten Stock über dem Kindergarten untergebracht ist. Einst war Globasnitz eine römische Straßenstation. Ein Herr Havel zeigt mir Reste von Mosaiken, Grabfunde und Marmorreliefs von der Ausgrabungsstätte des nahen Hemmaberges. Wie ein lebendes Tonband führt er mich mit hintergründigem Witz durch die Räume.

Dann zu Fuß hinauf auf den Hemmaberg, der bis etwa 600 n. Chr., bis zur Einwanderung der Slawen, als Wallfahrtsort diente. Zur Keltenzeit stand hier ein Heiligtum der Gottheit Jouenat, von dem sich der Siedlungsname „Juenna“ und die heutigen Bezeichnungen „Jauntal“ und „Jaunstein“ ableiten.

Neben der Wallfahrtskirche Fundamente verschiedener Sakralbauten, am Südhang Abdeckplanen über Probegrabungen. Über einen Waldweg erreiche ich die Rosaliengrotte, ein gut zwanzig Meter hohes Naturdenkmal mitten an einem Steilhang. Ein behauener Steintrog sammelt heilkräftiges Wasser, Treppen führen zu einer Holzkapelle, die mit kitschigen Marienbildern behängt ist. „Dies ist ein Ort der Kraft! Jeder Mensch, der an dieser Stelle verweilt, lädt sich mit positiver, rechtspolarisierender Energie auf“, heißt es auf einem Stein. Die Buchen sind hier ähnlich verwachsen wie damals beim Opferstein in Schöneben im Mühlviertel.

Die Wirtin, Frau Hudl, macht mir zum Abendessen Cevapcici. Ich gehe anschließend ins „Gasthaus Šoštar“ hinauf, um den Männerchor zu hören, der im Nebenzimmer slowenische Lieder für einen Auftritt probt. Mit dabei auch der selbständige Elektromeister im blauen Arbeitsmantel, der mittags mit seinem Lehrling hier eine Pizza aß. Der Chorleiter stimmt ein Jagdlied an, die fünfzehn Männer lassen mehrstimmig Jagdhörner erklingen. „Hallo, hallo“, heißt das Lied.

Nach Probenende gesellen sich die Chormitglieder um die Theke, Mutter und Tochter bedienen die Sänger. Für mich ein Genuß, diese Zweisprachigkeit so hautnah miterleben zu können. Ich bin irgendwie jenseits der Grenze und gleichzeitig zu Hause.

Mittwoch, 29. Mai

Frau Hudl schreibt mir die Rechnung. „Weißt“, sagt ein Dorfbewohner bei einem Stehbier, „ich hab' viele Jahre als Vertreter gearbeitet und war ständig unterwegs. Im Urlaub wollt' ich dann meine Ruhe. Anders war's bei meiner Frau; die hat im Büro gearbeitet und wollte dann im Urlaub nach Cáorle. Da hamma oft gestritten deswegen.“ Er legt eine kurze Pause ein, trinkt einen Schluck und fährt fort: „Aber mittlerweile sind wir miteinander älter geworden – und jetzt mag sie's auch ruhig.“

Er sieht meinen Rucksack und wechselt das Thema. „Kennst den ned, diesen Langhaarigen, der ausschaut wie der Struwwelpeter, circa 70 Jahre? Der schiebt sein Gepäck immer auf einem Fahrrad ohne Luft durch die Gegend. Früher war er Fleischhauer in Krems an der Donau. Eines Tages hat er aber einmal seine Frau mit einem Liebhaber im Bett erwischt und hat dann beiden das Messer hineingerannt. Sie ham aber überlebt. Er ist dann lange Jahre eing'sperrt g'wesen und seit 20 Jahren zieht er zu Fuß durch Österreich und Ungarn. Natürlich ist er verlaust, weil er immer im Freien übernachtet, aber er war schon in vielen Zeitungen abgebildet."

Ich zahle und gehe vor meinem Abmarsch noch in die slowenische Posojilnica-Bank, deren Leiter mich gestern nach der Männerchorprobe eingeladen hatte. „Ich bin der Bruder vom Wirt, wo Sie übernachten", hatte er sich im „Gasthaus Šoštar" vorgestellt. Herr Hudl serviert Kaffee, erzählt mir noch einige Details über die römischen Ausgrabungen und schenkt mir Werbegeschenke seiner Bank, die der Raiffeisengruppe angeschlossen ist. So bin ich seit heute Besitzer eines roten Kunstlederumschlages für Kfz-Papiere, oder, wie es auf Slowenisch in Gold geprägt heißt, eines „Vozniški dokumenti". Beim Verlassen der Bank parkt eine alte Bäuerin ihren Traktor vor dem Lagerhaus ein.

Jaunstein am Fuße des Hemmaberges. Im Fenster des Wirtshauses hängt vor den zugezogenen Stores ein Schild: „Heute Ruhetag". Davor schleift eine Frau rhythmisch ihre Sense. Bei der Telefonzelle biege ich links ab zu einer Tischlerei, vor der eine mindestens 500 Jahre alte Linde steht. Die Linde gestern oben auf dem Hemmaberg war über tausend Jahre alt und brachte es auf einen Durchmesser von zweieinhalb Metern.

Obstbäume entlang eines weichen, regengetränkten Feldweges spenden mir Schatten bis Unterbergen. Wäsche trocknet auf einer durchhängenden Leine, in einem umzäunten Gemüsegarten blüht eine meiner Lieblingsblumen, die rote Pfingstrose. Schade, daß ich an ihr nicht riechen kann.

Kristendorf. Wandmalerei an einem Haus, darunter die Bitte: „Heiliger Florian, schütz' unser Haus vor Feuer, mein lieber Gott, es war sehr teuer“. Zweihundert Schritte weiter ersetzen an einer wenig befahrenen Straßenkreuzung zwei rahmenlose Badezimmerspiegel die fehlenden Verkehrsspiegel. Direkt gegenüber, an einer Scheunen-Wand, droht die örtliche Revierleitung: „Nicht angeleinte, frei umherlaufende Hunde werden erschossen und der Besitzer bestraft!“

In einer Wiese beobachte ich freudig einen eben flügge gewordenen Grünfink, der bei einer maximalen Flugweite von zwei Metern von Blumenstengel zu Blumenstengel hüpft. Für einige Sekunden pfeift er mir etwas vor, dann pfeift er auf mich, indem er mir auf die Hand scheißt – und hüpft blumenspringend Richtung Wald.

Sonnegger See. Schilf wächst aus dem Sumpf, hin und wieder teichgroße Wasserflächen. Am Ufer des künstlich angelegten Badesees schmirgeln und streichen zwei Gemeindearbeiter Rastbänke. Die gemähten Liegewiesen sind menschenleer, ein LKW-Fahrer eines Lagerhauses schläft am schattigen Parkplatz hinter seinem Steuer. „Alles was Du für zu Hause brauchst“, steht auf der Plane seines Anhängers.

Sittersdorf. Blick auf meinen Reisewecker, da das Zifferblatt der Kirchturmuhr ohne Zeiger ist. 14 Uhr.

Ich erinnere mich an meine Winterwanderung 86/87, in Bernschlag bei Allentsteig. In diesem Ort waren in Ermangelung echter Zeiger Attrappen auf das Zifferblatt gemalt worden. In Bernschlag ist es seither Jahr und Tag 18 Minuten vor elf.

Auf den Grabsteinen des Friedhofs lese ich Namen wie: Krische, Huss, Kampusch, Setz, Petschnig, Kuster und Skof. Auch hier ein Gedenkstein wie in Globasnitz, errichtet vom Bund der Kärntner Partisanen.

Miklauzhof. Vor der Raiffeisenbank irrt ein gackerndes Huhn umher, nebenan bemühen sich drei Maurer, die Außenwände der Posojilnica-Bank zu verputzen. Der provisorische Seiteneingang zum Bankschalter ist bereits zweisprachig beschriftet. Schräg gegenüber das für immer geschlossene Adeg-Kaufhaus, dahinter der kaisergelb gestrichene Gutshof, den vor kurzem ein Tierarzt erwarb.

Im „Bäckerei-Café Carolin" treffe ich einen übernächtigen Gendarmen in Freizeitkleidung, der mir mit seiner Knopf-Harmonika den Petzen-Jodler aufs Tonband spielt. „Passau kenn' ich dadurch", erzählt er, „weil dort in der Nähe ein Kriegskamerad meines Vaters lebte, der später mein Firmpate war."

Die letzten Kilometer per Bus hinauf nach Eisenkappel, Haltestelle Kurbad. Weiter zu Fuß ins Seitental der Remschenig. Am Ufer des Gebirgsbaches erinnert ein schlicht geschmiedetes Kreuz an einen „Andreas Miroschitschenko, Raupenfahrer, tödlich verunglückt am 04.09.1957".

Nach einer halben Stunde erreiche ich das „Gasthaus Kupitz". Meine Bettwäsche ist alpenländisch kariert in den Farben Rot/Weiß.

Donnerstag, 30. Mai
Nach hervorragendem Frühstück hinein nach Eisenkappel. Zusammen mit zwanzig Touristen im Omnibus hinauf zur Obir-Tropfsteinhöhle. Auf der Terrasse des „Höhlen Cafés" trinken betagte Pensionistinnen mit toupierten weißen Haaren Limo und Kaffee. Im Café werden Edelsteine angeboten, am Eingang zur Höhle liegen für die Besucher nach Farben getrennte Plastik-Bauhelme in Kisten bereit, dazu Leihjacken für die kühlere Temperatur unter Tage. Beim Fernrohr mit „sprechendem" Phonomat lasse ich mir, gegen Einwurf von 10 Schilling, das Jauntal in Deutsch, Englisch, Slowenisch und Italienisch erklären. Ich drücke die Tasten wild durcheinander und nehme diesen polyglotten Mix mit meinem Tonband auf.

Ein Angestellter mit umgehängtem Funksprechgerät erzählt, daß es hier in dieser Gegend über 600 Stollen gebe, in denen früher nach Blei gesucht worden sei. „1942 wurde der Strom heraufgelegt, weil der damalige Rüstungsminister Speer nochmals Blei fördern lassen wollte. Aber leider", und dabei lacht er schadenfroh, „ham s' 100 Meter zu hoch gebohrt." Dann deutet mein gesprächsfreudiger Kumpel auf drei vor dem Eingang aufgestellte rostige Loren. „Diese ‚Hunde' hama aus dem Burgenland hergeholt, damit halt a bisserl was zur Dekoration rumsteht. Denn hier in den Stollen hat's nie Gleise und damit auch keine ‚Hunde' gegeben."

Mitten im Wald, beim Markus-Stollen, verlassen meine Bus-Touristen die Höhlenführung und fotografieren sich gegenseitig mit ihren Bauhelmen. Glück auf!

Wanderweg bergauf durch gräflichen Waldbesitz. Am Potschula-Sattel (1.461 Meter) blühen neben der

Kapelle noch Schlüsselblumen, talabwärts kreischen gefräßig die Motorsägen der Waldarbeiter.

Über eine eingezäunte Alm, die von blauen Schusternagerln übersät ist, gelange ich nach zwei Stunden zur Eisenkappler-Hütte. In den Oberschenkeln spüre ich während meiner Rast jetzt deutlich die 500 Meter Höhenunterschied. Das Kioskfenster des Hüttenwirtes hängt voll von Souvenirs: Wanderstöcke, Stocknägel, Ansichtskarten und Karawanken-Bären aus Stoff.

Am Südhang des Großen Felsen muß ich manchmal ein Bein vor das andere setzen, weil der Pfad oft nicht breiter ist als mein Schuh. Stellenweise geht es seitlich 100 Meter steil hinab. Gut, daß es rechts an der Felswand ein Drahtseil zum Festhalten gibt. Zwanzig Kilo Gepäck auf meinem Rücken schieben mich den Berg hinunter. Ich gehe sehr vorsichtig und achte besonders auf die tückischen, glatten Wurzeln.

Nach zweieinhalb Stunden komme ich endlich unten an der Straße beim Schaida-Sattel an. Ich habe weiche Knie und riesengroßen Durst. Im „Gasthaus Terkl“ schütte ich einen Liter gespritzten Apfelsaft in einem Zug in mich hinein. Beim Weitergehen komme ich an einer Telefonzelle vorbei. Ich frage mich, warum manche der österreichischen Telefonzellen seitlich über dem Boden offen sind. Die Antwort weiß wahrscheinlich nur der Wind.

Nach einer Stunde erreiche ich Zell-Pfarre/Sele Fara, 948 Meter über dem Meeresspiegel gelegen. Vier Kilometer weiter verläuft in den Bergen die Grenze. Auch hier nur einige Häuser, die sich um die Kirche gruppieren. Im „Alpengasthof Gostilna Malle“ erhalte ich das Zimmer Nummer 1, geschmückt von einer

Postkarte aus Heiligenblut. Über dem Doppelbett liegen zwei Decken mit orientalischem Muster, zur kalten Jahreszeit wird hier ein Kachelofen angeheizt.

Beim Schreiben unten im Wirtshaus spüre ich die Müdigkeit durch meinen Körper ziehen.

Kurz nach Mitternacht kommt die junge Bedienung vom „Gasthaus Terkl“ mit einem hochgewachsenen Verehrer in das noch gut gefüllte Lokal. Ein Stammgast erzählt mir an der Theke, daß die Bedienung ihrem „Schatten“ schon öfters gesagt habe, daß sie zu Hause in der Steiermark bereits einen festen Freund habe. „Aber er läßt sich halt nicht abschütteln“, lacht er. Die „Angebetete“ wählt sich ein Lied im Musikautomaten, der „Verehrer“ trinkt ein Bier, und nach einer Stunde verlassen beide wieder gemeinsam das Gasthaus. Kommentar des Wirtes: „Ja, das Leben in den Bergen ist hart.“

Freitag, 31. Mai

Der Dorfchronik „Zell/Sele“, verfaßt von Hans M. Tuschar, entnehme ich folgende Zeilen: „Von 9. bis 11. April 1942 erfolgte eine tiefgreifende ‚Säuberungswelle‘, die wohl zu einer Art ‚Endlösung‘ der Slowenenfrage in Kärnten gehörte. Neun Familien aus Zell mußten ihre Höfe verlassen und wurden in andere Gemeinden des Reiches ausgesiedelt oder kamen in verschiedene Konzentrationslager.

Am 9. April 1943 sprach der Volksgerichtshof in Wien über dreizehn Personen, davon acht Zeller, das Todesurteil. Einer der Verurteilten, Tomaž Olip, war einer der ersten Initiatoren für den Zusammenschluß der Grünen Kader mit der Partisanenorganisation Titos in diesem Gebiet. Das Urteil wurde schließlich am 29. April 1943 durch Enthaupten vollstreckt."

Nachmittags streife ich durch den Friedhof. An der Frontseite der alten Kirche sind zwei Gedenktafeln für die 1943 Hingerichteten angebracht. Ein Mann holt immer wieder Wasser und gießt der Reihe nach verschiedene Gräber. Die Kirchturmuhr ist hier zwar mit Zeigern ausgestattet, doch sie stehen still.

Mit dem Rad des Wirtssohnes fahre ich Richtung „Gasthaus Terkl" und spaziere hinauf zum Krištan-Anwesen, einem sehr malerischen Ensemble von alten Bauernhäusern. Auf der Sonnenseite des grünen Tals bietet sich ein wunderbarer Blick auf die Karawanken-Gipfel. Obwohl das Haus schon seit Jahren nicht mehr bewohnt ist, der Scheunenstall ist bereits verfallen, treffe ich dort die Tochter des ehemaligen Besitzers mit ihrem Mann, – beide verbringen hier ihr Wochenende – die mich zum Bier einladen. „Hart war das Leben hier heroben", erzählt Frau Oraže. „Das Wasser haben wir im Sommer wie im Winter 80 Meter weit hertragen müssen. Und nicht nur für uns, auch für die Tiere." Wir machen gemeinsam einen Rundgang um das Anwesen, auf dessen Hängen Kühe und Jungstiere weiden. Herr Oraže deutet auf die farbenprächtigen Wiesen und bemerkt voller Stolz: „Nur in der Schweiz gibt es noch ein Tal, das pro Quadratmeter mehr unterschiedlichen Pflanzenbewuchs aufweist als unser Tal."

Ich radle nach Zell-Pfarre zurück. Die typischen Holzhäuser dieser Gegend haben Satteldach, Schopf und Balkon. Die Dächer sind mit Lärchenholzbrettern gedeckt, die alle 50 Jahre erneuert werden müssen.

Ich gehe noch ein Stück die Straße hinauf, die zum Koschuta-Haus führt. Im gepflasterten Hof des letzten Wohnhauses spielen zwei kleine Mädchen Tennis und schreien, während ich ihnen zuschaue, bei jedem Ballkontakt wie eine bekannte Weltranglisten-Spielerin mit dem Vornamen Monica. Das in der Garage stehende Auto ihrer Eltern trägt das Kennzeichen: KL-SELE 1.

An der Theke meiner Pension erzählt mir Frau Malle, daß sie mit ihrem Mann vor fünf Jahren dieses Wirtshaus übernommen hätten. „Letztes Jahr waren wir mit unseren fünf Zimmern gut ausgebucht, heuer schaut's leider schlechter aus."

Ich komme mit dem pensionierten Orts-Briefträger ins Gespräch, der 44 Jahre lang als Zusteller tätig war. „Täglich waren das für mich 30 Kilometer", sagt er, „und im Winter war ich mit den Skiern unterwegs. Im Vergleich zu heute, wo so viel Reklame verschickt wird, gab's damals nur Edelpost. Am schönsten darunter waren die Liebesbriefe. Ja, ich hab' viel gewußt, was so los war", kommentiert er seine Erinnerungen und lächelt genüßlich in sich hinein. „Aber ich hab's da wie die drei Affen gehalten: nichts sehen, nichts hören und das wichtigste dabei – nichts sagen."

Ich spüre, daß meine Füße noch gehen wollen, deshalb drehe ich im Licht des Vollmondes eine kleine Runde durch das nächtliche Dorf. Im Gasthaus singt mir später der Bau-Polier Janko, ein Gemeinderat, den alle „Tito" nennen, die Hymne von Zell auf Slowenisch vor. Hier in diesem Ort fühle ich mich gut aufgehoben.

Samstag, 1. Juni

Die Nacht war kurz, weil mich einige Zeller bis um halb zwei Uhr immer wieder zu einem Achtel einluden.

Frühstück um halb sechs, dann Aufbruch mit kleinem Gepäck Richtung Berge. Weiches Morgenlicht liegt über dem Tal, ich fühle mich trotz des kurzen Schlafes fit und schnaufe mit großem Genuß die klare Luft.

Sandstraße bergauf durch den Wald. Nach einer Stunde Weg einige umzäunte Häuser auf einer Lichtung, davor ein Schild: „Lebensgefahr! Bei hochgezogenem Warnkorb wird hier auf dem Schießplatz scharf geschossen! Gezeichnet Militärkommando Kärnten".

Oben vor dem Koschuta-Schutzhaus grasen Schafe; sie blöken laut und bimmeln mit ihren umgehängten Glocken weit hörbar. Ich biege links ab auf den rot-weiß-rot markierten Steig. Einzelne Fichtenstämme sind hier 80 bis 100 Zentimeter stark, die Buchen wachsen, umgedrehten Wanderstöcken gleich, gekrümmt aus den Hängen.

Zwei Bergwanderer laufen mir über den Weg. Einer meint, man könne den Koschutnik-Turm (2.136 Meter) ganz ohne Ausrüstung hinaufgehen, der andere verneint: „Nur mit Steigeisen", sagt er keuchend.

Zwischen Lärchenbäumen höre ich zum ersten Mal einen Birkhahn balzen, der noch lange hinauf bis in die Latschenregion deutlich zu vernehmen ist. Ich fühle, wie allmählich Festtagsstimmung in mir aufkommt, aber nicht nur, weil ich heute keine 20 Kilo am Rücken trage. Ich schnüre meine Schuhe fester und gehe lange über lockeres Kalksteingeröll. Dieses Schottertreten hört sich an, als würde ich einen Bahndamm entlangstiefeln. Vor mir die gewaltige Steilwand des Koschutnik-Turms, über dem die Sonne hervorblinkt. Hier im Kar geht's jetzt steil nach oben, teilweise über langgezogene, harschige Schneefelder. Bei etwa 1.800 Meter Höhe drehe ich 300 Meter vor dem Gipfel um, weil mir meine Wanderschuhe auf die Dauer am Berg nicht genügend Halt bieten.

Unterhalb des Kars stoße ich auf einen mit Sand und Steinen aufgeschütteten Landeplatz für Hubschrauber. Dieser exponierte Platz scheint mir der ideale Ort, meine fast 100-tägige Grenzwanderung zu beenden. Ich lasse mich nieder und packe Brot und Wasser aus dem Rucksack.

Ein großes Rauschen umgibt mich. Lange schaue ich über das weite, grüne Meer, dessen Wellen sich zu Bergen auftürmen und in der Ferne des Horizonts verlieren. Wehmut beschleicht mich, und trotzdem spüre ich Freude und Glück. Ich danke allen, die mir auf dieser Reise so herzlich und freundschaftlich begegnet sind.

Na shledanou, Böhmen und Mähren! – Do videnia, Slowakei! – Viszont látásra, Ungarn! – Na svidenje, Slowenien!

Ich stehe auf und breite meine Arme zum Fliegen aus ...

Servus Grenze!

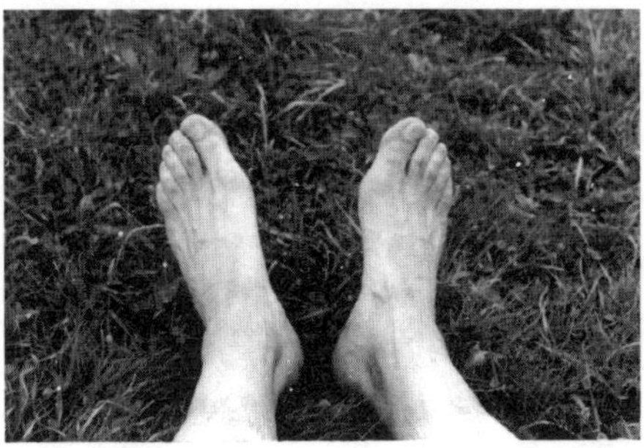